湖北省社科基金一般项目（后期资助项目，项目编号 2018145）
武汉体育学院"东湖学者计划"资助项目（2018）

学校体育伦理的理论审视与现实观照

汪全先　著

人民体育出版社

图书在版编目（CIP）数据

学校体育伦理的理论审视与现实观照／汪全先著. -- 北京：人民体育出版社，2020
　ISBN 978-7-5009-5818-5

　Ⅰ.①学… Ⅱ.①汪… Ⅲ.①学校体育－体育伦理学－研究 Ⅳ.①G807

　中国版本图书馆 CIP 数据核字（2020）第 098832 号

*

人 民 体 育 出 版 社 出 版 发 行
北京中献拓方科技发展有限公司印刷
新 华 书 店 经 销

*

710×1000　16 开本　15.75 印张　290 千字
2020 年 12 月第 1 版　2020 年 12 月第 1 次印刷

*

ISBN 978-7-5009-5818-5
定价：77.00 元

社址：北京市东城区体育馆路 8 号（天坛公园东门）
电话：67151482（发行部）　　　邮编：100061
传真：67151483　　　　　　　　邮购：67118491
网址：www.psphpress.com
（购买本社图书，如遇有缺损页可与邮购部联系）

前 言 PREFACE

　　学校体育是符合人的发展需要的教育存在,其在教育实践中具有深刻的伦理蕴意。伦理作为规范、引导、调节事物发展的重要一维,能够规范人之行为趋向正义,引导事物合规律发展,协调实践活动中人与人之间的关系,它是事物运行的理性杠杆与标尺。学校体育实践表明,仅仅依靠法律、政策与行政推动尚难以完全解决学校体育中存在的诸多实际问题,尤其是关涉人之价值取向及行为逾越的问题。伦理之于学校体育的作用与意义恰恰在于其能够促进人们树立正确的价值观,规范相关主体之行为,引导学校体育合规律发展。尽管国内学者对我国学校体育问题做了许多伦理维度的有益探索,但仔细扫描已有相关研究我们会发现,这些从伦理维度思考学校体育的相关研究,一方面较少阐述研究者的伦理立场,也较少涉及学校体育应遵循的伦理原则,即使使用了某种伦理原则往往也是"拿来主义",借用伦理或教育伦理的相关原则,而未说明运用该伦理原则的理论依据,从而失去可靠的理论凭借;另一方面,在对学校体育现实伦理问题的相关研究中,由于应然的伦理价值取向论证的缺乏,往往对问题的梳理缺乏主线,泛泛而谈,也因未提供规范的价值判断依据,而常常未能针对问题提供对应的、合理的价值判断取向。当我们从伦理的角度审视学校体育时,并不是肤浅地、表面地来看它,而是要深入地、系统地达到伦理的高度,进行省察与思考。只有通过审视,澄明了学校体育基本伦理理论问题,才能抓住学校体育伦理的精髓,进而才能对我国当代学校体育中的现实伦理问题进行合理的评判与反思。为此,本书主要从以下两个方面进行研究:一方面,审视学校体育伦理研究相关的基本理论问题,即通过澄明学校体育伦理的相关概念、阐明学校体育以伦理介入的可能性与必要性、确立学校体育的伦理立场、论证学校体育的应然伦理追求及应遵循的伦理原则、探究学校体育伦理的结构并厘清学校体育伦理各结构要素之间的关系等,为从伦理维度考量学校体育提供必要的理论凭借;另一方面,观照当代中国学校体育中存在的现实伦理问题,并探寻这些伦理问题产生的根源,提出当代中国学校体育现实伦理问题消解的应然路向,为中国学校体育发展提供有益的参照。

本研究除绪论外,共分为七章。其中,第一章至第四章属于基本伦理理论问题的审视,第五章和第六章属于现实伦理问题的观照,第七章是结论与建议。

第一章:学校体育伦理相关概念澄明。本章在对伦理、道德、教育伦理、体育伦理等相关概念进行厘清的基础上,依据概念推演的思维逻辑,对学校体育伦理的概念进行界定。所谓学校体育伦理,主要是指学校体育中人之行为应该如何规范。它既反映在学校体育中人之行为遵循育体、育人的规范中,也反映在学校体育中人们追求人道、公正、理性、诚信、幸福等过程中"人之所以为人"应该具备的品性、德性、气禀之中。同时对学校体育伦理的内涵进行了诠释:①道德责任是学校体育伦理的基石与保障;②缔造幸福是学校体育伦理的归宿;③和谐与平衡是学校体育伦理的理想。

第二章:学校体育的伦理基础。学校体育的伦理基础的探讨实质上是要揭示学校体育以伦理介入"何以可能"与"何以必要"的问题,只有回答了这两个问题,对学校体育伦理进一步研究才具有学理逻辑上的可能。探问学校体育以伦理介入何以可能,即是要探问学校体育是否具有伦理属性;而探问学校体育以伦理介入何以必要,则是要探问伦理之于学校体育有何价值与功能。本章依据人性逻辑确认了学校体育具有伦理属性,并对伦理属性在学校体育认识形态中有何体现进行了阐述,同时对伦理之于学校体育的价值与功能进行了探讨。

第三章:学校体育伦理的立论基础。本章提出了学校体育伦理立场选择的依据:马克思主义伦理观;确认了学校体育的伦理立场:道义与功利的和谐统一;阐明了学校体育的应然伦理追求:学生身心归合发展;论证了学校体育应遵循的伦理原则:秉持人道、崇尚公正、依循理性、恪守诚信、追求幸福。

第四章:学校体育伦理的结构分析。本章遵循整体性、层次性、全面性、动态性、可操作性等原则,勾勒了学校体育伦理的结构系统模型,研究认为学校体育伦理的结构系统包含时间维度、空间维度、层次维度三个维度构成的三个子系统。在时间维度上,学校体育伦理的形成、演化、重构反映着学校体育伦理在时间序列上的结构要素演进;在空间维度上,学校体育的内部伦理关系与外部伦理环境反映着学校体育伦理各结构要素之间的伦理联系；在层次维度上，底线伦理、均衡伦理、圣德伦理反映着学校体育伦理结构的层次。

第五章：当代中国学校体育的现实伦理问题观照及其根源探寻。本章对我国当代学校体育发展中的既存问题及其背后的伦理蕴意进行观照与分析，把当代中国学校体育中的伦理问题归纳为以下八个方面。第一，基本问题：事实偏离应然伦理追求，学生身心割裂发展；第二，人道问题：人道本位放逐，权利侵蚀凸现；第三，公正问题：发展公正缺失，资源获取不公；第四，理性问题：工具理性越位，价值理性失位；第五，诚信问题：诚信道德遗失，信用规制阙如；第六，幸福问题：生命价值失落，幸福获得缺失；第七，性别问题：性别平等欠缺，女性处身弱势；第八，道德责任问题：教学道德失范，责任应诺消隐。这些问题都是学校体育中不应当的伦理存在，需要我们去寻找根源。要探寻当代中国学校体育现实伦理问题产生的根源，不仅要从教育本身、教育主体等教育本体中去探寻，而且要从经济、社会、文化等外在关联的现象中来寻找。归纳起来，本研究认为，引致当代中国学校体育现实伦理问题产生的根源，主要体现在以下六个方面。第一，经济之因：经济功利主义主导，资源配置失衡；第二，社会之源：社会对体育存在偏见，国民对体育认知不足；第三，文化之失：文化导向偏失，价值取向偏斜；第四，教育之殇：教育物化倾向过度，主体走向失落；第五，实践之弊：政策执行与监管脱节，学校落实流于形式；第六，主体之困：体育教师处身窘境，学生主体理解局限。

第六章：当代中国学校体育现实伦理问题消解的应然路向。本章立足于解决问题的考量，遵循问题解决的逻辑，着眼于伦理的思考，提出当代中国学校体育现实伦理问题消解的应然路向：第一，皈归应然伦理追求，弥合学生身心发展的割裂；第二，回归教育的人道本真，摆脱教育爱的过度投射；第三，强化发展公正与教育正义，促进资源分配公平与均衡；第四，以价值理性引领工具理性，以合理理性指引决策理性；第五，促进诚信自觉与道德觉醒，规约道德选择的自由与尺度；第六，尊重人的生命价值，追求幸福的实现；第七，构建先进学校体育性别文化，强力推进性别平等教育；第八，落实主体责任与制度安排，阶段性消解偏失与失衡。

第七章：结论与建议。本章在对全书所做研究进行总结的基础上，提出如下建议。①学校体育伦理理论研究导向的建议：加强研究范式的介入研究，进一步促进研究范式的多元化；加强各伦理学说的介入研究，丰富学校体育伦理的理论基础；加强学校体育政策伦理的理论研究，促进合伦理性地制定学校体育政策；加强学校体育性别伦理的研究，增加女性参与决策的声音；加强学校体育伦理理论与应用相结合的研究，促进学校体育伦理理论的可实践性。②学校体育伦理实践导向的建议：以立德树人为引领，促进教育主体向完整人转化；以核心素养形成为抓手，形塑体育学科品格与能力；推动以法律、政策规范为主的学校体育治理，转向道德、法律、政策耦合规范的学校体育治理；以五大发展理念为伦理价值导向，谋篇布局中国学校体育发展；把"健康中国"理念作为学校体育发展的伦理价值驱动，充分发挥学校体育促进健康的价值与功能。

笔者系武汉体育学院体育教育学院教师，书中观点仅代表个人见解。鉴于笔者水平限制，伦理学与学校体育相结合的学校体育伦理研究难度较大，书中定有诸多纰漏之处，敬请各位学者与读者谅解并批评斧正。

2020 年 8 月 1 日于武汉

目 录 CONTENTS

绪 论 001
一、研究背景 001
（一）现实诉求 001
（二）理论诉求 002
二、国内外研究述评 005
（一）国内研究述评 005
（二）国外研究述评 027
（三）国内外学校体育伦理相关研究的归纳与比较 046
（四）国内外学校体育伦理相关研究的主要缺憾 047
三、研究目的与意义 048
（一）研究目的 048
（二）研究意义 049
四、研究对象 050
五、研究范式与研究方法 050
（一）研究范式 050
（二）研究方法 052
六、研究的逻辑构架 055
（一）研究的思路 055
（二）研究的总体框架 056
（三）主要研究内容 057

七、可能的创新之处与研究不足 ·· 058
　（一）可能的创新之处 ·· 058
　（二）研究不足 ·· 059

第一章　学校体育伦理相关概念澄明 ································ 060
一、伦理 ·· 060
二、教育伦理 ·· 063
三、体育伦理 ·· 064
四、学校体育伦理 ·· 065
　（一）道德责任是学校体育伦理的基石与保障 ·························· 066
　（二）缔造幸福是学校体育伦理的归宿 ································ 067
　（三）和谐与平衡是学校体育伦理的理想 ······························ 068
小结 ·· 068

第二章　学校体育的伦理基础 ·· 070
一、学校体育以伦理介入的可能性 ·· 070
　（一）人性假设：学校体育理论与实践的逻辑前提 ······················ 071
　（二）探问：人性内在是否具有伦理属性 ······························ 074
　（三）探问之追问：伦理属性在学校体育认识形态中有何体现 ············ 076
二、学校体育以伦理介入的必要性 ·· 081
　（一）伦理之于学校体育的价值 ······································ 081
　（二）伦理之于学校体育的功能 ······································ 084
小结 ·· 089

第三章　学校体育伦理的立论基础 ···································· 091
一、伦理的两大流派解读 ·· 091
　（一）道义论 ·· 091
　（二）功利论 ·· 094
　（三）道义论与功利论的分歧与联系 ·································· 096
二、学校体育伦理立场的选择 ·· 097

（一）学校体育伦理立场选择的依据——马克思主义伦理观 …………… 097
　　（二）学校体育伦理立场的确立——道义与功利的和谐统一 …………… 104
三、学校体育应然伦理追求的确认——学生身心归合发展 ………………… 106
四、学校体育伦理原则的确立 ……………………………………………… 108
　　（一）秉持人道 ………………………………………………………… 108
　　（二）崇尚公正 ………………………………………………………… 111
　　（三）依循理性 ………………………………………………………… 115
　　（四）恪守诚信 ………………………………………………………… 121
　　（五）追求幸福 ………………………………………………………… 123
小结 ………………………………………………………………………… 127

第四章　学校体育伦理的结构分析 ……………………………………… 130
一、学校体育伦理的结构系统模型勾勒 …………………………………… 130
　　（一）整体性原则 ……………………………………………………… 131
　　（二）层次性原则 ……………………………………………………… 131
　　（三）全面性原则 ……………………………………………………… 132
　　（四）动态性原则 ……………………………………………………… 132
　　（五）可操作性原则 …………………………………………………… 133
二、学校体育伦理的时间维度 ……………………………………………… 134
　　（一）学校体育伦理的形成 …………………………………………… 134
　　（二）学校体育伦理的演化 …………………………………………… 135
　　（三）学校体育伦理的重构 …………………………………………… 136
三、学校体育伦理的空间维度 ……………………………………………… 137
　　（一）学校体育内部伦理关系 ………………………………………… 137
　　（二）学校体育外部伦理环境 ………………………………………… 139
四、学校体育伦理的层次维度 ……………………………………………… 141
　　（一）底线伦理 ………………………………………………………… 141
　　（二）均衡伦理 ………………………………………………………… 143
　　（三）圣德伦理 ………………………………………………………… 144
小结 ………………………………………………………………………… 146

第五章　当代中国学校体育的现实伦理问题观照及其根源探寻 …… 147
一、当代中国学校体育的现实伦理问题观照 …………………… 147
（一）基本问题：事实偏离应然伦理追求，学生身心割裂发展 …… 147
（二）人道问题：人道本位放逐，权利侵蚀凸现 …………… 149
（三）公正问题：发展公正缺失，资源获取不公 …………… 154
（四）理性问题：工具理性越位，价值理性失位 …………… 157
（五）诚信问题：诚信道德遗失，信用规制阙如 …………… 159
（六）幸福问题：生命价值失落，幸福获得缺失 …………… 161
（七）性别问题：性别平等欠缺，女性处身弱势 …………… 162
（八）道德责任问题：教育道德失范，责任应诺消隐 ……… 165
二、当代中国学校体育现实伦理问题产生的根源探寻 ………… 166
（一）经济之因：经济功利主义主导，资源配置失衡 ……… 167
（二）社会之源：社会对体育存在偏见，国民对体育认知不足 … 168
（三）文化之失：文化导向偏失，价值取向偏斜 …………… 169
（四）教育之殇：教育物化倾向过度，主体走向失落 ……… 171
（五）实践之弊：政策执行与监管脱节，学校落实流于形式 … 172
（六）主体之因：体育教师主体处身窘境，学生主体理解局限 … 173
小结 …………………………………………………………… 175

第六章　当代中国学校体育现实伦理问题消解的应然路向 …… 177
一、基本问题之消解：皈归应然伦理追求，弥合学生身心发展的割裂 … 177
二、人道问题之消解：回归教育的人道本真，摆脱教育爱的过度投射 … 178
三、公正问题之消解：强化发展公正与教育正义，促进资源分配公平与均衡 ………………………………………………………… 180
四、理性问题之消解：以价值理性引领工具理性，以合理理性指引决策理性 ……………………………………………………………… 182
五、诚信问题之消解：促进诚信自觉与道德觉醒，规约道德选择的自由与尺度 ……………………………………………………… 184
六、幸福问题之消解：尊重人的生命价值，追求幸福的实现 …… 185
七、性别问题之消解：构建先进学校体育性别文化，强力推进性别平等教育 … 187

八、道德责任问题之消解：落实主体责任与制度安排，阶段性消解偏失与
失衡 ··· 189
小结 ·· 191

第七章 结论与建议 ··· 192
一、结论 ·· 192
二、建议 ·· 198

参考文献 ·· 209

附录 访谈提纲 ·· 233

后 记 ·· 236

绪　论

一、研究背景

(一) 现实诉求

教育世界是一种与"物的世界"根本不同的"人的世界"……应把教育活动看作一个伦理性的"我—你"世界，而不应是工具性的"我—他"世界①。教育本身是责任和爱的象征，教育在其本性上是道德的②。自改革开放以来，由于受经济工具论、文化工具论等的影响，教育陷入工具性的世界，本应当充盈伦理性的教育，却陷落在工具价值取向的当代社会，也由此失去了其应有的道德光辉。由于过度的工具价值取向，常常导致人们对短期利益过度追求，为了分数、升学与就业等目标，而不顾教育的伦理性、割裂学生的身心协调发展的现象时常显现。因此，促进学生"身心"合规律发展的应然价值取向与当下实然教育事实中的工具价值取向的冲突，致使教育本身陷入该走向何方的伦理困境与焦虑。作为教育的有机组成部分的学校体育，就当下社会对学校体育的期许及其自身处境而言，其伦理困境与焦虑更甚。

《国务院办公厅关于强化学校体育促进学生身心健康全面发展的意见》（国办发〔2016〕27号）中指出："近年来，各地、各部门不断出台政策措施，加快推进学校体育，大力开展阳光体育运动，学校体育工作取得积极进展。但总体上看，学校体育仍是整个教育事业相对薄弱的环节，对学校体育重要性认识不足、体育课和课外活动时间不能保证、体育教师短缺、场地设施缺乏等问题依然突出，学校体育评价机制亟待建立，社会力量支持学校体育不够，学生体质健康水

---

① 张天宝. 走向交往实践的主体性教育 [M]. 北京：教育科学出版社，2005：1.
② 孙彩平. 教育的伦理精神 [M]. 太原：山西教育出版社，2004：4.

平仍是学生素质的明显短板。"显然，中国学校体育在频繁出台的政策指导下取得了积极进展，但"政策归政策，现实归现实"，再好的政策如若未能在现实情境中得到落实，依然会成为"空中楼阁"。政策落实一是需要制度的刚性运行，二是需要伦理道德的柔性规范，两者相辅相成。当代中国学校体育的现实已经说明了各级各类学校在当下的行政制度推动下，尚不能完全实现学校体育的充盈发展，急需伦理道德规范的适时介入。

从历史发展的角度扫描当代中国学校体育的现实，"文革"结束后，学校体育伴随改革开放迎来了新的生机，历经近四十年的改革发展，我国学校体育已取得长足进步，尤其是21世纪以来，由于党和国家对学校体育的重视，学校体育发展非凡、成绩斐然，但与政策纷繁、理念先进、价值取向趋于完善形成比照的是，我国学校体育中仍然存在大量的伦理偏失现象。一是不尊重人的事件时有发生，尤其在中小学的体育教学中尤为明显。近年来，中小学体育教师体罚行为屡见不鲜，各大媒体对中小学体育教师体罚伤害学生的现象频频报道，已经引起了相关教育部门、学校、家长及社会的关注和深思[1]。同时，在中小学体育课堂教学中，体育教师采用讽刺、嘲笑、侮辱、谩骂、诋毁、孤立、冷落等手段对学生进行"心理惩罚"和"心灵施暴"的语言暴力现象也时有发生，并且该行为没有引起学校、家庭和社会的重视[2]。二是体育学科被边缘化、学校体育资源配置不公、体育教师待遇不公、男女体育教师地位不公等公正问题依然存在。三是学校体育中诚信问题突出，学生替考、替赛，学生的体质数据造假等问题层出不穷。四是学校体育场域功利化倾向严重，在实践中过于以工具理性的思维去开展学校体育。这些伦理偏失现象的存在，让我们不禁追问学校体育怎么了。面对学校体育的异化与人的失落，以及立德树人的时代诉求，我们亟须呼唤学校体育的伦理正义回归，并追问当代学校体育的人道、公正、诚信、理性困境根源何在。因此，从伦理的维度审视与观照当代中国学校体育中的现实问题恰逢其时。

（二）理论诉求

自改革开放以来，我国学校体育理论研究得到快速发展，广大学校体育研究工作者紧紧围绕学校体育基本理论、学校体育改革研究等方面开展了广泛而深入

---

[1]刘潞琳.中小学体育教师体罚行为研究[D].长沙：湖南师范大学，2012.
[2]唐凯.中小学体育教师语言暴力现象研究[D].长沙：湖南师范大学，2012.

的研究，并取得了骄人的成绩。但在我们看到学校体育理论研究所取得成绩的同时，也应清晰地认识到现有理论研究还有许多不足，无论是与比较成熟的哲学、社会学、经济学、教育学等相比，还是与国外发达国家的学校体育研究相比，我国学校体育理论研究都亟须丰富与加强。尤其是在频繁出台大量学校体育政策而仍未完全有效地解决我国学校体育发展中的问题的背景下，我们更应积极进行理论研究，为学校体育实践提供理论指导。

哲学作为自然科学与社会科学的结晶，本质上是一种反思的科学①。诚如爱因斯坦和海森伯所说："哲学是其他一切学科之母，她生育并抚养了其他学科"②。《简明不列颠百科全书》中论述："伦理学是哲学的一个分支。他研究什么是道德上的善与恶、是与非。"③ 法国哲学巨匠伊曼努尔·列维纳斯（Emmanuel Levinas）在《伦理与无限》（*Ethics and Infinity*）一书中更是强调："伦理不是哲学的分支，而是第一哲学。"④ 毋庸置疑，伦理属于哲学范畴，其是深刻认识事物、深入研究事物的必然选择，它对提升事物相关主体的理论素养与价值判断能力具有其他学科难以代替的作用。伦理作为规范、调节及引导事物发展的行为准则，它能够规范人之行为，协调人与人之间的关系，引导事物合规律发展。以伦理介入学校体育，不仅有利于提升相关主体的思维品质，而且有利于引导相关主体进行合理的价值判断。就学校体育发展而言，其既要符合国家发展的整体教育需要，又要兼顾相关利益主体的需要，然而功利主义主导下的当代学校体育通常不能协调好这些需要，导致问题频繁出现。"但无论如何，我们必须认识清楚，教育工作是教育人的事业，教育人的事业就必须让人性鲜亮起来，让人性饱满起来，让人性美丽起来，如果我们完不成这样的任务，就是有辱教育的使命，而这实际上就是教育伦理的中心议题。"⑤ 对作为教育有机组成部分的学校体育而言，我们必须遵循学校体育的伦理精神，以人的需要为"杠杆"，以充盈人性为价值取向，擎起教育伦理的旗帜，引领学校体育的航向。

随着我国教育伦理成果不断累积及相关教育学者的努力，教育伦理已经成为

---

① 李连科. 价值哲学引论 [M]. 北京：商务印书馆，2003：1.
② H. 杜卡丝，D. 霍夫曼. 爱因斯坦谈人生 [M]. 高志凯，译. 北京：世界知识出版社，1984：93.
③ 焦国成. 论伦理——伦理概念与伦理学 [J]. 江西师范大学学报（哲学社会科学版），2011，44（1）：22-28.
④ Emmanuel Levinas. Ethics and Infinity [M]. Pittsburgh: Duquesne University Press, 1985: 304.
⑤ 吕朝龑. 教育伦理探微 [M]. 北京：中国书籍出版社，2013：1-2.

一门伦理学的分支学科,成为独立的理论研究体系,为学校体育伦理研究提供了厚实的理论基础。在体育领域中,自 20 世纪 80 年代中后期开始涌现了大量的论著。例如,潘靖五等的《体育伦理学概论》(1989)、潘靖五等的《体育哲学与伦理问题新探》(1995)、潘靖五等的《体育伦理学研究》(1996),华洪兴的《体育伦理学》(1999),张振亭的《中华体育精神》(1999),刘湘溶等的《体育伦理:理论视域与价值范导》(2008),龚正伟的《我们需要什么样的体育——当代中国体育伦理建构研究》(2009)、龚正伟等的《我们需要什么样的体育——中国体育改革伦理理路与实践》(2011)等,尽管这些过往的体育伦理研究主要集中在体育伦理基本理论研究、具体体育伦理现象或问题研究及竞技体育伦理研究等方面,较少涉及学校体育领域,但鉴于学校体育具有的体育属性,这些研究必然能为学校体育伦理研究提供必要的伦理理论依据。

随着我国学校体育问题凸显及学者的关注,近年来,一些学者逐渐认识到从伦理维度思考学校体育的重要性,并进行了积极的探索。如李传奇等(2009)[①]指出伦理具有深刻的批判反思与自我反省功能,这种批判反思与自我反省功能直指学校体育这一伦理实体中的每个人的内心世界,其认为学生体育权利的保障和实现离不开伦理对学校体育实然状态的反思和批判,学校体育的健康、持续、高效开展也离不开伦理的价值导向与行为规约;李世宏(2010)[②]在其论文《学校体育伦理的内涵、缺失与建构》中对学校体育伦理的内涵、缺失与建构进行分析,其认为学校体育伦理反映了一定时期内社会公众对学校体育活动的道德价值评判和理想,是学校体育活动中平衡各方利益的"杠杆",学校体育伦理应关爱学生的生命价值,确保学生接受学校体育教育的权利,向以人为本的伦理价值观回归;张有智(2012)[③]在其论文《当前学校体育"伦理缺失"现象探析》中研究认为,当前学校体育伦理缺失表现为体育课程设置的"迎检化"、体育目标实现的"功利化"、体育课堂教学的"无序化",并提出了具体的应当做法:注重"生命、人本"的体育观念、倡导"公平、正义"的体育原则、发扬"尊重、发展"的体育精神;李英(2012)[④]在其博士论文《基于伦理学视野下的体育教学研究》中阐述了体育教学中的伦理内涵及体育教学伦理的影响因素,提出了贯彻素

[①]李传奇,周兵.学校体育的伦理审视[J].体育学刊,2009,16(12):49-52.
[②]李世宏.学校体育伦理的内涵、缺失与建构[J].体育学刊,2010,17(8):51-54.
[③]张有智.当前学校体育"伦理缺失"现象探析[J].教学与管理,2012(12):128-129.
[④]李英.基于伦理学视野下的体育教学研究[D].福州:福建师范大学,2012.

质教育观、树立人文体育观、提升体育教师伦理素养的提升策略；李超（2015）[①]在其论文《学校体育伦理与生命关怀研究》中认为，体育活动在一定程度上偏离了对生命关怀的本质伦理诉求，学校在发展体育事业时应重视"以人为本"的体育伦理价值观等。

尽管国内学者对我国学校体育问题做了许多伦理视域的有益探索，但从已有相关研究中发现，这些从伦理维度思考学校体育的相关研究中，一方面，较少阐述研究者的伦理立场，也较少涉及学校体育应遵循的伦理原则，即使使用了某种伦理原则，往往也是采用"拿来主义"，借用教育伦理或体育伦理的相关原则，而未说明运用该伦理原则的理论依据，从而失去可靠的理论凭借；另一方面，针对学校体育中存在的伦理问题的相关研究中，由于应然的伦理价值取向论证的缺失，往往对问题的梳理缺乏主线，泛泛而谈，对于问题的解决，也因未提供规范的价值判断依据，而未能针对问题提供对应的、合理的价值判断方向。当我们从伦理的视角省思学校体育时，并不是肤浅地、表面地来看它，而是要深入地、系统地走到伦理的高度，进行省察与思考。只有通过省思澄明了学校体育基本伦理理论问题，才能抓住学校体育和伦理的精髓，对我国当代学校体育中的伦理问题进行合理的评判与反思。因此，面对我国学校体育的现实伦理问题及伦理研究现状，应对学校体育基本伦理理论问题进行研究，并以此观照当代中国学校体育是当下迫切的理论诉求。

二、国内外研究述评

（一）国内研究述评

通过梳理国内外相关文献发现，教育伦理的相关研究已经比较系统且完善，体育伦理的相关研究也已经相对成熟，但学校体育伦理的相关研究相对零碎、薄弱。为了了解国内外教育伦理、体育伦理、学校体育伦理等相关研究的概况，从以下三个方面进行研究述评：第一，梳理国内教育伦理的相关研究，了解教育伦理的研究进展，为学校体育伦理研究提供理论指导与借鉴；第二，梳理国内体育伦理的相关研究，了解体育伦理研究进展，从中发现体育伦理中的共性问题，为

[①] 李超. 学校体育伦理与生命关怀研究 [J]. 中国医学伦理学，2015，28（1）：96-98.

学校体育伦理研究提供一定的理论依据；第三，梳理学校体育伦理相关研究，从目前相对零碎的研究中查找线索，为展开本研究提供一定的素材与理论依据；第四，通过归纳与比较，寻找国内学校体育伦理研究的缺憾，进而形成本研究的思路。

1. 关于教育伦理的研究

我国是世界上产生学校教育最早的国家之一，在几千年的学校教育发展中，孕育了丰富的教育伦理思想，如为人师表，率先垂范；尊师重教，师道尊严；有教无类，诲人不倦等。尽管我国有着悠久的教育道德传统，但是对教育伦理的在20世纪80年代才进行系统研究。改革开放之后，基于西方世界行业职业伦理的启示，以及我国各个行业亟须职业道德建设的诉求，进而在我国形成了医学伦理、商业伦理、科技伦理等方面的职业道德教育。20世纪80年代初，各级各类学校开始进行职业道德教育。职业道德教育现今已成为一种教育传统，教师职业伦理也成为我国教育伦理研究的重要组成部分，在教材、著作方面有着突出的反映。例如，王正平（1988）[1]的《教育伦理学》、施修华等（1989）[2]的《教育伦理学》、李春秋（1993）[3]的《教育伦理学概论》、周建平（2006）[4]的《追寻教学道德——当代中国教学道德价值问题研究》、檀传宝（2010）[5]的《教师伦理学专题：教育伦理范畴研究》、卢世林等（2012）[6]的《教师伦理学教程》、钱焕琦等（1995）[7]的《当代教育伦理学》等均从职业伦理视角，对教育伦理学的研究背景、教育伦理思想、教师道德基本特征、教师道德本质、教师道德原则、教师行为选择和道德评价、教师道德个性的自我完善评价、爱和公正、教师的责任与义务、教育公正等方面进行了深入的探讨，这些教材、专著吸收了国内外学者的优秀成果，比较系统地展现了20世纪80年代以来教育职业伦理领域的研究进展。

随着我国教育伦理研究的发展，国内学者主编的教材、论著在内容上已经逐

---

[1] 王正平. 教育伦理学 [M]. 上海：上海人民出版社, 1988.
[2] 施修华, 严缘华. 教育伦理学 [M]. 上海：上海科学普及出版社, 1989.
[3] 李春秋. 教育伦理学概论 [M]. 北京：北京师范大学出版社, 1993.
[4] 周建平. 追寻教学道德——当代中国教学道德价值问题研究 [M]. 北京：教育科学出版社, 2006.
[5] 檀传宝. 教师伦理学专题：教育伦理范畴研究 [M]. 北京：北京师范大学出版社, 2010.
[6] 卢世林, 胡振坤, 靖国平. 教师伦理学教程 [M]. 武汉：华中科技大学出版社, 2012.
[7] 钱焕琦, 刘云林. 当代教育伦理学 [M]. 南京：南京大学出版社, 1995.

渐不再拘泥于教育职业伦理。例如，陈旭光（1990）①的《教育伦理学》、钱焕琦等（2000）②的《中国教育伦理学》、王本陆（2001）③的《教育崇善论》、孙彩平（2004）④的《教育的伦理精神》、钱焕琦（2009）⑤的《教育伦理学》、李廷宪（2010）⑥的《教育伦理学的体系与案例》、冯婉桢（2012）⑦的《教师专业伦理的边界：以权利为基础》等对教育伦理精神、教育伦理要素、教育中的人格完善、教育伦理形成的规律、教育伦理应遵循的原则、原生态教育伦理问题、教育之善恶问题、教育之伦理基础、教育的权利、教育的道德谱系、教育中的人道与理性等方面进行了深入的阐述与研究。

近年来，教育伦理相关的论著又有了新的进展，进而迈向更多元的教育伦理考量。例如，吕朝奎（2013）⑧的《教育伦理探微》，其综合哲学、人类学、社会学、教育学、伦理学等多种学科，描述了教育伦理的历史轨迹，解读了伦理的人性意蕴，批判了教育的伦理缺失，阐述了实现教育伦理之基本条件，同时以浓郁的人伦情怀概括了教育伦理的六大命题。唐代兴（2014）⑨的《生境伦理的教育道路（生境伦理学）》则探讨了生境伦理教育的人性基础；梳理了生境伦理教育的社会思路；讨论了生境伦理教育的根本任务；探索了生境伦理教育的践行路径。陈娇云等（2015）⑩的《教育伦理与教育公正——社会主义和谐社会视野下的教育热点探析》中对社会主义和谐社会的思想渊源、本质与特征、价值追求，教育伦理的实践基础、学术道德、教育不公正问题以及教育公正的实现等方面进行了重点论述。这些论著进一步拓宽了教育伦理的研究范畴。

除了相关教材、专著对教育伦理进行系统研究之外，大量的相关学术论文对教育领域的诸多伦理议题也进行了深入的探讨。以"教育伦理""教育道德"为

---

① 陈旭光. 教育伦理学 [M]. 天津：天津教育出版社，1990.
② 钱焕琦，刘云林. 中国教育伦理学 [M]. 北京：中国矿业大学出版社，2000.
③ 王本陆. 教育崇善论 [M]. 广州：广东教育出版社，2001.
④ 孙彩平. 教育的伦理精神 [M]. 太原：山西教育出版社，2004.
⑤ 钱焕琦. 教育伦理学 [M]. 南京：南京师范大学出版社，2009.
⑥ 李廷宪. 教育伦理学的体系与案例 [M]. 芜湖：安徽师范大学出版社，2010.
⑦ 冯婉桢. 教师专业伦理的边界：以权利为基础 [M]. 北京：教育科学出版社，2012.
⑧ 吕朝奎. 教育伦理探微 [M]. 北京：中国书籍出版社，2013.
⑨ 唐代兴. 生境伦理的教育道路（生境伦理学）[M]. 上海：生活·读书·新知三联书店，2014.
⑩ 陈娇云，汪荣有. 教育伦理与教育公正——社会主义和谐社会视野下的教育热点探析 [M]. 合肥：安徽大学出版社，2015.

主题检索 1979—2017 年的文献，从中发现大量的相关研究。例如，王本陆（2002）[①] 的《教育伦理哲学刍议》中对教育之伦理基础、教育道德的结构、教育道德的功能、教育善恶矛盾、教育道德规范与理想、教育道德之主体性等进行了探讨。孙彩平（2002）[②] 的《教育道德与道德阈限》中对教育道德与道德阈限进行了研究，其认为教育道德的阈限是以各层次主体的自由度为标志的，教育中的某些失范行为是因为超出了一定的道德阈限。刘云林（2004）[③] 在《教育者美德与善行：教育伦理价值取向的两个维度》中探讨了教育伦理之两大价值追求，其认为教育伦理在价值取向上表现为教育者的美德和善行两个维度。此外，檀传宝等（1997）[④] 的《圣育与德育—小原国芳"宗教教育——道德教育"关系思想研究》、刘云林（2004）[⑤] 的《教育善的维度与实现路径》、何艳（2015）[⑥] 的《教育伦理视角下教师职业道德缺失及发展策略研究》、张启树等（2005）[⑦] 的《教育道德：伦理视界中的教育善恶》、刘云林等（2005）[⑧] 的《科学教育伦理的价值预设及其合理性依据》、周建平（2006）[⑨] 的《论教育伦理规范的两个向度》、吕培（2006）[⑩] 的《中国教育伦理权威失序问题》、鲁雁飞（2009）[⑪] 的《论教师教育伦理之于专业伦理的依托和超越》、糜海波（2009）[⑫] 的《教育伦理规范建设：设定"应然"与昭明依据》、糜海波（2009）[⑬] 的《论教育伦理的实践机制建设》、赵克平（2011）[⑭] 的《试论教育伦理的现代转型》、徐昕欣（2011）[⑮] 的《入学机会的公平是教育伦理的底线》、侯彦斌（2011）[⑯] 的《论教

[①] 王本陆. 教育伦理哲学刍议 [J]. 高教探索，2002（4）：14-18.
[②] 孙彩平. 教育道德与道德阈限 [J]. 教育理论与实践，2002，22（1）：56-59.
[③] 刘云林. 教育者美德与善行：教育伦理价值取向的两个维度 [J]. 现代教育论丛，2004（5）：9-10,15.
[④] 檀传宝，杜时忠. 圣育与德育——小原国芳"宗教教育—道德教育"关系思想研究 [J]. 高等师范教育研究，1997（6）：28-35.
[⑤] 刘云林. 教育善的维度与实现路径 [J]. 教育理论与实践，2004，24（8）：5-8.
[⑥] 何艳. 教育伦理视角下教师职业道德缺失及发展策略研究 [J]. 教育探索，2015（2）：140-143.
[⑦] 张启树，张鸿燕. 教育道德：伦理视界中的教育善恶 [J]. 中国青年政治学院学报，2005（1）：39-42.
[⑧] 刘云林，糜海波. 科学教育伦理的价值预设及其合理性依据 [J]. 江西社会科学，2005（2）：165-170.
[⑨] 周建平. 论教育伦理规范的两个向度 [J]. 当代教育论坛，2006（1）：13-15.
[⑩] 吕培. 中国教育伦理权威失序问题 [J]. 辽宁工程技术大学学报（社会科学版），2006，8（6）：658-660.
[⑪] 鲁雁飞. 论教师教育伦理之于专业伦理的依托和超越 [J]. 大学教育科学，2009（6）：51-55.
[⑫] 糜海波. 教育伦理规范建设：设定"应然"与昭明依据 [J]. 高等教育研究，2009，30（1）：61-65.
[⑬] 糜海波. 论教育伦理的实践机制建设 [J]. 南通大学学报（教育科学版），2009，25（1）：31-35.
[⑭] 赵克平. 试论教育伦理的现代转型 [J]. 齐鲁学刊，2011（4）：94-97.
[⑮] 徐昕欣. 入学机会的公平是教育伦理的底线 [J]. 上海教育，2011（11）：66-67.
[⑯] 侯彦斌. 论教师地位与教育伦理重建 [J]. 当代教育与文化，2011，3（2）：80-84.

师地位与教育伦理重建》、刘云林（2012）① 的《教育伦理规范生成的辩证视野》、糜海波（2013）② 的《教育善与教育伦理建设的两个向度》、吕伟等（2014）③ 的《驳现代教育伦理绝对化倾向》、何云峰（2014）④ 的《建立和完善教育伦理与教师道德之间的中介架构》、刘同舫（2014）⑤ 的《康德道德观及其对现实道德教育困境的开解》、冯建军（2014）⑥ 的《走向道德的生命教育》、王正平（2015）⑦ 的《尊重教师：教育伦理的一项重要原则》、王正平等（2015）⑧ 的《教育伦理学视域中的教育分寸》等研究对教育伦理、教育道德范畴的教师职业道德、教育伦理规范取向、教育公平等进行了大量的研究，并且这些学者的研究内容与前述著作、教材中的研究内容具有较高的重叠性，著者也有较高的相关性。

从总体来看，我国学者在教育伦理领域的研究与著述主要归为以下六个方面：一是把教育伦理作为探讨道德教育的理论；二是把教师职业道德作为教育伦理探讨的核心；三是把教育领域的道德意识问题作为教育伦理探讨的中心；四是把教育场域的善恶矛盾作为教育伦理的主要研究范畴；五是把教育中人的道德关系处理作为研究的核心；六是把教育中人格完善的道德规律作为研究的方向。从时间维度来看，我国教育伦理的研究从 20 世纪 80 年代开始，逐渐从教师职业伦理研究过渡到各类具体的相关教育伦理研究；到 20 世纪末已经形成相对系统的理论体系；进入 21 世纪，随着我国教育伦理成果的不断累积及相关学者的努力，教育伦理已经成为一门伦理学的分支学科，形成相对独立的理论研究体系。在我国教育伦理的研究进展中，公正、人道、理性等成为学者们持续关注的议题。学校体育作为教育的重要部分，教育伦理理论体系的形成与成熟，将为我们研究学校体育伦理提供理论视野与理论凭借。

2. 关于体育伦理的研究

伴随教育伦理研究的发展，学校体育伦理研究作为教育伦理研究的一部分并

---

①刘云林. 教育伦理规范生成的辩证视野 [J]. 教育与实验，2012（1）：35-39.
②糜海波. 教育善与教育伦理建设的两个向度 [J]. 高等教育研究，2013，31（8）：10-14.
③吕伟，叶逢福，赖勇强. 驳现代教育伦理绝对化倾向 [J]. 中国教育学刊，2014（9）：31-34.
④何云峰. 建立和完善教育伦理与教师道德之间的中介架构 [J]. 教育伦理研究（集刊），2014：16-21.
⑤刘同舫. 康德道德观及其对现实道德教育困境的开解 [J]. 教育研究，2014（4）：77-84.
⑥冯建军. 走向道德的生命教育 [J]. 教育研究，2014（6）：33-40.
⑦王正平. 尊重教师：教育伦理的一项重要原则 [J]. 道德与文明，2015（4）：17-22.
⑧王正平，朱丹. 教育伦理学视域中的教育分寸 [J]. 伦理学研究，2015（6）：101-105.

未受到相应的重视,相关研究至今不多。在体育领域与教育伦理研究并行或研究力度相吻合的是体育伦理研究。我国自20世纪80年代以来涌现了较多的与体育伦理相关的教材、著作、论文。

在教材、专著方面,国内较早系统论述、研究体育伦理的是潘靖五,其在1987年出版了《体育伦理学》[①]、1989年与茅鹤清合作出版了《体育伦理学概论》[②]、1994年与刘菊昌主编了《体育道德研究》[③]和《体育工作者行为指南》[④]、1995年与龙天启主编了《体育哲学与伦理问题新探》[⑤]、1996年编写了《体育伦理学研究》[⑥]……在这些论著中,潘靖五与其合作者们比较系统地对体育伦理学的研究对象、研究任务、研究方法等进行了论述,也对体育伦理道德的形成与发展及其伦理基础、体育道德的本质及其社会作用、体育道德的基本原则、体育道德规范、体育道德评价、体育道德教育、体育道德修养、体育工作者行为等进行了较为系统的研究。此后,国内学者对体育伦理理论进行了丰富与发展。如华洪兴(1999)[⑦]的《体育伦理学》、陈伟等(2006)[⑧]的《体育道德论》、赵立军(2007)[⑨]的《体育伦理学》、熊文(2008)[⑩]的《竞技体育与伦理》、刘湘溶等(2008)[⑪]的《体育伦理:理论视域与价值范导》、龚正伟(2009)[⑫]的《我们需要什么样的体育——当代中国体育伦理建构研究》、龚正伟等(2011)[⑬]的《我们需要什么样的体育——中国体育改革伦理理路与实践》、田英莲(2012)[⑭]

---

① 潘靖五. 体育伦理学 [M]. 北京:北京体育学院出版社,1987.
② 潘靖五,茅鹤清. 体育伦理学概论 [M]. 北京:北京体育学院出版社,1989.
③ 潘靖五,刘菊昌. 体育道德研究 [M]. 北京:北京体育学院出版社,1994.
④ 潘靖五,刘菊昌. 体育工作者行为指南 [M]. 北京:北京体育学院出版社,1994.
⑤ 潘靖五,龙天启. 体育哲学与伦理问题新探 [M]. 北京:北京体育大学出版社,1995.
⑥ 潘靖五. 体育伦理学研究 [M]. 北京:北京体育大学出版社,1996.
⑦ 华洪兴. 体育伦理学 [M]. 南京:河海大学出版社,1999.
⑧ 陈伟,魏万珍. 体育道德论 [M]. 成都:四川科学技术出版社,2006.
⑨ 赵立军. 体育伦理学 [M]. 北京:北京体育大学出版社,2007.
⑩ 熊文. 竞技体育与伦理 [M]. 上海:华东师范大学出版社,2008.
⑪ 刘湘溶,刘雪丰. 体育伦理:理论视域与价值范导 [M]. 长沙:湖南师范大学出版社,2008.
⑫ 龚正伟. 我们需要什么样的体育——当代中国体育伦理建构研究 [M]. 北京:北京体育大学出版社,2009.
⑬ 龚正伟,王根,刘庆伟. 我们需要什么样的体育——中国体育改革伦理理路与实践 [M]. 长沙:湖南师范大学出版社,2011.
⑭ 田英莲. 体育伦理学 [M]. 长春:吉林大学出版社,2012.

的《体育伦理学》、李宏斌（2012）[①]的《现代奥运困境的伦理透视》、章淑慧（2012）[②]的《竞技体育伦理基础理论和核心价值观研究》等著述对体育道德发展的规律、体育道德的结构与功能、体育权利与义务、体育道德行为的选择与评价、体育道德与体育和谐发展的基础、竞技体育发展中的"实然"伦理问题与"应然"伦理状态、奥运伦理困境等进行了阐述、论证。尤其是龚正伟在其博士论文《当代中国体育伦理建构研究》[③]基础上修订出版的《我们需要什么样的体育——当代中国体育伦理建构研究》，通过研究构建了当代中国体育伦理规范体系，为体育伦理研究描上了浓重的一笔。该书对体育伦理的结构与功能、当代中国体育伦理构建的基本原则进行了重点研究。第一，其认为体育伦理的结构比较复杂。从要素视角来看，体育伦理结构是体育伦理意识、体育伦理关系和体育伦理活动的有机统一；从体育伦理主体层次视角来看，体育伦理结构可以划分为微观体育伦理、中观体育伦理和宏观体育伦理三个层面。第二，其认为体育伦理的功能主要体现在认识与评价、教育与激励、调节与整合、超越与创新等方面。第三，其对当代中国体育伦理的构建原则（公正、人道、贵生、环保与奉献等基本原则）进行了详细的探讨。《我们需要什么样的体育——当代中国体育伦理建构研究》一书为本研究提供了视角与内容构架上的深刻启示。

在论文方面，潘靖五的《关于体育伦理学学科体系的初步探讨》（1985）[④]、《体育伦理学初探》（1985）[⑤]，以及于善旭（1992）[⑥]的《体育伦理学学科建设与发展探议》等论文对体育伦理学的基本问题进行了初步探讨。此外，潘靖五（1985）[⑦]的《体育道德与体育改革》、荣雪涛等（1997）[⑧]的《体育道德起源的哲学审思》、申建勇（2000）[⑨]的《21世纪体育道德面临的问题与对策》、孙威

[①] 李宏斌. 现代奥运困境的伦理透视 [M]. 郑州：郑州大学出版社，2012.
[②] 章淑慧. 竞技体育伦理基础理论和核心价值观研究 [M]. 长沙：湖南师范大学出版社，2012.
[③] 龚正伟. 当代中国体育伦理建构研究 [D]. 长沙：湖南师范大学，2006.
[④] 潘靖五. 关于体育伦理学学科体系的初步探讨 [J]. 福建体育科技，1985（1）：105-109.
[⑤] 潘靖五. 体育伦理学初探 [J]. 体育科学，1985，5（2）：91-93.
[⑥] 于善旭. 体育伦理学学科建设与发展探议 [J]. 天津体育学院学报，1992（1）：28-30.
[⑦] 潘靖五. 体育道德与体育改革 [J]. 福建体育科技，1985（4）：1-7.
[⑧] 荣雪涛，杨玲莉. 体育道德起源的哲学审思 [J]. 体育学刊，1997（4）：42-45.
[⑨] 申建勇. 21世纪体育道德面临的问题与对策 [J]. 信阳师范学院学报（哲学社会科学版），2000，20（2）：65-69.

等(2004)[①]的《体育伦理的哲学探究——从体育文化的差异性寻求体育科学发展的永恒信念》、熊文等(2007)[②]的《竞技体育伦理的理论界定及与相关概念的关系》等论文对体育改革中的道德关系、体育道德的起源、体育伦理学体系内涵的主客体关系、体育发展中呈现的系列道德问题、体育文化差异性下的体育伦理探究、竞技体育伦理的相关概念澄明等方面进行了分析与研究。蒋晓丽(2007)[③]的《体育伦理与体育道德的区别研究》中则对体育伦理与体育道德的区别进行了厘清,并对体育伦理与体育道德各自的结构划分、标准确立、研究范畴等进行了比较与分析,同时对中国体育伦理研究的缺憾及未来研究趋向进行了探讨。王铁新等(2008)[④]的《中国当代体育伦理研究进展》中通过对研究梳理,认为当代中国体育伦理研究主要体现在三个维度:一是对当代竞技体育的现代伦理价值及其异化的研究;二是中国传统体育的伦理研究;三是对中国当代体育伦理构建的研究。涂伟仕等(2009)[⑤]的《传统义利观与竞技体育伦理价值的重构》从我国传统义利观的基本思想的角度,探讨了传统义利观对竞技体育伦理价值重构的影响,进而提出以"义利并行、协调发展"为主导的竞技体育发展观。沈克印等(2010)[⑥]的《体育科技与体育伦理理性整合的支点——由高科技泳衣引发的伦理思考》从伦理学角度,对竞技体育中高科技应用的伦理实质进行了分析,他们认为竞技体育中价值理性与工具理性的断裂是因为科技的无限伸张以及伦理规约介入的缺失,要想走出伦理困境,唯有促进体育伦理与体育科技的合理理性互动。

在博士论文方面,除了龚正伟的《当代中国体育伦理建构研究》之外,沈克印(2011)[⑦]的《当代中国体育经济伦理的理论与实践研究》、杨其虎

[①]孙威,金承哲,孙立涛.体育伦理的哲学探究——从体育文化的差异性寻求体育科学发展的永恒信念[J].北京体育大学学报,2004,27(12):1607-1609.
[②]熊文,张美江,包雪鸣.竞技体育伦理的理论界定及与相关概念的关系[J].西安体育学院学报,2007,24(4):20-24.
[③]蒋晓丽.体育伦理与体育道德的区别研究[D].成都:西南大学,2007.
[④]王铁新,杜治华.中国当代体育伦理研究进展[J].体育文化导刊,2008(2):70-72.
[⑤]涂伟仕,李艳翎.传统义利观与竞技体育伦理价值的重构[J].天津体育学院学报,2009,24(1):82-84.
[⑥]沈克印,周学荣,周丽萍.体育科技与体育伦理理性整合的支点——由高科技泳衣引发的伦理思考[J].北京体育大学学报,2010,33(7):5-8.
[⑦]沈克印.当代中国体育经济伦理的理论与实践研究[D].南京:南京师范大学,2011.

(2012)① 的《追寻竞技正义：竞技体育伦理批判》、刘巍（2015）② 的《转型期我国体育诚信缺失研究》分别从经济伦理、正义伦理、诚信道德等方向，对我国的体育经济、竞技体育、体育诚信等进行了伦理的审视、批判与反思。

近年来，国内学者一方面对过往体育伦理研究进行了分析与总结，如王小春（2015）③ 的《社会转型期我国体育道德研究述评》中对社会转型期我国体育道德研究成果进行了系统的分析；另一方面从伦理视角对体育领域出现的新问题、新方向进行了研究，如张训（2015）④ 的《体育犯罪的伦理线索考察》、马飞（2015）⑤ 的《生命伦理视域下的残疾人竞技体育价值辨析》、李守培等（2015）⑥ 的《社会转型期武术伦理研究路径阐释》、刘淑英（2016）⑦ 的《竞技体育中提高竞赛表现技术应用的伦理学审视》等，这些研究不但拓展了体育伦理研究的范围，而且体现了从伦理视角考量体育领域新问题的迫切需要。

综上所述，我国学者对体育伦理的系统研究起始于 20 世纪 80 年代中后期，在这个时期的体育伦理研究，主要集中在运动道德教育研究及体育伦理体系的初步构建；到 20 世纪 90 年代，国内学者在体育伦理相关研究的基础上，对体育伦理领域内的研究内容进行了分析，并对伴随市场经济产生的系列体育伦理问题进行了新的伦理探讨；进入 21 世纪，以刘湘溶、龚正伟等为代表的学者对体育伦理进行了深入的系统研究，他们以翔实的体育伦理理论与实践研究，促进体育伦理成为一种广受关注的研究方向。但纵观 20 世纪 80 年代以来以"体育伦理"或"体育道德"为研究主题的相关研究，我们发现体育伦理主要集中在"竞技体育伦理"领域，也有部分武术与民族传统体育伦理相关的研究，但对社会体育、学校体育领域的直接研究成果偏少。究其原因，一是竞技体育领域的伦理问题比较突出；二是体育伦理理论体系处于形成阶段，尚未有足够多的学者参与体育伦理研究；三是人们在传统观念上习惯以"竞技体育"代替"大体育"；四是对社会体育与竞技体育协调发展问题，人们常从社会学的视角去考虑，较少从伦理学的视角考量，事实也在于具有伦理理论基础的学者较少并涉及不足；五是对学校体

---

① 杨其虎. 追寻竞技正义：竞技体育伦理批判 [D]. 长沙：中南大学，2012.
② 刘巍. 转型期我国体育诚信缺失研究 [D]. 长春：吉林大学，2015.
③ 王小春. 社会转型期我国体育道德研究述评 [J]. 西安体育学院学报，2015，32（5）：586-590.
④ 张训. 体育犯罪的伦理线索考察 [J]. 中国矿业大学学报（社会科学版），2015（6）：22-28.
⑤ 马飞. 生命伦理视域下的残疾人竞技体育价值辨析 [J]. 中国医学伦理学，2015，28（3）：472-474.
⑥ 李守培，郭玉成. 社会转型期武术伦理研究路径阐释 [J]. 成都体育学院学报，2015，41（3）：53-59.
⑦ 刘淑英. 竞技体育中提高竞赛表现技术应用的伦理学审视 [J]. 体育科学，2016，36（2）：92-96.

育而言，由于其更多属于教育的范畴，人们常把其放在教育伦理领域之下进行研究，而不把其放在体育伦理范畴进行研究。对本研究的主题"学校体育伦理"而言，尽管其更多具有的是教育伦理的属性，但是其中也蕴含着体育伦理的特征，正是学校体育伦理具有这种复杂的属性与特征，因此，人们常难以清晰把握其在伦理上的蕴意。毫无疑问的是，学校体育伦理必然具有体育伦理中的共有"体育"因子，体育伦理的相关研究基础及初步建立的体育伦理体系必然将为学校体育伦理的研究提供可借鉴的理论支撑。

3. 学校体育伦理的相关研究

通过文献梳理发现，关涉伦理范畴的学校体育研究体现在各类著作与论文中，多以学术论文或著作的一个部分予以呈现，以下就学校体育伦理的相关研究进行分类述评。

(1) 学校体育人道范畴的研究

人道是以爱护人的生命、关怀人的幸福、维护人的尊严、保障人的自由等为原则的人事或为人之道。人道尊重人的人格与权利，捍卫人的尊严，褒扬人的价值。在西方的语境中，"人文精神"与"humanism"对应，常译作人文主义、人道主义或人本主义。在国内研究中，人道范畴的研究也常体现在"人文精神"的相关研究中，在学校体育研究中亦是如此。通过文献梳理发现国内学校体育人道范畴的相关研究主要集中在体罚、心罚等非人道行为的相关研究，以及人文精神的相关研究与师生权利的相关研究等方面。

首先，关于体罚、心罚等非人道行为的研究。

正如孙建华在《再谈体罚的危害性——解答江西孙静同志的问题》一文中指出："在改革开放、学校体育事业已获长足进步的今天，那种体育教师赤裸裸地如掌嘴、打手掌、打屁股、罚站等体罚学生的现象，已被大家公认为非道德的事情；冠以某些理由的变相体罚——罚学生做俯卧撑、跑圈，还不同程度地存在于我们的体育教学中；让学生在众目睽睽下受罚，必然使其感到人格受辱，自尊心和自信心都受到严重伤害。"[①]也有学者指出，"变相体罚与体罚的本质是一样的，罚站与罚跑圈根本没有什么本质的区别，甚至还有过之而无不及，如果有什么不同的话，无非是体罚更加露骨，更加赤条条的，而变相体罚却变了变花样

[①] 孙建华. 再谈体罚的危害性——解答江西孙静同志的问题 [J]. 中国学校体育，1993 (6)：33.

(形式)、冠之什么'练习'而已,无论是体罚还是变相体罚,既都是对学生人格尊严的损害,也都是对人权的一种侵犯。"[1] 也有学者对体育教学中的惩戒教育和体罚进行了区分,把以身体或心理承受为手段的惩罚,如罚站、拍打和责骂等理解为体罚,认为体罚是伤害学生身体、尊严、人格、心灵的[2]。也有学者对中小学体育教师的体罚行为进行了研究,认为体育教师的体罚行为不仅会伤害学生的身心,还会导致产生不良的师生关系,进而会影响体育教学的效益;同时指出加强中小学体育教师对体罚行为现象危害的认识、加强中小学体育教师的职业道德建设、建立健全中小学体育教师心理疏导与心理健康教育机制、建立有效的监督和上诉机制、提升体育教师的行为管理和调控能力等可以预防和矫治中小学体育教师的体罚行为[3]。在学校体育中,过度的体罚、变相体罚毋庸置疑都是非人道的行为,而在现实中"心罚"也是非人道行为,往往可能带来更多的伤害,需要采取积极的措施应对。徐素年(2009)对学校体育中的"心罚"问题进行了研究,其认为体育教学中"心理惩罚"主要表现为"疏远冷落""侮辱讽刺""贬低压抑"等,这些行为的后果可能给学生造成看不见的心理伤害,但体育教学中"心理惩罚"现象可以通过加强师德教育、关注个体差异、公平对待学生、积极评价学生等方式进行预防[4]。此外,语言暴力也是学校体育教育中重要的一种非人道行为,唐凯(2012)对中小学体育教师语言暴力的内涵、特征进行了分析,同时对中小学体育教师语言暴力的危害、类型及产生的原因进行了探讨,并在实证分析的基础上提出了矫正与预防体育教师语言暴力的应对措施[5]。

其次,关于人文精神的研究。

在我国学校体育领域内,对于人文精神的探讨主要集中在"实然"的学校体育开展中对人文精神的忽视及如何回归方面。周竞(1995)指出:"在现实教育中,体育课程沦为一种配伍,纯生理的体质关怀成了学校体育的唯一目标,对于更深层次的对体育的要求和理解成为一种无回应的呐喊,'人文精神'离体育教育已很遥远,我们的体育教育成了一种名副其实的、可有可无的'体质教育'

---

[1] 刘志勇. 变相体罚学生到底错在哪里——兼答孙静同志 [J]. 中国学校体育, 1994 (1): 36.
[2] 李后普, 朱襄宜. 惩戒教育在体育教学中的合理运用 [J]. 体育师友, 2012 (5): 51-52.
[3] 刘潞琳. 中小学体育教师体罚行为研究 [D]. 长沙: 湖南师范大学, 2012.
[4] 徐素年. 关注体育教学中的"冷体罚"现象 [J]. 新课程学习, 2009 (12): 186-187.
[5] 唐凯. 中小学体育教师语言暴力现象研究 [D]. 长沙: 湖南师范大学, 2012.

和'体力教育'。"① 陈德敏（2004）指出"以当代人文教育观检讨学校体育的现实，我们遗憾地发现当前学校体育教学中对人的忽略。"② 延续这一论点，陈德敏等（2006）又指出："体育界过去长期忽视人文学科，带来的是体育师资对文化素质的淡漠，对'人文'二字的陌生，对人文精神的认识模糊。学生多年来受传统的应试教育的影响，几乎丧失对人文精神的甄别能力，他们对个性的发展表现得十分冷淡。他们听惯了教师的发号施令，做惯了'依葫芦画瓢'，在身心与素养上缺少创新精神和开拓能力的滋养。"③ 张勇（2009）则指出："一旦体育放弃了对人文精神的关怀，而过分专注于外在的功利和实用，体育就不能培育真正崇高的人性，而仅仅是在粗俗和鄙贱的形式下对人的规训，对人体进行的一种塑造，它带给人的只是肌肉、骨骼的变化，而不是针对精神的成长。我国学校体育也正期盼一个回归人性、尊重个性的时代的到来。"④ 黄晓丽等（2014）⑤ 的研究发现学校体育人文价值出现淡化，学校体育的异化使其沦为一种工具，而脱离教育的范畴。在不同的历史时期，学校体育对人的关注程度是不同的，而体育人文价值的彰显主要取决于是否可以对"人"进行全面关注，重点是人的精神及情感的关注，是否可以充分地尊重人的创造性和主体性，是否可以发展人的本质力量⑥。张迪（2009）的研究指出："体育的主体是人，人是教育的出发点和最终归宿，人的自由与解放是教育本质的、必然的追求，所以我们应该明确，教育是人道的事业，教育实践活动要体现人道原则，我们应建构起多主体之间充满人文精神的关系，从而唤醒长期被单纯科学所压制的教育的精神，这些正是新世纪学校体育改革对人文社会科学呼唤的根本原因。"⑦ 吴燕丹（2007）⑧ 以我国普通高校身体练习障碍学生为研究对象，从特殊体育教育的角度诠释了生命关怀的四个维度，并从生命关怀视角确立了身体练习障碍学生身体、心理、社会的三维调适理论，其认为和谐社会必须坚持以人为本，而以人为本更多体现在人文关怀。

---

① 周竟. 我国学校体育之回望 [J]. 四川体育科学，1995（4）：27-29.
② 陈德敏. 学校体育人文教育使命反思 [J]. 成都体育学院学报，2004，30（3）：83-85.
③ 陈德敏，向勇. 中国学校体育教育呼唤体育人文精神的回归 [J]. 武汉体育学院学报，2006，4（5）：99-102.
④ 张勇. 自由教育于体育教学的可能和理想 [J]. 山西师大体育学院学报研究生论文专刊，2009（6）：73-75.
⑤ 黄晓丽，金育强，卢亮球，等. 学校体育价值的理性审视 [J]. 广州体育学院学报，2014，34（6）：11-15.
⑥ 冯霞. 人学视野中的人文体育观研究 [D]. 广州：华南师范大学，2004.
⑦ 张迪. 对学校体育的物化现象和人本位教育理念实施策略的研究 [D]. 长春：东北师范大学，2009.
⑧ 吴燕丹. 生命关怀视野下调适性体育课程的理论与实践 [D]. 福州：福建师范大学，2007.

最后，关于师生权利的研究。

随着我国学校体育中的师生权利问题的凸显，这一问题逐渐成为国内研究者们关注的主题之一。梁恒（2002）[①]对学生体育侵权进行了分类，其认为要维护中学生的体育权利，既要正确认知中学生的身份和法律地位，又要加强相关体育法律法规建设，同时也要进行体育法制教育、健全监督机制。刘毅（2006）[②]指出，体育权利作为学生的一项重要的基本权利，或者说一项基本人权，就目前而言还处于一个被漠视和忽视的地位。其从我国宪法和相关法律法规的规定出发，参考相关国际公约和宣言，并结合学校体育工作的实际，探讨了学生体育权利的法律渊源及内涵，列举了侵犯学生体育权利的现象，提出了规范和完善学生体育权利救济制度的具体建议。也有学者从我国教育、体育法律法规角度出发，结合学校体育实际，分析探讨了学校体育教师权利的享有依据、实现方式及救济方法，认为我国体育教师尤其是农村体育教师的基本权利处于法定权利阶段，未真正进入实有权利阶段[③]。毛淑娟（2011）[④]从教育学、法学和社会学的角度出发，对大学生体育权利受到侵害的现状进行了总结与分析，在该文中其认为大学生的体育权利作为人权和权利的下位概念，应该是一种能力或资格。王芳（2016）[⑤]在法哲学的视角下，以权利与义务为切入点，对体育教师权利与义务的法哲学理论进行了分析，研讨了学校体育教师权利与义务的内在本质，并从法哲学的角度对学校体育教师应当具备的权利与义务进行了反思。张舒（2016）[⑥]认为长期以来，由于我国体育教师劳动权利立法与保障机制的缺乏，因此加大了体育教师劳动维权抗辩的难度，其在我国体育教师劳动立法层次结构的基础上，提出了体育教师劳动权利的法律救济途径。

纵观国内关于学校体育人道范畴的研究，我们会发现，许多研究者的相关研究的初衷并非从伦理的视角研究学校体育，但这些研究中所论述的一些现象是学校体育中非人道的行为，如损害人的尊严与人格的过度体罚、心罚以及语言暴力等行为；一些关于学校体育中人文精神缺失的研究，认为学校体育若仅是生物性

---

①梁恒.关于侵害中学生体育权利行为的研究[D].长沙：湖南师范大学，2002.
②刘毅.学生体育权利及其救济[D].开封：河南大学，2006.
③陈博.论体育教师的基本权利及实现保障[J].山西师大体育学院学报，2009，24（1）：6-11.
④毛淑娟.侵害大学生体育权利的归责及其救济[D].西安：陕西师范大学，2011.
⑤王芳.体育教师法律角色研究——权利本位与义务本位[D].济南：山东师范大学，2016.
⑥张舒.我国体育教师劳动权利与法律救济研究[J].中国劳动关系学院学报，2016，30（1）：92-95.

上的追求，而丧失人文精神关怀，事实上是背离人性的行为；也有一些研究认为漠视学生体育权利是对人权的侵害，这种侵害事实上也是非人道的行为。虽然国内的相关研究并未从伦理的视角对学校体育中的人道行为进行系统研究，但已有研究中关于体罚、心罚、人文精神缺失、师生权利等的论述依然为研究学校体育中的人道范畴问题提供了可借鉴的参考与依据。

（2）学校体育公正范畴的研究

通过梳理文献发现，关涉学校体育发展公正的研究往往以公平、平等、正义、公正等为研究的切入主题，鉴于公正、公平、平等、正义等在探讨学校体育时具有相近的含义，把这一主题的研究归为公正范畴的研究。国内关于公正范畴的研究主要集中在学校体育资源分配公平、体育学科公正、体育教师权利公正、学生发展公正、学生平等参与体育等方面。

学校体育中资源分配公正、公平及学校体育均衡发展是国内研究者聚焦的议题，这也从侧面反映了我国学校体育在资源分配公正方面的缺失。戴维红等（2008）[1]的《教育公平视野下城乡小学体育教育的均衡发展》、许琨（2009）[2]的《学校体育公平问题的认识与思考》、李蓉蓉（2010）[3]的《教育公平视野下义务教育阶段城乡学校体育资源差异研究》、周华芳（2012）[4]的《我国高中体育公平问题研究》、屈宏强（2012）[5]的《学校体育均衡发展评价指标体系的构建与实证研究》、陈海青（2013）[6]的《郑州市城乡学校体育资源配置公平状况调研分析》、赵丽（2013）[7]的《山东省城乡中小学学校体育均衡发展研究》、辛玉娥（2014）[8]的《教育公平视角下小学体育教师资源均衡配置研究》、罗筱（2013）[9]的《甘肃省城乡中小学体育设施资源现状与合理配置研究》等论文对我国部分地区中小学的资源分配公平问题进行了研究，也对部分地区的城乡学校

---

[1] 戴维红，许红峰. 教育公平视野下城乡小学体育教育的均衡发展 [J]. 2008，15（8）：76-79.
[2] 许琨. 学校体育公平问题的认识与思考 [D]. 长沙：湖南师范大学，2009.
[3] 李蓉蓉. 教育公平视野下义务教育阶段城乡学校体育资源差异研究 [D]. 西安：西安体育学院，2010.
[4] 周华芳. 我国高中体育公平问题研究 [D]. 长沙：湖南师范大学，2012.
[5] 屈宏强. 学校体育均衡发展评价指标体系的构建与实证研究 [D]. 福州：福建师范大学，2012.
[6] 陈海青. 郑州市城乡学校体育资源配置公平状况调研分析 [D]. 开封：河南大学，2013.
[7] 赵丽. 山东省城乡中小学学校体育均衡发展研究 [D]. 烟台：鲁东大学，2013.
[8] 辛玉娥. 教育公平视角下小学体育教师资源均衡配置研究 [D]. 济南：山东师范大学，2014.
[9] 罗筱. 甘肃省城乡中小学体育设施资源现状与合理配置研究 [D]. 西安：西安体育学院，2013.

体育资源分配差异问题进行了分析,并针对这些问题提出了消解的建议。葛新等(2013)[①]对当前我国农村学校体育发展中主要面临的困境进行了探讨,他们提出应通过完善的相关法规和教育监督机制、加大农村教育投入、优化体育师资结构、探索适合本地的"农村学校体育发展模式"、开发和利用农村特色课程资源等途径走出困境。

除上述研究之外,国内学者也从残疾人教育公平、体育教学公平、体育课程实施公平等方面进行了研究。吴燕丹(2007)[②]对我国普通高校特殊体育教育进行调查与研究之后认为,教育公平和生命关怀理念是特殊体育教育改革的理论依据,大学特殊体育教育的改革与重建,应从政策保障、课程调适、支持系统完善等方面寻求学生身心发展的最大值。朱元利等(2007)[③]从社会公平的角度分析,认为目前我国残疾人高等体育教育存在接受高等体育教育的权利和机会不公平问题,究其根源是高等体育教育价值取向的不合理和制度设计的不公正,同时他们提出解决问题的途径。余波(2011)[④]对当前体育课堂教学过程中的公平失衡问题进行了分析与研究,其认为消解体育课堂教学中的不公平,需要从优化课程教学目标、促进师生平等互动、建立多元考核评价体系等方面进行优化整合。高庆琦(2012)[⑤]基于公平教育理念,对大学男女生体育教育差异进行了分析,提出要在校园体育活动的开展、体育课程资源的开发、体育教师性别公平意识教育及学校体育设施规划等方面采取相关措施,以实现真正的教育公平。常德胜等(2012)[⑥]在论文《体育与健康课程实施中的公平研究》中从课程实施的微观角度分析了改革中存在的教育公平问题及其产生的原因,并提出了相应的发展策略。曹烃(2013)[⑦]在其博士论文中认为生命关怀是适应体育教育的缘起,平等共享是适应体育教育的意义追寻,发展适应体育教育与我国实施教育公平、促进全民健身、建设体育强国等有着密切的联系。

---

① 葛新,曹磊,王华倬.教育公平视域下我国农村学校体育发展的困境与对策[J].北京体育大学学报,2013,36(10):88-92.
② 吴燕丹.中国大学特殊体育教育现状调查与思考[J].体育科学,2007,27(1):41-50.
③ 朱元利,李靖.论教育公平视野下的残疾人高等体育教育[J].西安体育学院学报,2007,24(6):104-106.
④ 余波.体育课堂教学过程中的公平失衡研究[J].教学与管理,2011(27):75-76.
⑤ 高庆琦.教育公平下大学男女生体育教育差异问题探析[J].宿州学院学报,2012,27(11):59-61.
⑥ 常德胜,王华.体育与健康课程实施中的公平研究[J].长春理工大学学报,2012,7(9):223-224.
⑦ 曹烃.适应体育教育——融合教育背景下残障学生体育教育的诉求[D].武汉:华中师范大学,2013.

通过以上对学校体育公正范畴的相关研究进行梳理，我们会发现，国内学者较多从学校体育资源配置公正、公平方面进行了研究，也有学者对残疾人体育公平、体育教学公平、男女公平、公正处理学校体育问题等方面进行了不同程度的研究。但这些研究大多是从社会学、教育学的视角思考我国学校体育中的公正问题，较少从伦理的视角思考学校体育中的公正问题，同时对比较突出的体育学科公正、体育教师待遇公正、学生体育权利公正等问题的研究缺乏深入涉及。

（3）学校体育诚信范畴的研究

通过梳理学校体育诚信范畴的相关研究发现，国内学者主要从社会学、教育学的视角对学校体育中的兴奋剂服用、替考、替赛、成绩作假、说谎逃课、体质数据造假等引起的非诚信问题进行了研究，也有部分研究落脚在学校体育诚信道德教育。喻坚（2003）[1]研究认为学校体育改革引起的观念摩擦和利益调整使一些学生心态浮躁，在获得利益和争取成功时急功近利，出现了校园兴奋剂现象，我们必须下大力气从根本上阻止这一现象的蔓延；为此，我们亟待加强立法工作，加强对青少年及监护人的反兴奋剂教育，进一步纠正错误的教育思想。喻坚等（2004）[2]对中考中的非诚信行为进行了分析，其认为学生及家长"不妨赌一把"的心理促使这些有失诚信的行为应运而生。刘红等（2008）[3]的研究发现，现在的学校体育中存在检查验收中作弊、各种公开课反复彩排、体育竞赛中弄虚作假、体育中考中人情分数等诚信缺失的现象。刘辛丹（2012）[4]的研究发现，"学生体育诚信行为发展有'倒错'倾向且认知与行为发展不协调。大学生虽然对体育诚信的认识水平较高，但其体育诚信缺失行为却要比中小学生严重得多；学校体育诚信教育尚有缺失，存在学生体育课偷懒、请假撒谎、比赛耍诈、考试作假，教师不能以身示范、课堂管理渎职等与体育诚信相悖的现象"。此外，王珂（2012）[5]的《阳光体育运动背景下对高校体育竞赛中道德缺失现象的思考》、王树宏（2012）[6]的《体育教育专业招生考试公平问题研究》、冯建超（2014）[7]

---

[1] 喻坚. 校园兴奋剂：现象与对策 [J]. 中国教育学刊, 2003 (6)：22-24.
[2] 喻坚, 刘林箭, 钮新荣. 中考体育加试存在的问题及对策 [J]. 山西师大体育学院学报, 2004, 19 (2)：1-3.
[3] 刘红, 苗青. 学校体育中诚信教育缺失的现状与对策 [J]. 体育教学, 2008 (7)：46-47.
[4] 刘辛丹. 大中小学生体育诚信现状调查——以福建省漳州市为例 [J]. 中国德育, 2012 (11)：19-21.
[5] 王珂. 阳光体育运动背景下对高校体育竞赛中道德缺失现象的思考 [J]. 商, 2012 (11)：156.
[6] 王树宏. 体育教育专业招生考试公平问题研究 [J]. 体育文化导刊, 2012 (12)：102-105.
[7] 冯建超. 诚信缺失环境下高校体育教育现状研究 [J]. 现代企业教育, 2014 (20)：253-254.

的《诚信缺失环境下高校体育教育现状研究》、马龙（2014）[①] 的《当前高中体育特长生思想行为现状及对策》、何晓知（2010）[②] 的《教育公平视野下体育竞赛优胜者高考加分政策探析》、陈志文（2014）[③] 的《高考加分乱象为何难以遏制》等论文对我国学校体育中存在的一些诚信缺失现象进行了研究。周坤等（2004）[④] 的《论学校体育与诚信教育》、曾庆国（2009）[⑤] 的《高校体育教学中的诚信品质教育》、黄金萍等（2009）[⑥] 的《高校体育教育中贯彻实施诚信教育的研究》、蔡计高（2011）[⑦] 的《对当前体育教学中"诚信"教育的审视与思考》、何伟珍（2011）[⑧] 的《中学生体育教学中诚信缺失现状分析与对策》、黎臣（2016）[⑨] 的《论高校体育教育缺失的部分》等论文则对学校体育中的诚信教育内容、应抵制的非诚信行为等进行了不同程度的论述。苏国柏等（2015）[⑩] 对2015年9月以来大中小学校发生的校园"毒跑道"事件进行了分析研究，该研究认为校园"毒跑道"事件的产生与当下我国普遍存在的"体育诚信缺失"问题密切相关，而消解校园"毒跑道"等体育诚信缺失问题需要体育产业界特别是建筑业的自重，同时要增强各级政府的担当意识并构建体育诚信体系。综上所述，对于学校体育诚信范畴，这些过往的相关研究在一定程度上反映了当代中国学校体育存在的诚信缺失现象，也反映了部分学校与体育教师对学校体育中诚信道德教育重视不足的现实。这些研究一方面为我们从诚信道德的视角思考学校体育提供了一定的现实诚信缺失素材，另一方面为我们提供了一定的学校体育诚信道德研究的理论依据。

---

① 马龙. 当前高中体育特长生思想行为现状及对策 [D]. 武汉：华中师范大学，2014.
② 何晓知. 教育公平视野下体育竞赛优胜者高考加分政策探析 [J]. 吉林体育学院学报，2010，26（4）：7-10.
③ 陈志文. 高考加分乱象为何难以遏制 [N]. 中国教育报，2014-07-11.
④ 周坤，周志俊. 论学校体育与诚信教育 [J]. 解放军体育学院学报，2004，23（2）：50-51.
⑤ 曾庆国. 高校体育教学中的诚信品质教育 [J]. 长春理工大学学报（高教版），2009，4（7）：9-10.
⑥ 黄金萍，孙永喜. 高校体育教育中贯彻实施诚信教育的研究 [J]. 哈尔滨体育学院学报，2009，27（1）：72-74.
⑦ 蔡计高. 对当前体育教学中"诚信"教育的审视与思考 [J]. 佳木斯教育学院学报，2011（12）：85-86.
⑧ 何伟珍. 中学生体育教学中诚信缺失现状分析与对策 [J]. 湖北广播电视大学学报，2011，31（1）：149.
⑨ 黎臣. 论高校体育教育缺失的部分 [J]. 运动，2016（1）：70-71.
⑩ 苏国柏，高飞，王佃娥. 校园毒跑道折射的体育诚信缺失问题 [J]. 当代体育科技，2015，5（36）：166-167，169.

(4) 学校体育理性范畴的研究

通过梳理国内文献发现，关于学校体育理性范畴的研究比较欠缺，少有对学校体育中理性范畴问题的专门研究。陈德敏（2004）[①]认为，把教育理解为封闭的、刻板的，仅为传授知识而存在的体系，由此，教育变成一种存储行为，教师是储户，学生是保管人，只能耐心地接受、记忆和重复存储材料，这样的教育促使学生的知性与理性片面发展，而忽视了人的完善。人的感觉、认知、精神、情感、意志、观念、愿望较少得到关注，这种教育价值观是学校体育对学生价值理性的忽视。张世威（2008）[②]指出，现在的学校体育管理者早就把学校体育看成一种"盈利"的工具，对其所蕴含的文化价值视而不见，工具性的思维使学校体育过度关注一些知识、技术、成绩，对参与者的主观感受视而不见。张勇（2009）[③]指出，近代中国学校体育从诞生之日起，就伴随"科学"与"人文"两种价值趋向的斗争，继而演变为"功利"和"人性"的争夺，学校体育出现的功利化倾向，其中最突出的问题是过分追求体育的实用价值；自由教育并不否认教育的工具价值，而是把工具价值作为实现本体价值的一种手段。就体育教学而言，教学的最终目的不是金牌、第一、锦旗等，而在于体育对体育主体——学生的精神世界的充溢和完满。覃刚（2013）[④]指出，以人文视角来理解体育、理解学校体育对造就真正自由幸福的人的作用，必须超越百年来的工具理性以及政治的束缚，回归体育的人文向度。黄晓丽等（2014）[⑤]指出，在当前的教育体制下，学校体育由于在社会经济发展中的价值和在以科学主义教育为中心的学校教育中所起到的独特作用，其工具价值被片面扩大化。黄晓丽等学者认为在学校体育教育过程中，学生以及家长往往将学校体育作为某种工具，他们的认识没有超出工具价值的阶段；学校教育管理者通过比赛为学校带来荣誉、通过培养体育特长生提高学校的升学率等都是学校体育工具化的表现。尽管从上述研究来看，我国学校体育中工具理性片面扩大、价值理性缺失的问题明显，但国内学者并未对

---

① 陈德敏. 学校体育人文教育使命反思 [J]. 成都体育学院学报，2004，30（3）：83-85.
② 张世威. 我国学校体育异化现象的审视与思考 [J]. 天津体育学院学报，2008（6）：523-524.
③ 张勇. 自由教育于体育教学的可能和理想 [J]. 山西师大体育学院学报研究生论文专刊，2009（6）：73-75.
④ 覃刚. 近代以来中国学校体育教育人文向度的失落与重构 [D]. 武汉：华中师范大学，2013.
⑤ 黄晓丽，金育强，卢亮球，等. 学校体育价值的理性审视 [J]. 广州体育学院学报，2014，34（6）：11-15.

学校体育中的理性问题进行系统研究,也未从工具理性与价值理性合理统一的视角去消解学校体育工具价值片面扩大化的问题。显然,当代中国学校体育因工具理性越位带来的系列问题亟待以合理理性的视角进行系统考量与研究。

(5) 学校体育幸福范畴的研究

幸福是伦理关注的核心范畴之一,也应是学校体育关注的重要伦理方向。近年来,在学校体育领域以幸福为视角或主题的研究有所增多。李西鹏(2013)[1]在其研究中,介绍了学校体育活动促进学生终身幸福的主要表现,分析了学校体育活动实现个人终身幸福的主要途径,其认为从终身幸福角度出发评价学校体育活动是学校体育活动的最高评价标准,学校体育是国民体育的基础,终身幸福是每个人追求的目标。梁朝毅(2013)[2]在其研究中认为,"幸福教育"的理念之一是让学生快乐成长、健康成长、幸福成长;幸福教育理念下的乡村学校大课间体育活动承载着"追求幸福教育,享受教育幸福"的憧憬,是促进学生身心健康发展的有效平台,将为学生健康、快乐、幸福成长打下坚实的基础。杨虎民等(2013)[3]为了探讨特殊学校体育教师社会支持、自我认同感与主观幸福感的关系,他们对92名特教体育教师进行了调查,其研究表明:特教体育教师的主观幸福感水平可以由性别、社会支持和自我认同感等因素预测;可以从社会支持和自我认同感两个方面提升特教体育教师的主观幸福感。王仵(2013)[4]对荆州市农村义务教育阶段的体育教师进行调查研究发现,喜爱教师职业、师生共同进步、家人或领导支持及和谐的工作关系等是体育教师职业幸福感的主要来源,而福利待遇、社会地位、自我实现等因素则影响着体育教师幸福感的获得。陈旭东等(2014)[5]的研究认为:"体育,是学校教育的重要组成部分;提高体育教育质量,发展学校体育特色,打造学校体育文化,是为实现学生素质全面发展、奠定孩子一生幸福之基的功德之举,因此,学校应致力于把体育运动变成孩子校园活动的主题、把体育娱乐变成孩子学习愉悦的源泉、把体育素养变成孩子终身幸

---

[1] 李西鹏. 从终身幸福视角审视学校体育活动现状 [J]. 内蒙古教育, 2013 (10): 29.
[2] 梁朝毅. 幸福教育理念下的乡村学校大课间体育活动 [J]. 基础教育研究, 2013 (7): 33-34.
[3] 杨虎民, 汪明. 特殊学校体育教师社会支持、自我认同感与主观幸福感的关系研究 [J]. 郑州师范教育, 2013, 2 (4): 22-24.
[4] 王仵. 农村体育教师职业幸福感调查研究——以荆州市周边地区为例 [D]. 南昌: 江西科技师范大学, 2013.
[5] 陈旭东, 谈爱清. 让体育为孩子一生的幸福奠基——学校体育文化建设的思考和实践 [J]. 生活教育, 2014 (5): 87-89.

福的基石。"马美净（2015）① 研究认为，体育教师的职业幸福感将直接影响学生身心健康的成长发展和教学的整体品质；增强体育教师职业幸福感可以通过继续教育与专业能力提升来实现，职业幸福感与体育教师胜任力之间存在正相关。谭琳等（2016）② 的研究从幸福体育观审视体育，认为传授体育知识技能、增强体质不是体育的全部，更不是学校体育的终极目的，体育既有健体的生物价值，也具有健心作用，促进人生幸福的人文价值。因此，当代学校体育肩负的使命不仅要让学生获得必要的体育知识技能，完成体育学习任务，获得体质的增强，为终身健康奠定基石，更重要的在于通过体育教育，引导学生建立"我运动、我健康、我快乐、我幸福"的新理念，培养学生终身体育意识、兴趣、习惯与能力，使之建立起科学、文明、健康的生活方式，形成阳光的生活态度和积极的人生追求，体验体育真谛，享受体育赋予人类的礼物——健康、快乐、幸福，真正实现"健康工作五十年，幸福生活一辈子"终极目标，这才是体育价值的根本所在。幸福体育观克服了生物体育观、应试体育观的弊端，实现了学校体育观的历史超越。综上所述，国内学者对学校体育中幸福范畴的研究主要集中在学校体育中的学生幸福获得与幸福促进、体育教师职业幸福，这些研究为我们认识学校体育与幸福的关系提供了一定的理论基础。

（6）学校体育性别平等相关的研究

学校体育性别平等的相关研究事实上应包含在学校体育公正范畴的研究之内，这里单独列出来梳理，是因为性别平等问题是我国学校体育发展中重要且突出的问题，亟须性别伦理的关照。经过文献查找发现，性别问题日益受到学者们的关注，如陈利花（2006）③ 从女性的性别视角对我国学校体育教育领域中的社会性别问题特别是性别歧视问题进行了考察与分析，研究发现，当前我国学校体育教育中的性别歧视现象在体育教育的起点、过程及结果中仍然存在，其原因包括政治法律因素、社会文化因素及学校教育的自身因素等，要消除当前我国学校体育教育中的性别歧视问题，需要转变传统的性别偏见，确立正确的社会性别意识；完善法律法规，加大执行力度；学校领导重视校园性别文化的创建，教师实

---

① 马美净. 胜任力视角下的中学体育教师职业幸福感研究——以河北省唐县为例 [D]. 武汉：华中师范大学，2015.
② 谭琳，时朵. 学校体育改革与发展思考——基于幸福教育视角 [J]. 运动，2016（1）：10-11，81.
③ 陈利花. 对消除当前我国学校体育教育中性别歧视问题的若干思考 [D]. 长沙：湖南师范大学，2006.

施"因性教学";提高女生的自身素质和性别意识。贺亮锋（2007）[①]的《小学生对体育教师能力评价中的性别偏见实验研究》、闫伟等（2011）[②]的《"80一代"不同性别中小学体育教师专业发展状况比——以天津市为例》分别对小学生之于体育教师能力评价中的性别偏见、天津市"80一代"不同性别中小学体育教师的专业发展状况进行了研究。杨向明（2012）[③]在其研究中发现，高校体育中存在性别屏蔽、性别隔离、性别分化、性别刻板、性别偏失等现象，其同时对这些现象出现的原因进行了分析。荆伟伟（2013）[④]认为，男性、女性在性别角色下根据他的行为分别持有不同的期望、规范，其中包括了赋予两性间的各种特质与兴趣，研究显示：在中北大学，双性化类型的人数在女生性别角色类型中最多，其次是未分化类型，最后是女性化类型和男性化类型。张雅俊等（2015）[⑤]建议要特别关注女教师的专业提高、业务培训、工作和生活条件的改善，给她们提供更多的学习、进修和与外界交流的机会，提高她们的业务水平和综合素质，以缩小男女教师之间的差别，推进北京地区教育均衡发展，提高北京地区基础教育质量。焦强（2015）[⑥]在其研究中发现，在社会性别意识层面上，被测女生的社会性别意识要高于男生，部分高校男生仍然受到传统男权主义思想的影响。另外，高校男生和女生在社会性别认知上都存在一定的矛盾和以自我为中心的心理特征。在身体意象层面上，高校生身体意象状态与性别显著相关，相对于高校男生，女生对自己的身体评价较低。

综上所述，国内学者关于学校体育性别视角的研究中，有学者以性别为视角对学校体育中女生受到歧视、受到不平等对待的现象进行了研究；有学者对学校体育中的男女体育教师因性别差异而受到实际不平等对待的问题进行了研究；有学者对学生的性别偏见影响正确评价体育教师的相关问题进行了研究；还有学者运用社会性别理论对学校体育中的性别屏蔽、性别隔离、性别分化、性别刻板等

[①] 贺亮锋. 小学生对体育教师能力评价中的性别偏见实验研究 [J]. 第八届全国体育科学大会论文摘要汇编（二），2007：427.
[②] 闫伟，王慧琳，赵明元. "80一代"不同性别中小学体育教师专业发展状况比——以天津市为例 [J]. 第九届全国体育科学大会论文摘要汇编，2011（4）：184-185.
[③] 杨向明. 高校体育教育场域中的性别透视现象思考 [J]. 成都体育学院学报，2012，38（9）：40-43.
[④] 荆伟伟. 社会性别视野下中北大学女大学生体育参与分析及对策研究 [D]. 太原：中北大学，2013.
[⑤] 张雅俊，郭金贵，赵晓波，等. 不同性别体育教师知识与能力差异性的调查与研究 [J]. 文体用品与科技，2015（8）：4-5，14.
[⑥] 焦强. 社会性别视角下高校女生身体意象及体育教育对策研究 [D]. 长春：东北师范大学，2015.

现象进行了研究……总体而言，这些从性别视角对学校体育的研究反映了我国学校体育场域中现实存在的男女不平等现象，为本研究提供了一定的理论与实践支撑，但已有研究仍欠缺对学校体育中这些性别不平等问题的深层归因分析，也缺乏从性别伦理的视角全面梳理当代中国性别中立教育占主流的背景下，如何应对学校体育中可能忽视的性别不平等问题。

（7）学校体育伦理的针对性研究

随着人们对学校体育伦理的关注以及对伦理介入学校体育的迫切需要，一些学者开始从伦理维度对学校体育进行以"学校体育伦理"为主题的针对性研究，这意味着学校体育伦理逐渐成为人们能接受的研究范畴，也昭示着从伦理视角省思学校体育已经进入国内学者的研究视野。李传奇等（2009）指出："伦理具有深刻的批判反思与自我反省功能，同时，这种批判反思与自我反省功能直指学校体育这一伦理实体中的每一个人的内心世界。因此，从伦理去审视学校体育对于促进学校体育的发展具有积极而深刻的意义。学生体育权利的保障和实现离不开伦理对学校体育实然状态的反思和批判。同样，学校体育的健康、持续、高效开展也离不开伦理的价值导向与行为规约。"[1]李世宏（2010）[2] 对学校体育伦理的内涵、缺失与建构进行了分析，其认为学校体育伦理贯穿于学校体育活动过程中，反映了一定时期内社会公众对学校体育活动的道德价值评判和理想，是学校体育活动中平衡各方利益的"杠杆"；学校体育伦理应关爱学生的生命价值，确保学生接受学校体育教育的权利，向以人为本的伦理价值观回归；学校体育应倡导公平、正义的环境；学校体育应确保参与者能够相互尊重、平等相待、共同发展。张有智（2012）指出："当前学校体育伦理缺失表现为体育课程设置的'迎检化'、体育目标实现的'功利化'、体育课堂教学的'无序化'等，并提出了具体的做法：注重'生命、人本'的体育观念、倡导'公平、正义'的体育原则、发扬'尊重、发展'的体育精神。"[3]

李英（2012）[4] 的博士论文《基于伦理学视野下的体育教学研究》是近年来以伦理介入学校体育研究的代表性论著，该研究认为体育教学的生命性、教育性

---

[1] 李传奇，周兵．学校体育的伦理审视 [J]．体育学刊，2009，16（12）：49-52．
[2] 李世宏．学校体育伦理的内涵、缺失与建构 [J]．体育学刊，2010，17（8）：51-54．
[3] 张有智．当前学校体育"伦理缺失"现象探析 [J]．教学与管理，2012（12）：128-129．
[4] 李英．基于伦理学视野下的体育教学研究 [D]．福州：福建师范大学，2012．

和交往性决定了体育教学具有伦理性,体育教学过程中的各种活动都要进行价值判断,必然要受到各种规范的约束。这些教学规范中蕴含着丰富的伦理内涵,主要包括人道主义、教学自由、教学正义、尊重、责任和关爱等,同时其认为体育教学环境同样蕴含着伦理内涵,最后把体育教学伦理的最终归宿落脚在学生的道德品质,具体指向培养学生的合作精神、竞争精神、责任感、意志品质和规则意识。冯蕾(2010)①的《学校体育伦理教育研究——勇德培育》、李晓航(2015)②的《学校体育伦理教育研究——"智德"培育》等则从学校体育伦理教育的勇德培育、智德培育两方面进行了研究,该研究在一定程度上丰富了学校体育伦理教育的研究内容。李超(2015)③则把学校体育伦理与生命关怀结合在一起,对学校体育中关于生命关怀的伦理诉求进行了阐释,该研究进一步丰富了学校体育伦理的内涵,拓展了学校体育的研究之路。

上述研究是国内学者直接以"学校体育伦理"为研究主题进行的研究,这些研究对学校体育伦理的内涵、学校体育中的伦理缺失、体育教学中的伦理问题、学校体育伦理与生命关怀等方面进行了针对性的研究,也从伦理教育的视角对学校体育中的"勇德""智德"等进行了探讨。这些研究有着较为密切的联系,将为研究者从伦理视角省思学校体育提供相近的理论支撑与实践素材。

(二) 国外研究述评

伴随国外现代教育的不断深化与发展,国外"教育伦理"逐渐发展成一门独立的研究体系;体育伦理伴随国外体育的发展亦成为重要的体育研究领域;学校体育伦理研究也伴随教育伦理研究的繁荣,逐渐成为国外学校体育的一个研究方向。根据研究需要,从"教育伦理相关研究""体育伦理相关研究""学校体育伦理相关研究"三个方面对国外文献进行述评。

1. 教育伦理相关研究

在国外,尤其是发达国家对教育伦理的系统探讨与研究比国内要早。1980年德国教育家边宁(Benning)较早出版了《教育伦理学》,该书对教育伦理学的结构、教育的伦理责任等进行了探讨;1988年德国教育家嘉姆(James)出版的

---

① 冯蕾. 学校体育伦理教育研究——勇德培育 [D]. 石家庄:河北师范大学, 2010.
② 李晓航. 学校体育伦理教育研究——"智德"培育 [D]. 石家庄:河北师范大学, 2015.
③ 李超. 学校体育伦理与生命关怀研究 [J]. 中国医学伦理学, 2015, 28 (1):96-98.

《教育伦理学》探讨了教育关系的问题；1992年德国教育家欧克斯（Jürgen Oelkers）出版的《教育伦理学》则探讨了教育伦理学的问题、实际原则和展望等；苏联教育家加里宁（Mikhail Kalinin）、克鲁普斯卡娅（Krups kaya）、马卡连柯（Makarenko）等对教育伦理思想的实现问题及具体的教育伦理问题等进行了大量探讨与研究[1]。1978年美国学者肯尼思·A.斯特赖克（Kenneth A. Strike）等[2]主编了《伦理学与教育政策》，后由我国学者洪成文、张娜等翻译出版。该书对大学与自由、学生权利、平等与多元化及自由与学术教育等进行了探讨。此后，斯特赖克又出版了《教学伦理》[3]，该书对惩罚及正当程序、学术自由、平等对待学生、正直教学等进行了详细的分析与研究。斯特赖克是教育伦理的重要代表人物，在前期研究工作的基础上，其又负责主编了《教育职业伦理学丛书》（Professional Ethics in Education Series）等著作。美国著名教育哲学家内尔·诺丁斯（Nel Noddings）[4]出版的《关心：伦理和道德教育的女性路径》从关怀伦理的视角对教育实践伦理问题进行了深入的研究，为教育与道德教育提供了一种新的思想滋养。美国学者约翰·麦金太尔（D. John Mcintyre）等[5]的《教师角色》对伦理者角色进行了探讨，他们赋予伦理者角色三个核心能力，即教师的期望与判断、学校价值与伦理原则及在社会中教育与学校的角色。英国教育家卡尔（David Carr）出版了《教学伦理》，其对教学伦理的相关问题进行了分析与研究。英国教育家彼得斯（Peters）在其论著《伦理学与教育》中则对平等、自由、博爱、关怀等教育原则进行了探讨。加拿大学者伊丽莎白·坎普贝尔（Elizabeth Campbell）在其著作《伦理型教师》中对教师的伦理责任进行了强调，并把公正、正直、道德勇气、同情、忠诚和耐心等作为重要伦理原则来审视教师的教学工作[6]。

为了把握近年来国外教育伦理的研究进展，以下对近年来英语语境的相关外

---

[1] 宋晶. 现代职业教育伦理研究[D]. 天津：天津大学，2013.
[2] 肯尼思·A.斯特赖克，基兰·伊根. 伦理学与教育政策[M]. 刘世清，李云星，等译. 北京：北京大学出版社，2013.
[3] 肯尼思·A.斯特赖克. 教学伦理[M]. 洪成文，张娜，黄欣，译. 4版. 北京：教育科学出版社，2007.
[4] 内尔·诺丁斯. 关心：伦理和道德教育的女性路径[M]. 武云斐，译. 2版. 北京：北京大学出版社，2014.
[5] 约翰·麦金太尔，玛丽·约翰·奥黑尔. 教师角色[M]. 丁怡，马玲，等译. 北京：中国轻工业出版社，2002：265-267.
[6] 伊丽莎白·坎普贝尔. 伦理型教师[M]. 王凯，杜芳芳，译. 上海：华东师范大学出版社，2011：2.

国文献进行梳理,以期获得较新的研究动态。对于教育伦理的不同理论取向,格瑞高丽(Gregory)(2009)[1]认为苏格拉底教育学(socratic pedagogy)主要以话语理论(dialogue theory)、批判性思考(critical thinking)与发散思维(informal logic)为特征。这种教育伦理取向在其"产婆术"的教学法中表现得淋漓尽致,即通过带有挑衅意味的"三问三答"实践来寻求真理,并将其移植于一个人不断成长的认知意识中,即便这种做法的代价是牺牲一个人的性命、名誉与生命安全。韦尔奇(Welch)(2011)[2]曾提出,从学科上看,教育伦理是一门道德心理学(moral psychology)。他认为在当前的教育伦理研究中存在着对"伦理(ethics)"一词的滥用现象,因此需要对"伦理(ethics)"与"道德(morals)"在学理上做出明确的区分。可以说,目前的道德心理学尚未提出足够的内容来证明教育是实现"道德标准(moral criteria)"的主要途径,通过道德心理学的语言运用,暂不能实现教育伦理的正名。塔维达斯(Tarvydas)(2012)[3]的《与残疾人权利团体合作:共同撰写伦理道德守则》(*Collaborating with the Disability Rights Community: Co-Writing A Code of Ethics as A Vehicle for Ethics*)、布查德(Bouchard)等(2012)[4]的《从哈贝马斯的工具理性的视角看道德教育:以魁北克教育项目为例》(*Ethics Education Seen Through the Lens of Habermas's Conception of Practical Reason: The Case of Quebec Education Program*)、康戈尔德(Corngold)(2013)[5]的《介绍:性教育的伦理》(*Introduction: The Ethics of Sex Education*)分别对残疾人教育伦理、道德教育理性、性教育伦理等方面进行了研究。

沿着时间序列,我们发现国外教育伦理的相关研究,一方面沿着教育伦理基本理论问题进行探讨,另一方面涉及教育中更具体的各个方面。如诺瓦斯(Novaes)(2013)[6]的《在巴西的本科医学课程中涉及人类研究的伦理教育》(*Ethics Education in Research Involving Human Beings in Undergraduate Medicine Cur-*

---

[1] Maughn Gregory. Ethics Education and the Practice of Wisdom [J]. Teaching Ethics, 2009 (3): 105-130.
[2] P Welch. Moral Psychology and the Problem of Moral Criteria [J]. Journal of Moral Education, 2011 (40) 513-526.
[3] Vilia M Tarvydas. Collaborating with the Disability Rights Community: Co-Writing A Code of Ethics as A Vehicle for Ethics Education [J]. Rehabilitation Education, 2012, 26 (2): 241-254.
[4] Nancy Bouchard, Ronald W Morris. Ethics Education Seen Through the Lens of Habermas's Conception of Practical Reason: The Case of Quebec Education Program [J]. Journal of Moral Education, 2012, 41 (2): 171-187.
[5] Josh Corngold. Introduction: The Ethics of Sex Education [J]. Educational Theory, 2013, 63 (5): 439.
[6] Maria Novaes. Ethics Education in Research Involving Human Beings in Undergraduate Medicine Curriculum in Brazil [J]. Developing World Bioethics, 2013, 13 (3): 163-168.

riculum in Brazil)、麦加文（MacGavin）（2013）[①] 的《伦理、道德和教育的对话》（Conversing on Ethics, Morality and Education）、帕塞尔（Parsell）（2014）[②] 的《高等教育研究伦理》（Ethics in Higher Education Research）、塔文（Tavin）（2014）[③] 的《〈猫〉、〈摇篮〉和〈银匙〉：当代艺术中的暴力和艺术教育的伦理问题》（The Cat, the Cradle, and the Silver Spoon: Violence in Contemporary Art and the Question of Ethics for Art Education）、巴拉（Bara）（2014）[④] 的《大学教师在欧洲高等教育领域的伦理与公民教育观念：个案研究》（University Lecturers' Conceptions of Ethics and Citizenship Education in the European Higher Education Area: A Case Study）、嘉德利（Gardelli）（2014）[⑤] 的《学校的哲学伦理学对通识教育与技术教育的影响》（Why Philosophical Ethics in School: Implications for Education in Technology and in General）、汉（Han）等（2014）[⑥] 的《基于STS（科学-技术-社会）科学教育项目提高认识论信念和道德判断的研究》（Improving Epistemological Beliefs and Moral Judgment Through an STS Based Science Education Program）、蒙特佛德（Monteverde）（2014）[⑦] 的《本科医疗道德教育、道德弹性以及伦理理论的作用》（Undergraduate Healthcare Ethics Education, Moral Resilience, and the Role of Ethical Theories）、丽丝（Ellis）（2014）[⑧] 的《伦理、教育政策和研究：语音问题的重新考虑》（Ethics, Education Policy and Research: the Phonics Question Reconsidered）、格瑞高丽（Gregory）（2015）[⑨] 的《伦理学教育作为一种哲学实践：从

---

① McGavin P A. Conversing on Ethics, Morality and Education [J]. Journal of Moral Education, 2013, 42 (4): 494-511.
② Mitch Parsell. Ethics in Higher Education Research [J]. Studies in Higher Education, 2014, 39 (1): 166-179.
③ Kevin Tavin. The Cat, the Cradle, and the Silver Spoon: Violence in Contemporary Art and the Question of Ethics for Art Education [J]. Studies in Art Education, 2014, 56 (1): 426-437.
④ Francisco Esteban Bara. University Lecturers' Conceptions of Ethics and Citizenship Education in the European Higher Education Area: A Case Study [J]. Universities and Society Journal, 2014 (7): 21-32.
⑤ Viktor Gardelli. Why Philosophical Ethics in School: Implications for Education in Technology and in General [J]. Ethics and Education, 2014, 9 (1): 16-28.
⑥ Hyemin Han, Changwoo Jeong. Improving Epistemological Beliefs and Moral Judgment Through an STS Based Science Education Program [J]. Sci Eng Ethics, 2014, 20 (10): 197-220.
⑦ Settimio Monteverde. Undergraduate Healthcare Ethics Education, Moral Resilience, and the Role of Ethical Theories [J]. Nursing Ethics, 2014, 21 (4): 385-401.
⑧ Sue Ellis. Ethics, Education Policy and Research: the Phonics Question Reconsidered [J]. British Educational Research Journal, 2014, 40 (2): 241-260.
⑨ Maughn Gregory. Ethics Education as Philosophical Practice: The Case from Socratic, Critical, and Contemplative Pedagogies [J]. Teaching Ethics, 2015, 3: 20-34.

苏格拉底、批判和沉思的教育者的案例》(*Ethics Education as Philosophical Practice：The Case from Socratic, Critical, and Contemplative Pedagogies*)、穆尼科斯（Munnix）(2015)① 的《反对偏见：作为美德的正义——德国中学教学的一个例子》(*Against Prejudice：Justice as Virtue——An Example of Teaching in German Secondary Schools*)、图钦斯基（Tulchinsky）(2015)② 的《公共卫生教育中的伦理整合：基于发展案例研究的进程》(*Integrating Ethics in Public Health Education：The Process of Developing Case Studies*)、加拉格尔（Gallagher）(2016)③ 的《何为伦理教育》(*What Counts as Ethics Education*) 等论著昭示着教育伦理基本理论问题一直是国外学者关注的焦点，同时国外学者时常从伦理的视角思考教育领域中存在的各种具体的现实问题。

综上所述，国外学者关于教育伦理的系统研究起始于20世纪初，早期主要对教师职业伦理、教师道德、道德教育等进行了系统研究。随着教育的发展及教育伦理理论的成熟，教学伦理、课程伦理、教育政策伦理、教育管理伦理等方面的论著日益增多，同时教育中更具体的人道、正义、公正、自由、平等及伦理关怀方面的论著也日益丰富。近年来，国外学者除了对教育伦理的基本理论问题持续关注，对教育领域中更具体的各学科的具体问题也进行了细致的研究，这些研究进一步丰富了教育伦理的内涵，促进了教育伦理研究的发展。目前国外发达国家已经形成了深厚的教育伦理体系，对教育伦理的研究日益向着更具体的教育问题研究发展。对国外教育伦理研究的梳理，不但有利于我们认知国外教育伦理研究在时间序列上的问题研究轨迹，而且有利于我们借鉴与运用这些比较成熟的研究成果促进我国教育伦理研究的发展，这也必将为学校伦理研究提供一定的理论依据。

2. 体育伦理相关研究

通过查找国外体育伦理的相关文献发现，在著作方面已经有了较为系统的、多元的研究。如弗若雷夫（Fraleigh）(1984)④ 较早从参赛者的道德入手，对参

---

① Gabriele Munnix. Against Prejudice：Justice as Virtue——An Example of Teaching in German Secondary Schools [J]. Teaching Ethics, 2015 (1): 51-70.
② Theodore Tulchinsky. Integrating Ethics in Public Health Education：The Process of Developing Case Studies [J]. Public Health Reviews, 2015, 36 (4): 2-11.
③ Anna Gallagher. What Counts as Ethics Education [J]. Nursing Education, 2016, 23 (2): 131-132.
④ Warren P Fraleigh. Right Actions in Sport：Ethics for Contestants [M]. Human Kinetics Publishers, 1984: 9.

赛者的正义行动规范进行了阐述与论证，着力提升实现"良好体育竞赛"的机会，为参加体育比赛的选手提供系统的、全面的规范道德，同时揭示了哪些现有的"体育道德上的行动"准则得到了证实，哪些没有得到证实"。麦克纳米（McNamee）等（1998）[①]对体育伦理的基本理论、公平竞赛（fair play）与竞技运动行为的关系、竞技运动中的当代伦理问题及伦理、体育教育与运动训练的关系进行了研究。摩根（Morgan）等（2001）[②]对体育运动中的公平竞赛、欺诈（cheating）、药物使用（doping）、性别公平（gender equity）及善恶思辨等进行了研究。沃尔什（Walsh）等（2007）指出："体育中的商业行为并不一定意味着对体育精神的损害，只是那些非法的商业行为带来了对体育的危害，而对那些合法商业行为的非理性批判，不仅不能够从根本上解决不良的体育伦理现象，反而是一种倒退至业余主义的狭隘认识。"[③]麦克纳米（McNamee）等（2007）[④]对以下几个方面进行了研究：第一，为什么体育研究应该被评价；第二，为什么体育研究的伦理学理论基础本就是体育研究的题中之意；第三，如何管理与控制研究；第四，如何尊重体育教育中涉及自治与隐私的内容；第五，如何在质性研究中分析伦理问题；第六，研究伦理与弱势群体的关系；第七，跨文化研究中的伦理价值判断；第八，研究与社会的关系，即坏科学是否一定意味着坏伦理。德森斯（DeSensi）等（2010）[⑤]对体育人力资源管理与伦理理论的关系、体育管理与伦理理论的关系及个人与职业伦理的关系进行了论述，并对利己主义、个人伦理与利他主义等不同伦理观在体育管理中的应用做出了审视。特里维诺（Trivino）（2013）[⑥]对现代体育中的欺诈现象、公平竞赛缺失现象、战术犯规现象、性别歧视现象、暴力现象及国粹主义进行了剖析与批评，并指出在信息技术化时代背景下，现代体育对于体育伦理的挑战持续存在，并伴随信息技术的进步出现诸多新的变化。哈维（Harvey）等（2013）[⑦]对以下问题进行了研究：第

[①] Mike McNamee, S J Parry. Ethics and Sport [M]. Routledge, London and New York, 1998: 1-3.
[②] William J Morgan, Klaus V Meier, Angela J Schneider. Ethics in Sport [M]. Human Kinetics, 2001: 1-21.
[③] Adrian Walsh, Richard Giulianotti. Ethics, Money and Sport [M]. Routledge, 2007: 9-13.
[④] Mike McNamee, Steve Olivier, Paul Wainwright. Research Ethics in Exercise, Health and Sports Sciences [M]. Routledge, London and New York, 2007: 1-7.
[⑤] Joy T DeSensi, Danny Rosenberg. Ethics and Morality in Sport Management [M]. West Virginia University Press, 2010: 3-95.
[⑥] Jose Luis Perez Trivino. The Challenges of Modern Sport to Ethics [M]. Lexington Books, 2010: 1-9.
[⑦] Stephen Harvey, Richard L Light. Ethics in Youth Sport, Policy and Pedagogical Applications [M]. Routledge, London and New York, 2013: 1-92.

一，如何认识青少年学生的身心发展需要与体育之间的关系；第二，历史上青少年奥运会在伦理价值诉求上的阐明与判断；第三，如何认识青少年体育的好坏及如何理解那些隐性的论题问题存在；第四，如何以实践运用的视角来认识青少年体育中竞技的伦理意义。

在论文方面，通过文献检索发现有大量的体育伦理相关研究文献，这些论文的研究内容与前述著作的研究内容有较高的重叠，但近年来又有较新的研究进展。如罗伯特（Robert）(1973)[①]论述了伊曼努尔·康德伦理学的基本性质、绝对命令的多重公式、运动的基本特征及在体育运动中作为道德行为原则的绝对命令。凯思琳（Kathleen）(1973)[②]认为体育运动的欺骗不是一个简单的、单一的事件，欺骗可以被分析为两种类型，即战略欺骗和定义欺骗。其认为判断欺骗行为是否不道德的标准是：如果一个行为是由一个愿意参与活动的参与者设计的，目的是故意干扰活动，那么这个行为就可以被适当地贴上不道德的标签。战略欺骗绝不是故意干扰体育运动。蓄意破坏游戏规则的故意犯规则是一个定义欺骗的例子，应被确切地贴上不道德的标签。当娜美（Donna Mae）(1980)[③]认为，尽管表面上体育促进了道德价值观的形成，但体育道德存在许多悖论。为了克服这些问题，需要采取一些措施来激活一些可能导致运动中道德动员的催化剂，对职业道德的关注、教练的专业准备项目、学校教育项目、国家治理、媒体报道和专业力量的运动员等都被认为是实现体育道德的可能途径。罗伯特（Robert）等(1991)[④]对积极偏差的定义进行研究，并在运动员行为分析中使用了该定义。该研究认为虽然体育伦理强调积极的规范，但道德本身作为改变行为的载体，运动员符合积极规范的行为在社会内部和体育组织内部却是被禁止的。在体育运动中使用提高性能的药物被认为是一个很好的例子，从而进一步讨论了控制这种形式的积极偏差的方法。威廉（William）(1993)[⑤]对道德健康的评估、职业运动超越业余运动、把体育变成商业剥削、六个相关的业余性意识、六种相关专业意

[①] Osterhoudt, Robert G. The Kantian Ethic as a Principle of Moral Conduct in Sport [J]. Quest, 1973, 19 (1): 118-123.
[②] Pearson Kathleen M. Deception, Sportsmanship, and Ethics [J]. Quest, 1973, 19 (1): 115-118.
[③] Miller, Donna Mae. Ethics In Sport: Paradoxes, Perplexities and a Proposal [J]. Quest, 1980, 32 (1): 3-7.
[④] Hughes Robert, Coakley Jay. Positive Deviance Among Athletes: The Implications of Overconformity to the Sport Ethic [J]. Sociology of Sport Journal, 1991, 8 (4): 307-325.
[⑤] Morgan, William J. Amateurism and Professionalism as Moral languages: In Search of a Moral Image for Sport [J]. Quest, 1993, 45 (4): 470-493.

识反对的专业性等进行了论述。大卫（David）（2002）①对青少年体育作为美国青少年体育政策和实践意义的道德实践、体育腐败的脆弱性、体育参与的文化效益等主题进行了讨论。班尼特（Bennett）（2006）②对基因检测的道德问题进行了探讨，并指出了哪些测试可以被证明是合理的，哪些是不能被证明的。希瑟（Heather）（2007）③探讨了哲学家柏拉图在《理想国》中如何通过体育来建立道德。该文声称，"运动塑造性格"的信念在大众舆论中被广泛接受，它可能源于柏拉图《理想国》中表达的观点。伦道夫（Randolph）（2008）④介绍了一些体育明星使用的禁忌语，其认为无论是教练、球员，还是任何参与体育运动的人，咒骂都是虐待，因此咒骂是教练和球员关系中的一个问题。其研究认为，在体育运动中，温和的庸俗可能会触及清教徒的禁忌，因为在体育运动中，传统上对脏话的接受程度很高。阿伦（Alun）（2010）⑤的研究对体育教练的伦理道德问题进行了探讨。内纳德（Nenad）等（2013）⑥指出，近年来，国际篮球联合会（International Federation of Basketball）的医生的一系列错误行为再次引发了关于医生在精英体育中的作用的争论。这项研究表明，一些参与运动的医生，对违禁物质清单的细微差别没有充分的了解。此外，有几名队医在与这些问题有关的问题上表现出了糟糕的判断力，结果是运动员因医生的疏忽而被惩罚。黛博拉（Deborah）等（2017）⑦则对精英体育中的诚信、伦理和幸福问题进行了系统的研究。

综上所述，国外已经对体育伦理进行了较为系统的研究。一是对体育伦理的相关基本理论进行了梳理与澄明；二是对体育伦理的研究体系进行了构建；三是

---

① Kirk David. Junior Sport as a Moral Practice [J]. Journal of Teaching in Physical Education, 2002, 21 (4): 402.
② Foddy Bennett. The Ethics of Genetic Testing in Sport [J]. International SportMed Journal, 2006, 7 (3): 216-224.
③ Reid, Heather L. Sport and Moral Education in Plato's Republic [J]. Journal of the Philosophy of Sport, 2007, 34 (2): 160-175.
④ Feezell Randolph. Vulgarians of the World Unite: Sport, Dirty Language, and Ethics [J]. Journal of the Philosophy of Sport, 2008, 35 (1): 17-42.
⑤ Hardman Alun, et al. Sports Coaching, Virtue Ethics and Emulation [J]. Physical Education & Sport Pedagogy, 2010, 15 (4): 345-359.
⑥ Dikic Nenad, Mc Namee Michael, et al. Sports Physicians, Ethics and Antidoping Governance: Between Assistance and Negligence [J]. British Journal of Sports Medicine, 2013, 47 (11): 124-127.
⑦ Agnew Deborah, Henderson Philippa, Woods Carl. Ethics, Integrity and Well-Being in Elite Sport: A Systematic Review Sports Academy [J]. Sport Journal, 2017 (2): 1.

对体育中的公平、公正、诚信等范畴的问题进行了研究；四是对体育管理伦理、青少年体育伦理、体育经济伦理等进行了研究；五是对体育中比较突出的性别公平、药物滥用问题等进行了研究；六是对体育中的善恶矛盾进行了研究；七是对体育研究伦理进行了深入的研究与论证。从国外的体育伦理的相关研究来看主要是围绕"竞技体育"展开的研究，国外学者对学校体育范畴内的伦理问题进行的系统研究则相对少见。尽管国内外在体育、运动等概念认知上存在差异，但国外体育伦理的相关研究成果仍将为本研究提供一定的有益参考。

3. 学校体育伦理相关研究

（1）学校体育人道范畴的相关研究

通过文献检索发现，国外学校体育研究中常把"人道化"作为培育学生的一个取向，并期望学生在未来职业中能够持有"人道"理念。如罗斯（Ross）(1987)[1] 指出，高校教学与科研机构肩负着"人道"传播的责任，其也是国外较早提出人道化本科体育课程的学者。大学作为传播"人道"精神的机构，主要通过课程来对学生的价值取向产生深远影响，即对学生的世界观进行改造。基于此，本科阶段的课程对学生如何理解与对待他人具有哲学意义。通过对加拿大多所高校体育与生物力学、社会学专业的本科课程进行比较，他认为体育本科课程"人道化"的实践通常处于一种松散的状态，并没有专门的针对如何科学地人道化体育课程做出论证的研究。同时，在课程设定中，人文学科的内容通常被设置在心理学与社会学的课程中，课程上的弱势明显。因此，体育课程的人道化实现，并不是生硬的学习、考察的结果，而是本科生在本科阶段学习与生活的经验行程中获取的一种对于职业塑形产生效果的行为习惯。有学者从"人道"的视角来研究学校体育区别于其他学科的价值与意义。如迈德卡夫（Medcalf）(2011)[2] 在对学校体育的经验与感知进行论述时指出，学校体育愈发关注体育参与的社会、情感与认知价值，因而，在体育这门学科中，似乎越来越关注此方面的意义，表现为学校体育的目标已经愈发超出健身的诉求。伴随这种认识，对于教育研究中"学生声音"全方位的融合，也似乎存在着一种更加广泛的需要

---

[1] Saul Ross. Humanizing the Undergraduate Physical Education Curriculum [J]. Journal of Teaching in Physical Education, 1987, 7: 46-50.
[2] Richard Medcalf. Experiences and Perceptions of Physical Education [J]. Emotional and Behavioral Difficulties, 2011, 16 (2): 189-206.

与不断增加的认同。从"人道"的视角来研究学校体育区别于其他学科的价值与意义，也就是去挖掘学校体育在认知与感知层面区别于其他学科的意义。在英格兰，一项实证研究在学校中存在社会、情感与行为困难的学生中展开，探求他们在英格兰国家体育课程教学中的认知与感知变化。经过六周的实地跟踪，发现特殊学生群体在 24 个星期的体育课参与中，其社会适应能力、社会身份的融合能力及信任构建能力，均获得了认知与感知层面的突出表征，而在其他学科的教学中，类似的表现则式微且偶然。对特殊学生群体中 6 位参与者的随机抽样调研显示，他们参与体育课的经验萌生了一种在其他学科中与同龄人共同学习时未曾寻见的自由体验。

一些自由主义学者提倡通过学校体育"人道"取向来摆脱儿童自然成长的束缚与阻碍。如斯托尔克（Stolk）（2012）[1] 对 19 世纪中期荷兰的自然主义体育教育中的"人道"取向与"公民"取向进行比较研究时指出，学校体育史的相关研究表明，学校体育的发展诱因经常是社会——政治原因，也就是通过发展学校体育来提升民众的经济生产力与国家的军事力量，这就构成了学校体育历史发展中的"公民"取向。对比而言，另一种动机则在学校体育的历史研究中微乎其微，那就是学校体育实现个人完美的"人道"意义。19 世纪中期，荷兰的学校体育研究中，自由思想家们曾提出了学校体育"人道"取向的愿景，这在当时的自由思想中是很特别的。通过自然主义教育观理论，自由思想家们质疑、批判了当时阻碍、束缚儿童自然成长的教育观，使"人道"取向在荷兰 19 世纪的体育教育思想中占有一席之地。也有研究者的研究发现，学校体育中存在非人道的"欺凌"现象，并对这一现象产生的原因、后果、应对机制进行了研究。如奥科诺尔（O'Connor）（2014）[2] 对六年级体育课中非人道的"欺凌"与"恐惧"事实研究时指出，尽管"欺凌"被认为是在青少年中存在的一个严重的问题，然而学校体育中的"欺凌"事实则需要更多的理据来支撑。基于社会——生态理论，通过运用数据分析法、访谈法与观察法来研究美国中西部某学校 6 年级体育课上 6 位体育教师与 20 个课堂的教学事实，数据通过长时间的比较过程收集并经过分析后发现，成年人一定程度上滋长了在体育课中青少年的"欺凌"氛

---

[1] Vincent Stolk. Physical Education for Citizenship or Humanity? Freethinkers and Natural Education in the Netherlands in the Mid-Nineteenth Century [J]. History of Education, 2012, 41 (6): 733-748.

[2] Jamie O' Connor. Six-Grade Physical Education: An Acculturation of Bullying and Fear [J]. Research Quarterly for Exercise and Sport, 2014 (85): 398-408.

围,主要是通过提供涉及社会互动的混杂信息产生的这种负面效果。同时,体育教师通常忽视了非身体的"欺凌"现象,并诱发了不合理的课程选择。该研究的参与者同时表达了对外貌、体态、身体运动能力及个人衣着差异的固有态度,掩盖了"欺凌"发生的事实,这些是体育课上骚扰事件最集中的方面。此外,研究还发现,体育课上的"恐惧"事实表现在以下四个方面:第一,学生害怕向学校管理者报告遭受"欺凌"的事实;第二,学生不敢帮助受欺负的同学;第三,在特定的体育课程中无法感到安全;第四,学生和教师均表示"欺凌"影响了学生参与体育课的意愿。基于此,他认为通过该项研究表明,在学校体育中尚未有一套行之有效地应对不同层级"欺凌"问题的机制。尽管他的研究在理解基于社会——生态视角下的影响同龄人"欺凌"因素只是开始,但对于该议题的后续研究是不应结束的,因为学校体育的伦理价值取向中包含了"人道"的诉求。所以,尽管国外关于学校体育"人道"范畴的研究不多,但这些已有研究依然为研究者提供了一定的视野。

(2) 学校体育公正范畴的相关研究

依照前面的归纳逻辑,在这里依然把"公正""公平""平等""正义"等归为"公正"范畴。通过文献检索发现,公平竞赛是国外学校体育研究的重要议题。如麦金托什(McIntosh)(1980)[1]在古希腊体育伦理、政治道德和体育、公平竞赛和儿童游戏的基础上,针对体育教育中的竞赛、欺骗和暴力进行了探讨。辛格勒顿(Singleton)(2003)[2]对学校体育中的公平竞赛进行研究时指出,竞赛仍然是学校体育课程中的重要内容,即便在课时减少、器材设施短缺的情况下,体育教育学者也依然青睐在体育课中将团队竞技体育活动作为一个较高比重的课程内容。故此,"公平竞赛"成为学校体育学者们在讨论竞赛的合理性与合法性时经常使用的伦理概念。当竞赛仅仅被作为一种输与赢的结果来体验时,学生极有可能无法从体育课上汲取任何使道德受益的学习成果。维多尼(Vidoni)等(2006)[3]则通过实证研究来论证了排球教学中公平竞赛行为与随之出现的附属行为之间的关系,并指出在伴随行为强度增加的情况下,公平竞赛行为的出现

---

[1] Peter Chisholm McIntosh. Fair Play: Ethics in Sport and Education [M]. London: Heinemann, 1980.
[2] Ellen Singleton. Rules? Relationships? A Feminist Analysis of Competition and Fair Play in Physical Education [J]. Quest, 2003 (55): 193-209.
[3] Carla Vidoni, Phillip Ward. Effects of a Dependent Group-Oriented Contingency on Middle School Physical Education Students' Fair Play Behaviors [J]. Behavior Education, 2006 (15): 81-92.

频次会显著提升。

此外，国外研究者对学校体育中的"公正"问题进行了不同视角的论述，一些作为论著的一部分呈现，一些则作为论著的核心内容呈现。如金琴（Kinchin）等（2003）[1]论述了实现社会公平、正义诉求与体育教学法之间的关联，他们指出，特定的体育教育课程模式——运动教育模式（Sport Education）对学生提升社会正义认知具有积极的意义，需要以具体地整合、转变教学法为实现条件。教学法的有效计划可以协助学生更好地在体育课上对社会正义、公平等重要问题做出行为上的回应。埃文斯（Evnas）等（2008）[2]则指出，社会正义是当代学校体育与健康卫生研究中被严重忽略的重大社会行为与社会阶层事实。无论是在学校内还是在校外，社会正义的表述与表达都成为当代体育教育研究者们遗漏的研究内容。特别是在研究者们去思考与概念化体育教育的目的时，对社会正义的忽略已经造成人们对学校体育应该肩负何种社会道义的认识忽略。罗西（Rossie）等（2009）[3]围绕学校体育专业课程教案进行了"话语分析"，提出发达国家学校体育专业课程教案中内容的复杂性与多维度特点，使人们经常怀疑类似文本在社会正义原则方面的有效性。米格尔（Miguel）等（1993）[4]指出，通常情况下体育学者将其身份视为独立于广义社会语境之外，他们很少对教学的社会文化含义进行深入分析，"隐性课程"的提出使学者们开始关注体育教育与教学中那些潜在的、隐性的社会概念、范式与特点。这些概念、范式与特点强化了特定的霸权意识，反之，也将被作为主导者利益的牺牲品，进而满足社会进步的强者思维需要。因此，打开体育教育大厦的一扇社会正义之窗，也是一种努力尝试通过体育教育来创造更加公正与平等社会的诉求。百克曼（Backman）（2011）[5]对户外体育课程及学校体育"公平"的作用进行研究时指出，体育课程是依赖特定的场地环境进行的，相对于在室内进行的体育课程，户外体育课程

---

[1] Gary D. Kinchin, Mary O Sullivan. Incidences of Student Support and Resistance to a Curricular Innovation in High School Physical Education [J]. Journal of Teaching in Physical Education, 2003（22）：245-260.

[2] John Evans, Brian Davis. The Poverty of Theory: Class Configurations in the Discourse of Physical Education and Health (PEH) [J]. Physical Education and Sport Pedagogy, 2008, 13（2）：199-213.

[3] Tony Rossie, Richard Tinning, et al. With the Best of Intentions: A Critical Discourse Analysis of Physical Education Curriculum Materials [J]. Journal of Teaching in Physical Education, 2009, 28：75-89.

[4] Juan Miguel, Fernandez Balboa. Sociocultural Characteristics of the Hidden Curriculum in Physical Education [J]. Quest, 1993, 45：230-245.

[5] Eric Backman. Friluftsliv: A Contribution to Equity and Democracy in Swedish Physical Education? An Analysis of Codes in Swedish Physical Education Curricular [J]. Curriculum Studies, 2011, 43（2）：269-288.

通常带有更为显著的"隐性课程"特点，也是学生与学生、学生与教师之间社会互动更加丰富的场域。通过对瑞典户外体育课程的研究发现，户外课程中存在更多样复杂的"公平"事实，解读、阐释与论述这些事实的学理性，对我们认识学校体育"公平"的内涵具有深远的意义。斯蒂德（Stidder）(2014)[1]对学校体育与竞技运动中的"公平（equity）"与"全纳（inclusion）"进行论述时指出，"均等（equality）"与"公平（equity）"的差别在一个比喻中可见一斑。例如，在一次跑步比赛中，"均等"意味着所有的参赛者在同一起跑线开始比赛，而"公平"则意味着在比赛中不存在任何"被特权照顾"或"不被特权照顾"的参赛者，即对于机会则强调均等；而对于过程，则要捍卫公平。鉴于此，学校体育的"公平"不只是教育机会的"均等"，而是在学校体育开展过程中，学生学习的表现不会被不同标准评价，不会由于性别、种族及经济地位的差异，给学生带来对自身努力程度的主观臆断。

从上述文献来看，在国外，学校体育公正范畴的研究主要集中在公平竞赛、教育机会均等、户外学校体育公平、社会正义诉求等方面。整体而言，尽管国外学校体育公正范畴的相关研究缺乏系统性，但依然有大量的学者从"公正"这一主题对学校体育中的公正、正义、均等、公平等公正范畴的问题进行了不同视角的研究，这也在一定程度上为我们研究学校体育公正问题提供了可参考的理论视野。

（3）学校体育理性范畴的相关研究

从查找的国外文献来看，尽管国外关于学校体育中理性范畴的研究相对较少，但少部分论著或论著的一部分对"理性"问题进行了探讨。如威廉姆斯（Williams）(1930)[2]作为较早探讨学校体育"理性"的学者，曾提出了著名的身体与教育辩证观，来统辖学校体育"理性"的主线逻辑。他认为，学校体育"理性"的逻辑包括两个重点：第一，学校体育是否是为了身体发展而一味地追求体质增强向度的教育；第二，学校体育是否是为了人的全面发展，通过身体教育的手段来实现其他目的（如智商、认知能力与情感能力）的教育。而后来美

---

[1] Gary Stidder. Equity and Inclusion in Physical Education and Sport [J]. Physical Activity Quarterly, 2014, 31: 297-298.
[2] Jesse F Williams. Education Through the Physical [J]. The Journal of Higher Education, 1930, 5 (1): 279-282.

国的新学校体育学派则充分地论述了学校体育"理性"作为统辖全面发展人的身体与心灵的理性价值取向,这毫无疑问是具有进步意义的。西登托普(Siedentop)(1974)[①]曾提出学校体育的"理性表达"是基于"历史意义""个人意义""社会文化交互意义"三条逻辑主线展开的。单向度地展演学校体育的"理性"逻辑,不仅无法实现学校体育追求实现人的全面发展的总体目标,而且会造成学校体育不断"窄化"的问题。因此,对学校体育"理性"的审视应该站在一个长远利益的角度,且全面地认识人的发展规律。麦克雷(Mckay)等(1990)[②]认为,在体育教师教育中,"理性"的表述可归纳为体育教师、体育专业本科生、体育教师教育者及体育教育研究者寻求学术权威与学术信度的总体态度。在世界部分发达国家中,如澳大利亚、加拿大、英国与美国,实证分析范式的研究持续受到追捧,并享有体育教师教育研究中的特权。一方面,促进了体育教师教育研究领域中的快速发展;另一方面,也造成了职业价值取向与实践中的某种"蒙太奇"效果,即我们常说的技术支配化体育教育(technocratic physical education)。技术支配化体育教育是基于绝对理性思维中的专业主义(professionalism)、科学主义(scientism)与工具理性(instrumental rationality)而构建的,它试图以单向度的思维来界定体育教学的优良,对身体、运动与其他相关问题进行了窄化或边缘化,进而淡化了体育教育的政治与道德维度。然而,这背离了西方教育学的古典传统,即强调思辨教育与反思教学。因此,绝对理性主义的表达,在近年来的体育教师入职前与在职教育中受到了一定的反思,具体表现为技术支配化体育教育思维的使用范畴与程度均受到了一定的限制。皮特彻尔(Paechter)(2003)[③]在对中学体育教育中的性别问题研究时认为,性别问题是学校体育"理性"展演的重要结果。体育教育通常是学校中建构与巩固男性气质与女性气质的重要平台。体育馆、运动场、操场及相关的设施区域通常是展现某种主导性别认识的处所。男性气质与女性气质通常在这些处所中直观地表现出来。"理性"给予了男性气质在运动场所中展演的主线逻辑以"正名",但同时也造成了男女性别冲突在学校体育中存在的逻辑可能。随着对性别问题认识的不断深入,中学体育教育

---

① Daryl Siedentop. Physical Education: Introductory Analysis [M]. Wm C Brown Publishers, 1974: 48-50.
② Mckay J, Gore J, Kirk D. Beyond the Limits of Technocratic Physical Education [J]. Quest, 1990, 42 (1): 52-76.
③ Paechter. Power, Bodies and Identity: How Different Forms of Physical Education Construct Varying Masculinities and Femininities in Secondary Schools [J]. Sex Education, 2003, 3 (1): 47-59.

中对女学生的"照顾"逐渐增加,部分体育教育内容针对女学生的性别特征而开展,因此一种新的"隔离"或"冲突",即基于男女性别差异造成的,便具体而现实地蔓延在中学体育教育中。

从既有的研究来看,研究者们肯定"理性"是统辖全面发展人的身体与心灵的价值取向,强调学校体育发展应以"理性"的视角思考人的发展规律及长远利益,这些对我们从理性视角研究学校体育具有积极的意义。尽管国外学校体育中也存在着诸多理性偏失问题,但是这方面的研究相对不足。不管怎样,学校体育中人之理性取向都将决定着人们选择何种价值取向开展学校体育,国内外都有必要加强这一方面的研究。

(4) 学校体育诚信范畴的相关研究

国外学校体育中诚信范畴的研究主要集中在比赛中的药物使用的非诚信行为、逾越竞赛规则的欺骗行为及体育教师的欺骗行为对自身职业态度与职业行为的影响等方面。希尔雷(Healey)等(1975)[1]指出,对初任体育教师而言,他们的一系列非诚信行为,如性问题、酗酒问题、吸烟问题及欺诈行为都会在体育教师初次任职时遇到,这些问题不仅会表象地存在于教学行为中,同时还可能作为一种工作环境文化影响初任体育教师的职业态度与职业行为。沃特尔(Watel)等(2004)[2]对法国学生运动员药物使用的非诚信行为进行研究时指出,在对458名法国高水平学生运动员对待药物使用行为的态度进行调查后发现,家庭成员受教育程度及家庭是否有体育文化氛围在16~24岁高水平学生运动员的态度中产生了重要影响。而对年龄较大的学生运动员而言,他们试图通过合法的理性判断与借口,来为非法的药物使用行为找到理据,并且在这一过程中,对待药物使用行为的价值判断则主要受运动成绩好坏的影响。弗伦奇(French)(2004)[3]指出:"通常,在学者们讨论伦理与大学体育这个话题时会涉及大量事实,这些事实涵盖了从对大学校园竞技场上暴力、侵犯的关注到提高运动表现的药物使用。但还有一个更为被伦理研究关注的问题值得人们思考,即在高等教育中大学

---

[1] H Healey, William A Healey, Charles C Thomas. Physical Education Teaching Problems for Analysis and Solution [M]. Springfield, Illinois Publisher, 1975: 118.
[2] Patrick Watel, Valerie Guargliado, et al. Attitudes toward Doping and Recreational Drug Use among French Elite Student-Athletes [J]. Sociology of Sport Journal, 2004, 21: 1-17.
[3] Peter A French. Ethics and College Sports, Ethics, Sports, and the University [M]. Rowman and Littlefield Publishers, INC, 2004: 1-3.

生运动员是否应该存在。"他认为，大学是学问与科学研究的重地，而不是高水平竞技应该发生的领域。而美国的事实则恰恰相反，大学也已违背了早期大学发展体育活动的业余主义精神。杰拉尔德（Gerald）和格特鲁德（Gertrud）(2009)[①]的研究认为，美国学校体育中存在学生运动员服用药物提升成绩、学校操纵比赛、学生运动员吸毒等现象，同时学校运动队成为许多学校获取名声与金钱的工具。这些现象与行为成为美国学校体育竞赛的隐患，也是美国学校体育中诚信缺失与功利异化的体现。科雷昂（Corrion）等（2010）[②]指出，对于竞技运动（sport）与群众性身体活动（physical activity）中的欺诈（cheating）等非诚信行为，近年来的研究已有很多。相关研究者们普遍认为，侵略性行为、欺诈及其他负面行为在竞技体育语境下，大量剧烈地发生着。在竞技运动与群众性身体活动中，欺诈（cheating）行为包含了逾越竞赛规则，并将个人价值判断置于运动规则之上的个人中心主义表现等非体育道德行为。但是，对于学校体育教学活动中的诚信与非诚信行为，相关研究不但比较少，而且大多与竞技运动、身体活动语境下的研究结论相同，针对教学这一环境的研究，可供借鉴的创新结论则显得不足。科雷昂（Corrion）等认为，学习动机理论与学习表现理论是阐释学校体育教学中非诚信行为的具体理论支撑。他们通过对477位中学生的问卷调查研究发现：在对"欺诈"行为的判别上，竞技并未改变体育教学中学习动机的影响与作用，即竞技的环境与体育教学的环境影响之间并不存在绝对的对立关系；"欺诈"行为在体育教学中的出现，主要由学生学习动机与表现动机之间的矛盾所致。从上述来看，在国外既有的研究中较少发现我国时常出现的替赛、成绩造假、青少年体质健康数据造假、说谎逃课等类似的诚信缺失的研究，现有掌握的文献并不能确认国外是否存在类似的诚信缺失问题。但学校体育相关主体应该以诚信的行为介入学校体育必定是不争的事实，学校体育诚信范畴问题的研究应然是学校体育伦理研究的一个重要议题。

(5) 学校体育幸福范畴的相关研究

国外关于学校体育幸福范畴的研究中普遍把追求幸福作为学校体育的重要目的，有学者认为在体育教学中使人感到满足、愉悦与享受的体验是内在善的本

[①] Gerald R Gems, Gertrud Pfister. Understanding American Sports [M]. Published by Routledge, 2009: 188.
[②] Karine Corrion, et al. Effect of Implicit Theories on Judgement of Cheating Acceptability in Physical Education: The Mediating Role of Achievement Goals [J]. Journal of Sport Sciences, 2010, 28 (8): 909-919.

质，也有学者认为体育教师应掌握如何在体育学习环境中增强学生的幸福感，还有学者认为学校体育是学生获取主观幸福感的重要途径。如克雷奇马尔（Kretchmar）（1994）[1]认为，体育教育工作者们应该将对幸福的诉求视为学校体育的重要内涵价值，在实践中将注意力投入幸福的实现。在体育教学中，那些使人感到满足、愉悦与享受的体验，从哲学层面而言，其赋有内在善的本质。这就决定了对于这些使人感到满足、愉悦与享受的体验，不需要用更多的理据进行佐证。瑞德（Reid）（1997）[2]认为，应将学校体育的价值构建在生理、心理、社会文化与政治经济相互交织的体系中，而非在某一单一的维度探讨学校体育的价值，凸显那些与幸福的产生和发展相关的价值。由于在学生的体育活动中，游戏、比赛总应该占据着体育课程的基础位置，而游戏与比赛的特殊价值之一在于它们能够带给学生幸福的、愉悦的体验，因此对幸福的诉求及实现这种诉求，都在学校体育的价值体系中占据着无法替代的地位。英国体育教育学者怀特（Wright）（2004）[3]对学校体育伦理中幸福意义与价值的研究认为，学校体育的价值可以从外显价值与内涵价值两个方面来论述。学校体育的内涵价值涵盖了三个基本维度：一是对真理进行探索的责任；二是美德价值；三是对追寻幸福的渴望。其中，对追寻幸福的渴望是学校体育内涵价值中最重要的维度。在英国21世纪初的全国体育课程（NCPE）中，将对追求幸福的渴望视为国家课程模式重要的内在价值，并强调在体育课程的实施中，应特别重视对实现幸福的诉求，并通过体育课上的游戏（play）来确保幸福的实现与传导。伊朗体育教育学者塞拉赫（Salehi）等（2013）[4]的研究认为，幸福感不仅对学生在进行身体练习时产生影响，还对学生在进行体育知识的学习时发挥其作用。其通过实证研究发现，在五项要素的人格心理模型与学生体育知识的学习表现关系上，幸福感的充盈与缺失与否产生突出。体育教师应掌握如何在体育知识学习环境中增强学生的幸福感。土耳其体育

---

[1] R S. Kretchmar. Practical Philosophy of Sport [M]. Chaimpaign: Human Kinetics, 1994.
[2] A Reid. The Value of Education [J]. Journal of Philosophy of Education, 1997, 32 (3): 319-331.
[3] Wright, L J M. Preserving the Value of Happiness in Primary School Physical Education [J]. Physical Education and Sport Pedagogy, 2004, 9 (2): 149-163.
[4] Zahra Salehi, Akbar Khak, Shahram Alam. Correlation between the Five Factor Model of Personality-Happiness and the Academic Achievement of Physical Education Students [J]. Pelagia Research Library, 2013, 3 (6): 422-426.

教育学者阿拉姆黛格（Alemdag）等（2016）[①]认为，学校环境中开展的各项身体活动本身即是学生获取主观幸福感的重要途径。长期参加体育锻炼的学生，在主观幸福感的体验方面明显强于不参加或者较少参加体育活动的学生。体育活动是在校学生面对高压力、高竞争社会环境时应去寻求的幸福感来源之一。此外，英国体育教育学者百利（Bailey）、阿默尔（Armour）、D. 柯克（D. Kirk），以及加拿大体育教育学者麦克罗斯（Michalos）[②][③]也均在相关论著中指出，幸福诉求在价值、功能、目的层面对学校体育发展与改革中具有重要价值。显然，在国外普遍认同追求幸福是学校体育的重要价值所在，但更多强调学生的幸福追求，而较少有关于体育教师职业幸福的相关研究。

（6）学校体育性别公平的相关研究

通过文献检索发现，性别公平问题是国外研究者在研究学校体育时关注的重要焦点，既关涉学生的性别公平问题，又关涉体育教师的性别公平问题。丝缇尔（Steel）（1987）[④]对体育专业学生与非体育专业学生在本科教育过程中形成的对性别差异认识的不同，及其对日后职业发展的影响研究指出，女性职业工作者多受到性别差异的影响，占据着较低的社会地位，并在工作单位中充当着边缘化的职业身份。魏德齐伍德（Wedgwood）（2005）[⑤]在对学校体育中的性别伦理进行研究时指出，在学校体育性别研究中发现，受到传统竞技运动的影响，长期表现为"男性气质（masculinity）"占据主导霸权语境的表述，特别是在潜在课程（hidden curriculum）及课外非正式的学生文化中。鉴于此，学校体育性别研究应关注一种"理性"的批判，即男性体育教师是否在教学中，基于由竞技运动获得的男性意识与身份来"简单"地教会男生通过体育教育来养成一种特有的大男子气质，在此过程中是否刻意地对女生造成了边缘化与弱化的结果。威尔廷斯

[①] Ceyhun Alemdag, Serdar Alemdag, Abdullah Bora Ozkara. Physical Activity as A Determinant of Subjective Happiness [J]. Baltic Journal of Sport and Health Sciences, 2016, 4 (103): 2-10.
[②] Michalos, A C. Education, Happiness and Wellbeing [J]. Social Indicators Research, 2008, 87 (3): 347-366.
[③] R Bailey, K Armour, D Kirk. The Educational Benefits Claimed for Physical Education and School Sport: An Academic Review [J]. Research Papers in Education, 2009, 24 (1): 1-27.
[④] Beth Steel. Gender Differences in Managerial Aspirations and Potential Among Physical Education and Non-Physical Education Students [J]. Journal of Sport Psychology, 1987, 9: 118-129.
[⑤] Nikki Wedgwood. Just One of the Boys? A Life History Case Study of A Male Physical Education Teacher [J]. Gender and Education, 2005, 17 (2): 189-201.

基（Vertinsky）（1992）[1]提出体育教育应该对性别问题一直保持充分的敏感。他认为，男生与女生在身体形态与运动能力上的固有差别，特别是对青春期中的男生与女生而言，一直影响着学校体育课程结构的基线。通过政策、法规、理论与具体的教学来实现女生体育学习诉求的均等化，是实现学校体育均等参与的主要途径；中学的体育教师、管理者应该对学校体育中的性别问题一直保持敏感，对学校体育中正在发生的显性与隐性化的性别歧视，应从"伦理"的高度加以认识，并应以废止、排除的立场来审视与对待这些现象。此外，还应在学校体育开展的空间内，重塑与提供女生的空间，并充分地鼓励女生对强壮、富有体能、掌握运动技术的自我身体形态等保持向往。

雷恩特朗（Lentillon）等（2006）[2]在基于性别、年级与教师协助的差异维度对学校体育中非公正与非正义进行论述时认为，学校作为一种独立的社会机构，其社会功能并未强大到可以对抗导致性别不公的校外社会机制。学校体育仍然是一种男性主导的区域，并且表现为一种再产生男性霸权的社会事实。多灵（Dowling）（2006）[3]在对体育教师职业发展中的性别公平问题研究时指出，尽管相关研究表明学校体育教学中大多数男生和女生反对性别不公，国际上近年来的研究也一直关注这种教学环境的不公平是如何直接或间接地造成了体育教师在职业发展中学习机会上的不均等、不公平，但是鲜有学者对这些研究结果做出实证方面的检验。事实上，仅存在少量的实证研究能够较为系统与全面地反映出体育教师教育中"性别"差异的具体学理规律，并阐述这些规律是如何影响教师发展自身的职业身份。范埃克（Van Acker）（2010）[4]在对学校体育教学中的身体运动量水平［主要依据中等至剧烈活动量标准（MVPA）］与性别公平的关系进行研究时指出，学校体育的主要目的之一是培养终身参与体育生活的个人。相关的研究已表明，实现这一目标必须依靠有一定身体运动量的身体活动，并有频次地参加这些活动。中等至剧烈活动量标准（MVPA）作为目前评价体育课运动

---

[1] Patricia A Vertinsky. Reclaiming Space, Revisioning the Body: The Quest for Gender-Sensitive Physical Education [J]. Quest, 1992, 44: 373-396.

[2] Vanessa Lentillon, Genevie Coge, et at. Injustice in Physical Education: Gender and the Perception of Deprivation in Grades and Teacher Support [J]. Social Psychology of Education, 2006, 9: 321-339.

[3] Fiona Dowling. Physical Education Teacher Educators' Professional Identities, Continuing Professional Development and the Issue of Gender Equality [J]. Physical Education and Sport Pedagogy, 2006, 11 (3): 247-263.

[4] Ragnar Van Acker. Sex Equity and Physical Activity Levels in Coeducational Physical Education: Exploring the Potential of Mixed Game Forms [J]. Physical Education and Sport Pedagogy, 2010, 15 (2): 159-173.

强度的主要依据标准之一，强调一堂体育课上学生进行中等至剧烈活动的时间应占总课时的50%以上。但是，男学生与女学生在学习时，由于特定教学内容的限定，常表现出男生达到甚至超出运动量标准，而女生尚未达到标准的问题。其通过实证研究发现，体育教学内容是球类项目（如橄榄球、足球与排球等）时，对教学内容在规则上、组织上的改变与修订，是保障男女学生公平地接受同等质量的学校体育教育内容的前提保障。扎拉威戈卡（Zaravigka）等（2012）[1]认为学校体育研究中，性别公平问题是一个被持续关注的话题。尽管近年来的相关研究显示，由于学校体育研究日渐关注性别问题，事实上性别差异带来的学校体育不公平现象正在逐渐减少，但是部分研究指出，青少年基于性别定式思维做出的性别不公平行为仍然非常明显。

（三）国内外学校体育伦理相关研究的归纳与比较

1. 关于人道范畴研究的归纳与比较

国内外学者均把"人道"或"人文精神"作为学校体育发展的重要价值取向进行研究。国内学者重点对学校体育中的体罚、人文精神缺失、自由缺失等进行了探讨；而国外则多集中在人道化教育的施行及对"欺凌"现象的阐释，通过文献检索，较少发现学校体育中关于体罚的相关研究，这可能与国外许多国家与地区并不把体罚作为违法行为有关。

2. 关于公正范畴研究的归纳与比较

国内外学者均把"公正""公平""正义"作为学校体育伦理研究的核心议题，并进行了大量研究。国内主要集中在学校体育资源配置公正、体育考试公正、竞赛公平、残疾人体育获取公正等方面；国外则主要集中在学校体育中的公平竞赛、社会正义、户外学校体育公平等方面。

3. 关于诚信范畴研究的归纳与比较

学校体育中的诚信问题均是国内外学者较多关注的研究方向。国内学者主要集中在学校体育中的替考、替赛、成绩作假、说谎逃课、体质数据造假、合格检查造假等方面的分析与研究；而国外则主要集中在学生比赛中的药物使用的非诚

---

[1] Katerina Zaravigka, Vassilis Pantazis. Equality of the Genders in Physical Education: The Students' Perceptions [J]. Journal of Physical Education and Sport, 2012, 52: 350-357.

信行为、学生逾越竞赛规则的欺骗行为、学校操纵比赛及体育教师的欺骗行为等方面的分析与研究。

4. 关于幸福范畴研究的归纳与比较

学校体育中的幸福问题均是国内外学者关注的焦点。国内学者对学校体育中幸福范畴的研究主要集中在学生在学校体育中的幸福促进及体育教师职业幸福两个方面。国外学者对学校体育中幸福范畴的研究则主要集中在学生在学校体育中的幸福感、愉悦体验等方面。

5. 关于性别问题的归纳与比较

尽管本研究把公正、公平、平等、正义的相关研究归为"公正"范畴的研究,但国内外在研究中在词汇使用上仍存在一定差异,国内主要使用"性别平等""性别不平等""性别歧视"等来描述学校体育中的性别公正问题,而国外则主要使用"性别公平""性别不公平"等来描述学校体育中的性别公正问题。

6. 关于针对性研究的归纳与比较

国内已有学者以"学校体育伦理"为研究主题进行针对性的研究,这些研究对学校体育进行了伦理审视,对学校体育中的伦理缺失进行了探讨,对体育教学中的伦理问题进行了论证,也从伦理教育的视角对学校体育中的"勇德""智德"进行了研究。但在国外文献查找中,较少发现针对性的学校体育伦理研究,且缺乏研究聚焦。

(四)国内外学校体育伦理相关研究的主要缺憾

综上所述,国内外学校体育伦理研究均未形成系统的研究体系。由于学校体育伦理隶属教育伦理,同时又具有体育伦理的一些特征,为此,对照国内外教育伦理、体育伦理的相关研究,审视国内外已有的学校体育伦理相关研究成果,就国内外学校体育伦理相关研究而言,还存在以下具体缺憾。

1. 学校体育伦理相关概念的运用缺乏学理性

学校体育伦理相关概念是从伦理视角研究学校体育的首要理论凭借。现有的研究普遍在运用学校体育伦理的相关概念时,未能在学理上提供严密、可靠的概念凭借。同时对伦理、道德、伦理道德在研究中的运用规范问题也未进行交待与说明,常以"经验式"的理解使用相关概念,从而导致研究的学理性缺乏。

2. 缺乏对学校体育以伦理介入的可能性与必要性的分析

要以伦理介入学校体育进行相关研究必然要揭示学校体育以伦理介入"何以可能"与"何以必要"的问题，只有回答了这两个问题，从伦理维度研究学校体育才具有符合逻辑的学术理据，但这正是国内已有的学校体育伦理研究所缺乏的。

3. 学校体育伦理相关研究缺乏立论基础的阐释与澄明

经过梳理文献发现，国内学校体育伦理相关研究常缺乏必要的立论基础的阐释与澄明，如对学校体育伦理立场、伦理原则的论证与确立，由于立论基础的缺乏，往往导致研究缺乏必要的理论依据。此外，在人道、公正、诚信、理性、幸福等伦理原则的运用上，常在未充分认知的情况下，把这些原则作为类似"万能的"原则来阐述、论证学校体育中的问题，从而影响运用时的恰切性。

4. 缺乏对现实伦理问题进行系统观照

尽管诸多学者对中国学校体育中的现实伦理缺失或问题进行了分析，但在现实伦理问题呈现上缺乏系统性，泛泛列举较多，缺乏逻辑主线；同时也缺乏对引发这些现实伦理问题的根源进行多元归因分析，也缺乏系统的消解应对。

三、研究目的与意义

（一）研究目的

为了弥补国内学校体育伦理现有研究的缺憾，本研究的目的主要体现在以下两个方面：一是审视学校体育伦理研究相关的基本理论问题，即通过阐明学校体育伦理的相关概念、澄明学校体育以伦理介入的可能性与必要性、探究学校体育伦理的结构并厘清学校体育伦理各结构要素之间的关系、确立学校体育的伦理立场、论证学校体育的应然伦理追求及应遵循的伦理原则等，为从伦理维度考量学校体育提供必要的理论凭借；二是观照当代中国学校体育中存在的现实伦理问题，并探寻这些伦理问题产生的根源，提出当代中国学校体育现实伦理问题消解的应然路向，为中国学校体育发展提供有益的参照。

(二) 研究意义

1. 理论意义

学校体育作为教育的重要组成部分，以伦理视角为切入点对其研究的成果并不丰富，目前仍处于摸索阶段，尚未形成系统的、科学的研究体系。随着学校体育中伦理道德问题的日益凸显，学界逐渐认识到加强学校体育伦理规范的重要性，部分研究者对学校体育伦理问题有所关注，但较少涉及基本伦理理论问题，即使一些研究者涉及基本伦理理论问题，往往也是肤浅地、泛泛地涉及，缺乏对学校体育伦理概念、伦理立场、伦理原则、伦理结构等基本理论问题的深入探讨。此外，一些研究者在研究学校体育中的伦理问题时常移植伦理学、教育伦理学等上位学科的伦理原则，而未结合学校体育论证。采用这些伦理原则的理据，往往会造成研究的学理性欠缺。因此，为了弥补现有相关研究的缺陷，改变学校体育伦理研究薄弱的现状，对学校体育的伦理基础、学校体育的伦理立场、学校体育应遵循的伦理原则、学校体育伦理的结构等进行研究具有重要的理论意义。更为重要的是面对当代中国学校体育发展中的繁杂问题，运用这些基本伦理理论，介入并指导学校体育实践活动，具有现实的理论意义。

2. 实践意义

学校体育具有深厚的伦理意蕴，是教育发展中的重要道德实践。在实践中，伦理道德对学校体育发展具有重要的规范、引导作用。当前的中国学校体育实践表明仅仅依靠法律、政策及行政推动，尚难以完全解决实际问题，尤其是关涉学校体育中人之行为逾越的问题，通过强化伦理规范以消解中国学校体育中存在的问题是实践上的时代诉求。正如党的十九大报告中提出"要全面贯彻党的教育方针，落实立德树人根本任务，发展素质教育，推进教育公平，培养德智体美全面发展的社会主义建设者和接班人"，因此，伦理道德规范已经成为教育问题消解的重要途径。在学校体育实践活动的框架内，人们常常有意识地、无意识地通过道德约束相关的行为主体。如当体育教师过度体罚学生，人们对其进行道德谴责，甚至诉诸法律制裁；当体育学科公正缺失时，人们呼吁公平正义；当学校体育成为升学或竞标的工具，形成理性缺失时，人们呼吁价值理性的回归；当体质数据造假、替赛、替考等诚信缺失时，人们要求对相关行为人进行惩戒；当师生无法从学校体育活动中获得应当幸福时，人们呼吁师生的应当权利。所以，进行学校体育伦理研究,是满足学校体育发展的重要实践需要,将有助于人们在学校体育实践活动中树立正确的道德观,选择正确的行为方式,进而形成高层次的道德认同。同时,在当代中国学校体育存在伦理偏失的情况下,扫描学校体育中的现实伦理问题并提出消解路向,具有重要的实践意义。

四、研究对象

本书的研究对象是学校体育伦理问题。主要包括两个方面:一是学校体育伦理的基本理论问题;二是当代中国学校体育中的现实伦理问题。

五、研究范式与研究方法

(一)研究范式

从词源角度来说,"范式(paradigm)"一词的使用可以追溯到古希腊语 paradeiknunai,其原意是"共同显示"(show side byside),15 世纪转为拉丁文 paradeigma,由此引申出范式、规范(norm)、模式(pattern)、范例(exemplar)等含义。科学研究中的范式概念和理论是美国著名科学哲学家托马斯·库恩(Thomas Kuhn)提出并在《科学革命的结构》(*The Structure of Scientific Revolutions*)(1962)中系统阐述的,它是一个共同体成员共享的信仰、价值、技术等集合,是常规科学赖以运作的理论基础和实践规范,是从事某一科学的研究者群体共同遵从的世界观和行为方式[1]。随着中外学者们的不断介入与发展,范式理论已经成为中外学术界普遍接受的研究理论。研究范式理论为笔者省思学校体育中的伦理问题提供了重要的研究方法取向。为了达到研究的目的,本研究主要选取经验性研究范式、现象学研究范式、解释学研究范式、规范性研究范式四种研究范式作为研究范式支撑。

经验性研究范式以生活中存在的经验事实为研究对象,阐释"是什么"的问题。经验性研究范式在科学研究的运用与发展中形成了两种取向:一种是强调"实证"的研究范式,这种取向的研究范式注重实证的定量研究,多运用于实用

---

[1] 李正风. 中国科学家学术思想的传承与创新:概念、特征与方法 [J]. 南京社会科学,2012 (4):1-8,17.

研究中，如商业研究；另一种是强调"经验事实"获取的研究范式，这种取向的研究范式常用于社会学、教育学研究中，既注重研究者亲身体验到的"经验事实"，如通过访谈、观察和社会调查等收集的第一手经验资料，又注重他者的"经验事实"，如通过文献资料收集到的二手资料。本研究因为是教育学范畴的研究，所以采用第二种取向的经验性研究范式。这种取向的经验性研究范式主要强调经验资料的事实陈述，能够找出"是什么""是什么样"的事实，但由于不能与价值陈述融合在一起，往往会造成对现实问题深层认知的不足，因此在科学研究中，人们常将其与其他一些注重价值陈述的研究范式一起使用。

现象学研究范式是由德国哲学家胡塞尔（Edmund Husserl）创立的。胡塞尔所言的现象不仅包括事物及其性质以及人对它们的直观感受，而且包括人自身的主观体验。胡塞尔认为现象与本质不能分开，现象即是本质，本质不是隐藏在现象背后的东西，一个人在直观中就能立即把握呈现在感觉印象中的本质[①]。该研究范式主张把现象作为现象学的对象，强调对现象的直观描述，常把价值与意义问题作为研究重点，同时注重以整体观的意识流描述事物。现象学研究范式告诉我们，在研究中要摆脱以往被定义的"判断"，回到实事本身，进而体验现象的真实。

解释学研究范式是德国哲学家施莱尔马赫（Friedrich Daniel Ernst Schleiermacher）、威廉·狄尔泰（Wilhelm Dilthey）、李凯尔特（Rickert Heinrich）及马克斯韦伯（Max Weber）等人在探讨社会科学研究客观性的过程中逐步形成的一种研究范式[②]。此后，解释学研究范式受到海德格尔（Martin Heidegger）等哲学家的关注与发展。此研究范式注重研究者的境遇感，强调理解被理解者及其所处的环境，也是强调通过"经历"他人的同时"经历"自己，引发研究者的自我反思与反省，研究者进而将理解的内容以谨慎省思后的语言、价值观念表达出来。

规范性研究范式可追溯至苏格拉底、柏拉图和亚里士多德，"应然"（ought）或"应当"（should）成为思想家们关注的焦点。规范性研究范式强调"应该是什么""应当怎么样的"，或"应该如何解决"这样的伦理价值判断，着重分析事物本身的好坏与否，是否符合某种伦理价值标准，是否对社会具有现实

---

①陶宏斌，郭永玉．现象学方法论与现代西方心理学［J］．华东师范大学学报（教育科学版），1997（4）：61-67．
②金保华．论教育管理的伦理基础［D］．武汉：华中师范大学，2008．

意义，如果背离，该如何规范。该研究范式在进行分析问题前，首先要确立"应然"的原则或准则，其次根据确立的原则或准则来判断研究对象的当前状态是否符合这些原则或准则，如果偏离这些原则或准则，应该怎样调节与规范才能符合"应然"。

本研究通过经验性研究范式，收集研究者亲身体验到的"经验事实"及他者的"经验事实"而进行学校体育伦理相关经验资料的事实陈述；通过现象学研究范式，研究者体悟学校体育中伦理现象的直观感受，回到事实本身，进而体验现象的真实；通过解释学研究范式，研究者理解学校体育中各相关主体本身及其所处的伦理环境，引发研究者的自我反思与反省，进而将理解的内容以谨慎省思后的语言、价值观念表达出来；通过规范性研究范式，以研究者的基本伦理价值取向为主导，在多元的伦理价值取向选择中，既秉持基本伦理价值取向的共同性，又坚持学校体育伦理价值选择的特殊性，进而对学校体育现实伦理问题进行阐释。

(二) 研究方法

在具体研究方法上，本研究主要采用文献资料法、访谈法、隐蔽观察法、归纳与演绎等研究方法。这些具体研究方法与上述研究范式之间的关系具体为：使用文献资料法、访谈法、隐蔽观察法等进行经验资料收集与经验性研究范式有着密切的联系；对隐蔽观察法所观察的现象及访谈法中发现的现象进行事实描述则与现象学研究范式有着密切的联系；使用文献资料法、访谈法、隐蔽观察法对收集的经验资料与素材进行分析与解释时与解释学研究范式有着密切的联系；归纳与演绎则是规范性研究范式核心的具体研究思维方法，归纳与演绎和规范性研究范式总体上贯穿整个研究。

1. 文献资料法

通过对国家图书馆或某高校图书馆等进行相关书籍的查询与阅览，并通过相关书籍购买与阅读，了解我国教育伦理、体育伦理、学校体育伦理的研究进展。在 CNKI 中国学术期刊网络出版总库、万方数据库等中文数据库对 1979—2018 年的教育伦理、体育伦理的相关文献进行检索，从大量文献中筛选整理核心相关文献并进行研读与分析，为进一步了解我国教育伦理、体育伦理的研究进展提供了文献基础；为了解我国学校体育伦理的研究进展，发现既有研究中涉及的伦理问题与伦理现象,在上述数据库中分别对"学校体育""高校体育""中学体育""小学体育"等词汇与"伦理""公正""公平""诚信""理性""幸福"等进行"篇名词频1次"组合模糊检索,查找1979—2018年的文献,筛选整理核心相关文献并进行研读与分析,从而获得间接资料与素材。在EBSCO数据库分别对"school sport""physical education""ethics""justice""equity""happiness""reason""honesty""humanity"等进行组合检索,筛选整理核心相关文献并进行研读与分析,以从中得到借鉴。同时查阅了国务院官网、教育部官网、人民网等网站,为本研究提供了材料和理论支撑。

2. 访谈法

访谈法是通过被访问者与访问者之间的沟通与对话获得研究所需信息的一种研究方法。为保证本研究架构逻辑的合理性、研究内容的充实性,应对相关领域的专家进行访谈,进而根据专家们的合理建议,对本研究的内容及逻辑构架进行调整。为了发现与了解我国学校体育中的伦理问题,对我国部分小学、中学、高校的部分体育教师、学生进行访谈①,从他们的语言表述中提取与本研究密切相关的素材。同时,借助QQ、微信、电话等与所访谈的专家、体育教师进行相关问题的多次沟通,以弥补1次访谈的缺陷。由于访谈内容具有一定的隐私性,研究中在使用所涉及的相关人员的表述素材时,对其工作单位或学习单位与姓名均进行了匿名处理。

(1) 专家访谈

为保证本研究架构逻辑的合理性、研究内容的充实性,对相关领域的专家:上海体育学院G教授、华中师范大学H教授、山东师范大学Y教授、武汉体育学院S副教授、江西师范大学L副教授等进行了访谈,进而根据专家们的合理建议对本研究的内容及逻辑架构进行完善。

(2) 体育教师访谈

为发现与了解我国学校体育中的现实伦理问题,对首都师范大学、北京农学院、武汉科技大学、华中师范大学、郑州大学、华东师范大学、广西科技师范学院、黄淮学院、楚雄师范学院、凯里学院、河西学院、陇东学院、广西科技大学、郑州旅游职业技术学院、山东省临沂第三中学、河南省焦作市第一中学、河

---

① 对专家、体育教师、学生的访谈提纲见附录:访谈提纲。

南省信阳市罗山高级中学、河南省信阳市息县第二高级中学、河南省商水县实验中学、河南省南阳市社旗县第三初级中学、河南省信阳市平桥区兰店乡中心学校、湖北省武汉市新洲区城关高级中学、湖北省鄂州市第一中学、湖北省武汉市八铺街小学、河南省登封市书院河路小学、河南师范大学附属小学等学校的部分在职体育教师进行了访谈。

(3) 学生访谈

为发现与了解我国学校体育中的现实伦理问题，对华中师范大学、武汉科技大学、武汉理工大学、武汉大学、郑州大学、广西科技大学、广西科技师范学院、信阳师范学院、信阳市第四高级中学、信阳市平桥区兰店乡中心学校、柳州市第三中学、柳州市第十九中学、柳州市中山（实验）中学、北京市奶子房小学、武汉市广埠屯小学、柳州市沙塘小学、柳州市弯塘路小学、柳州市公园路小学等学校的部分在校学生进行了访谈。

3. 隐蔽观察法

为了解现实情境下我国学校体育开展的实然状况，采用隐蔽观察法对国内部分小学、中学、高校进行了实地观察，从观察中获取本研究所需的材料支撑。由于仅仅凭借研究者记忆力与注意力很难从复杂的学校体育活动中抽取与研究相关的材料，因此研究者借助照相、录像等记录下现场的情景，以便事后反复观察与整理。本研究主要对华中师范大学、武汉理工大学、武汉大学、中南民族大学、广西科技大学、广西科技师范学院、信阳师范学院、信阳市第四高级中学、柳州市第三中学、柳州市第十九中学、信阳士源高级中学、信阳市平桥区兰店乡中心学校、柳州市中山实验中学、华中师范大学附属小学、武汉市广埠屯小学、柳州市沙塘小学、柳州市弯塘路小学、柳州市公园路小学等学校的学校体育开展情况进行了实地隐蔽观察。由于隐蔽观察的隐私性，在具体使用所观察到的素材时对相关学校进行了匿名处理。

4. 归纳与演绎

归纳和演绎是科学研究中运用得较为广泛的逻辑思维方法。马克思主义认识论认为，一切科学研究都必须运用到归纳和演绎的逻辑思维方法。归纳是从特殊到一般的研究方法，而演绎是一般到特殊的研究方法。本研究通过演绎法对伦理、教育伦理等概念进行演绎，界定了学校体育伦理的概念；通过归纳法，对相关的文献、报道、访谈、观察等收集到的资料进行整理,对当代中国学校体育中存在的现实伦理问题进行分类总结。在澄明学校体育伦理立场、学校体育应然伦理追求及应遵循的原则的过程中则运用了归纳与演绎相结合的方法。

六、研究的逻辑构架

(一)研究的思路

为了实现研究目的并对学校体育进行省思,首先要审视学校体育伦理的基本理论问题,如学校体育伦理相关概念、学校体育的伦理基础、学校体育的伦理立场、学校体育的应然伦理追求、学校体育应遵循的伦理原则、学校体育伦理的结构等,这些基本伦理理论的阐述与论证将为学校体育伦理研究提供必要的理论基础;其次要依据确立的学校体育伦理立场及伦理原则等观照当代中国学校体育中的现实伦理问题,并寻找这些问题产生的根源;最后要立足现实,遵循学校体育的伦理原则,基于人性的考量,对当代中国学校体育中存在的现实伦理问题提出消解之策。

(二) 研究的总体框架

本研究的总体框架如图 1 所示。

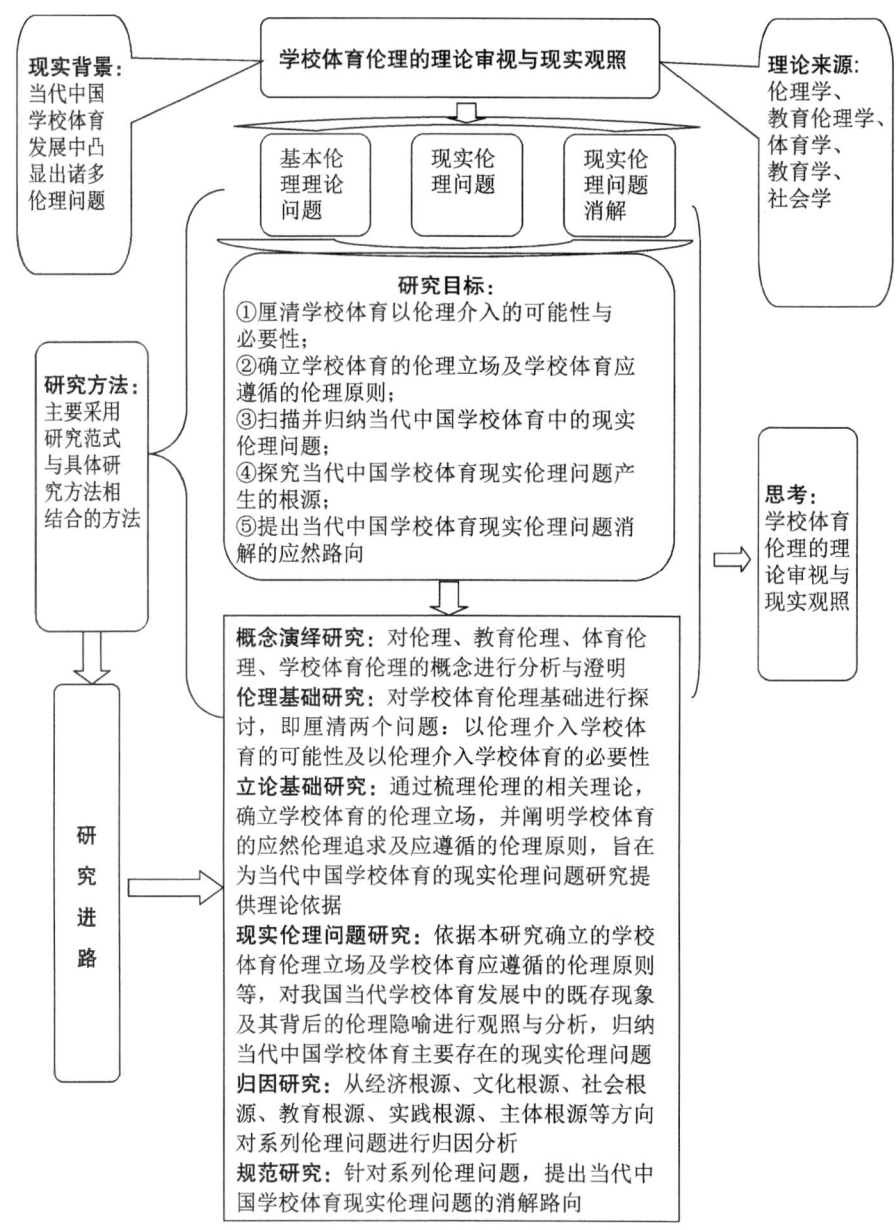

图 1　本研究的总体框架

(三) 主要研究内容

本书除绪论外,共分为七章。其中,第一、第二、第三、第四章属于基本伦理理论问题的审视,第五、第六章属于现实伦理问题的观照,第七章属于全书的总结及建议。

第一章:学校体育伦理相关概念澄明。在对伦理、道德、教育伦理、体育伦理等相关概念进行厘清的基础上,依据概念推演的思维逻辑,对学校体育伦理的概念进行界定与诠释。

第二章:学校体育的伦理基础。学校体育的伦理基础的探讨实质上是要揭示学校体育以伦理介入"何以可能"与"何以必要"的问题,只有回答了这两个问题,对学校体育伦理进行进一步研究才具有学理逻辑上的可能。探问学校体育以伦理介入"何以可能",即探问学校体育是否具有伦理属性;而探问学校体育以伦理介入"何以必要",即探问伦理之于学校体育有何价值与功能。

第三章:学校体育伦理的立论基础。我们要从伦理维度审视学校体育必定是建立在一定的伦理立场之上的,这是因为唯有当我们确立了学校体育的伦理立场,关于学校体育的伦理研究才具有了理论依据。而在确立学校体育伦理立场之后,我们要进行更具体的学校体育伦理研究,必然要回答学校体育发展中我们究竟应该以哪些伦理秉持作为参照的问题。回答这个问题就要厘清学校体育的应然伦理追求的是什么及应该遵循哪些伦理原则。如果学校体育发展没有可依据的应然伦理追求与伦理原则的秉持,那么有关学校体育伦理的一切探讨都将是无本之木。要确立学校体育的伦理立场,必然要追溯历史上普遍存在的伦理理论,从中寻找合适的理论依据。本章拟对道义论、功利论两大伦理流派的理论秉持进行分析,以确立学校体育的伦理立场,并预设与论证学校体育应遵循的伦理原则,为后续研究提供必要的理论凭借。

第四章:学校体育伦理的结构分析。学校体育伦理蕴含着相关主体的伦理意识、伦理关系及伦理活动。人们要深入认知学校体育的伦理意蕴,厘清学校体育各要素之间的关系,了解学校体育伦理的特性与功能,促进学校体育从内在消散走向内在凝聚,整合学校体育内外部要素,发挥"1+1>2"的整体效应,探讨学校体育伦理的结构系统。因此,学校体育伦理结构系统的勾勒与澄明将为我们提供更清晰的伦理关系认知,为后续研究提供必要的学校体育伦理结构认识。

第五章:当代中国学校体育的现实伦理问题观照及其根源探寻。本章将根据笔者近30年的亲身学校体育经历及在网络、报刊、文献中呈现的学校体育伦理偏失现象，结合研究者的观察与访谈，对我国当代学校体育发展中的既存问题及其背后的伦理蕴意进行分析，观照当代中国学校体育中存在的现实伦理问题，从经济、社会、文化、教育、实践、主体等方面寻找这些现实伦理问题产生的根源。

第六章：当代中国学校体育现实伦理问题消解的应然路向。本章将立足于解决问题的考量，遵循问题解决的逻辑，围绕学校体育的应然伦理追求及应遵循的伦理原则，着眼于人性与爱的思考，提出当代中国学校体育现实伦理问题消解的应然路向。

第七章：结论与建议。本章将在对全文所做研究进行总结的基础上提出相关建议。

七、可能的创新之处与研究不足

（一）可能的创新之处

1. 研究视角的创新

本研究注重的是以伦理道德规范为基础的学校体育"内生式"发展模式，它是对过去依靠外部法律、政策与行政推动的学校体育"外生式"发展模式的有益补充，具有重要的借鉴价值。以"内生式"发展模式介入中国学校体育的理论与实践研究应然是未来的一个新方向。

2. 研究内容的创新

本研究以"学校体育伦理的理论审视与现实观照"为题，首先审视学校体育伦理研究相关的基本理论问题，通过阐明学校体育伦理的相关概念、澄明学校体育以伦理介入的可能性与必要性、探究学校体育伦理的结构并厘清学校体育伦理各结构要素之间的关系、确立学校体育的伦理立场、论证学校体育的应然伦理追求及应遵循的伦理原则等，为从伦理维度考量学校体育提供必要的理论凭借；其次依据这些理论凭借观照当代中国学校体育中存在的现实伦理问题。对比国内外学校体育伦理的相关研究，本研究在研究内容上具有一定新意。

3. 研究方法的创新

为了弥补学校体育基本伦理理论研究的欠缺，发现当代中国学校体育中存在的现实问题，本研究采用研究范式与具体研究方法相结合的方法运用逻辑，对学校体育伦理基本理论问题及当代中国学校体育中的现实伦理问题进行研究，以这样的方法运用逻辑，既能满足基本伦理理论研究的思辨性需要，也能满足研究论据支撑来源的现实性需要，同时也为今后的学校体育伦理研究提供了一种新的方法运用逻辑。

(二) 研究不足

1. 中外文献资料收集上的不足

研究者受外语能力的限制，查找的国外文献主要以英语语境的文献资料为主，同时由于其时间、精力有限，未能全面掌握学校体育伦理相关研究的英文文献资料，这在一定程度上影响了文献资料的全面性。在中文文献收集方面，由于时间限制及部分文献收集上的困难，一些涉及学校体育伦理的课题研究、会议论文等难以掌握，成为本研究文献资料收集的阙如。

2. 研究方法上的不足

尽管本研究采用了经验性研究范式、现象学研究范式、解释性研究范式、规范性研究范式，并在具体研究方法上采用了访谈法、隐蔽观察法及归纳与演绎等研究方法，但在当代中国学校体育的现实伦理问题论证之时，由于缺乏深入的实证研究，在一定程度上导致这些现实伦理问题材料的支撑不足。虽然从伦理的维度审视学校体育，更多偏重于思辨性研究，但在具体研究中融入适当的定量分析，无疑会进一步增加论据的厚度。

3. 创新上的不足

尽管研究者在从伦理维度省思学校体育时，试图在研究视角、研究内容、研究方法上有所创新，但囿于研究者的知识结构以及自身研究能力的局限，未能圆满实现研究视角、研究内容以及研究方法上的较大创新。为此，研究者在后续的研究中将不断丰富自身的伦理知识，提升自身的伦理素养与学术素养，以弥补本研究的不足，同时力争进一步完善与创新学校体育伦理研究的理论体系。

第一章　学校体育伦理相关概念澄明

"在学术研究中，概念的界定乃是最基础性的工作。任何一个学术问题的研究都面临着界定主要概念的任务，这是后续研究得以开展的前提和凭借"[①]。事物的概念是对事物本身特征的概括，反映事物存在的固有属性。对学术研究的相关概念进行探讨，往往是一件抽象与艰涩的事情，这是因为对于事物概念的认知，由于视角不同、出发点不同，每个人可能有不同的看法，如何从纷繁不一的概念中明晰研究者持有的概念认识，并以此为凭借引领后续研究，便成为首要的研究工作。对伦理范畴相关概念的认识也是如此。要对"学校体育伦理"的相关问题进行研究，必然首先要澄明"学校体育伦理"是什么，既要对"学校体育伦理"这一概念进行学理界定，又要对其内涵进行概括、澄明，这是展开研究的前提与凭借。而要真正把握"学校体育伦理"概念的本质特征，就必须对伦理、教育伦理、体育伦理等相关概念进行厘清，并形成符合学理逻辑的系列概念认知。基于此，本研究依据概念推演的思维逻辑，对学校体育伦理的概念进行澄明，以供给研究的概念凭借。

一、伦理

毋容置疑，明晰伦理是什么是本研究的主题概念认知的基础之基础。在历史的长河中，人们对伦理的认知至今仍然莫衷一是，其中尤为突出的是对"伦理"与"道德"这两个密切相关的概念之间关系的把握，本研究也避不开对这两个概念之间关系的探讨。

英文伦理（ethics）源于拉丁文 ethica，也出现于希腊文 ethos，其含义关乎品性、德性、气凛、风俗、习惯。亚里士多德在《尼各马可伦理学》中对智慧、勇敢、正义、节制等品质，以及如何获得这些品质进行了论述，也把"伦理"

[①] 金保华. 论教育管理的伦理基础 [D]. 武汉：华中师范大学，2008.

一词固定下来广泛传播。而英文中"道德"为 morals，起源于拉丁文 mos，主要指风俗习惯、品性与品德。所以，伦理与道德在西方的词源含义完全相同，都是指人们应该如何的行为规范，其内化为品性与德性，外化为风俗与习惯①。

而在中文中追溯词源发现，伦理与道德的含义有所不同。在中文中，"伦理"作为词最早出现在《礼记·乐记》中："凡音者，生于人心者也；乐者，通伦理者也。"《说文解字》中："伦，辈也。"郑玄注曰："伦，犹类也；理，分也。"虽然以上"伦理""伦"已经出现，但是含义并不清晰，既有"条理"的含义，也有"人际关系如何"的含义。而孟子提出的"五伦"，即"父子、君臣、夫妇、长幼、朋友"，把"仁、义、礼、智、信"作为"五伦"的人之关系准则。"理"本义为"治玉"，如《说文解字》中："理，治玉也……玉之未理者为璞。"引申为整治与物的纹理，如修理、理发、木理、肌理；进而引申为规律与规则。理是规律，是事实如何的必然规律："理非他，盖其必然也……就天地人物事物本其不易之则，是谓理。"② 理又是规则，是应该如何的当然规则："只是事物上一个当然之则，便是理。"③ 在汉代贾谊的《新书·时变》中，"商君违礼义，弃伦理"。在《朱子语类》卷七二中："正家之道在于正伦理，笃恩义。"在明谢谠的《四喜记·泥金报捷》中提道："弟先兄伦理非宜。"冯雪峰 在《苦力父子》一文中表述："他们也就常常表现了伦理的最高精神。"④ ……由上可以看出，在我国的历史著述中对于伦理的认识，"就其中国词源含义来看，所谓伦理，便是人际关系事实如何的规律及其应该如何的规范"⑤。

在中文中，"道德"中的"道"本义为道路。《说文解字》中曰："道，所行道也"。引申为"规律，规则，秩序"，即人的行为应该如何的原则和规范，与"理"的含义相同；而"德"的本义为"得"，在《说文解字》中曰："德，从直从心。外得于人，内得于己也。""得即德也。"心得正直方为"德"。于是，德引申为"道德品质""品德"。一个人只有长期按照应该如何的道德规范行事才能得到正直的品德。由此看来，中文中道德的"道"与"德"在词源含义上都指向行为应该如何的规范。只不过"道"是外在规范，"德"是内在的规范。

---

① 王海明. 新伦理学：上册 [M]. 修订版. 北京：商务印书馆，2008：1-2.
② 黄建中. 比较伦理学 [M]. 台北：台湾编译馆，1974：28.
③ 黄建中. 比较伦理学 [M]. 台北：台湾编译馆，1974：27.
④ 冯雪峰. 雪峰寓言 [M]. 北京：人民文学出版社，1952：108.
⑤ 王海明. 新伦理学：上册 [M]. 修订版. 北京：商务印书馆，2008：1-2.

综上所述，从词源上来看，在西方"伦理"与"道德"同属一词，皆是指人之行为应该如何的规范。而在中国，"伦理与道德却是整体与部分的关系，伦理是指人际行为事实如何的规律以及人际行为应该如何的规范，而道德则仅仅是指人际行为应该如何的规范。"① 道德只关注人际行为应该如何的"应然状态"；而伦理既关注人际行为应该如何的"应然状态"，又注重人际行为事实如何的"实然状态"②。

在中国，尽管从词源上伦理与道德有着内涵上的区别，但随着西方"伦理"与"道德"概念范畴的引入、融合，以及在理论与实践中人们更多从"人之行为应该如何的规范"的视角进行考量的现实，在学术界，伦理与道德常作为可以互换的概念。正如学者何怀宏认为："在一般情况下'伦理'与'道德'这两个概念大致相同，经常可以互换使用。"③ 甚至人们常使用"伦理道德"这一大的概念④。鉴于本研究并非专门针对伦理元问题的研究，所以本研究也沿袭惯常的用法，在诸多具体的情境中把伦理、道德、伦理道德视为同一概念来使用。考虑到"伦理"一词更契合学术理性的反思特性，本研究对主题的确立采用"伦理"一词，而非"道德"或"伦理道德"。

在顾及中西、便于统一认识的前提下，遵循事物的概念应体现事物本身内涵的全面概括的原则，认为伦理就是人之行为应该如何的规范。它既反映在人在介入具体事物之时，人们处理相互之间关系应该如何的规范之中；也反映在人在介入事物之时，追求人道、公正、理性、诚信、幸福等过程中"人之所以为人"应该具备的品性、德性、气凛之中。当然，人类的任何行为都是有目的的，在造就自身的问题上，既不是为了善而善，也不是为了规范而规范，而是为了把人放到现实生活中，让人过上幸福的生活，离开这一诉求，任何伦理规范都没有意义⑤。如果把伦理凝结为一种精神，那就是伦理正义。伦理正义的应然就是尊重人、"把人当人看，而不是工具"、理解人的境遇、引导人的理性、注重人的主体价值、摒除不公与人性压抑、抑制道德底线超越、批判一切有损人的健康的事物、弘扬人的自主性与能动性、捍卫人的尊严。如果把伦理凝结为一种生活追

---

① 韩升. 伦理与道德之辨正 [J]. 伦理学研究, 2006 (1): 90-92.
② 韩升. 伦理与道德之辨正 [J]. 伦理学研究, 2006 (1): 90-92.
③ 何怀宏. 伦理学是什么 [M]. 北京：北京大学出版社, 2002：9.
④ 王伟, 鄯爱红. 行政伦理学 [M]. 北京：人民出版社, 2005：2-3.
⑤ 吕朝奎. 教育伦理探微 [M]. 北京：中国书籍出版社, 2012：48.

求,那就是缔造幸福生活。缔造幸福生活的应然就是赋予人追求幸福的权利、关注每个人的幸福、唤醒人追求正当幸福的自觉、追寻人的生命价值与意义、追求人的幸福实现。

二、教育伦理

教育伦理属于应用伦理的范畴,对教育伦理的认识由于立足点不同,其蕴意理解也有所不同,具体来讲主要集中在以下几个方面:一是把教育伦理视为教育职业劳动中的道德与原则、关系与规范。如德波拉夫(Josef Derbolav)认为,教育伦理学是一门从"教育的责任原理"出发,探讨教育人员职业伦理的学科;詹栋梁[1]认为,教育伦理学是教师的职业道德及教育关系的理论与实践的原理研究;王正平[2]等认为,教育伦理学是研究教师职业劳动领域内道德意识、道德关系和道德活动的科学。二是把教育伦理视为教育过程中的道德关系的一种表现与反应。如嘉姆(Hans Jochen Gamm,1988:9)强调教育伦理学是对教育关系的分析,同时注重对教育理念与道德连接的分析;欧克斯(Jürgen Oelkers,1992:20)认为教育伦理学是研究教育与道德之间各种关系的学问;钱焕琦[3](2009:22)认为教育伦理学应是研究包括学校教育、家庭教育和社会教育在内的教育教学过程中的道德关系现象。三是把教育伦理视为教育领域内善恶的价值判断。如张启树等[4]认为,"教育道德是从伦理学的角度用道德的本质来审视教育活动及其过程,从根本上说,教育共同体是一个伦理实体,教育善恶是教育道德的具体体现,教育是道义的事业、是求真的活动、是公平的'砝码'";王本陆[5]认为"客观存在于教育领域的善恶矛盾,构成了教育伦理学的研究对象"。由此可见,对教育伦理的理解主要源于对教育伦理学这一学科体系的认知,教育职业伦理、教育过程中的道德关系及教育领域内的善恶矛盾等是教育伦理的主要涉及方面,归结起来,我们认为教育伦理就是教育中人之行为应该如何的规范,它既关涉教育过程中的道德关系,也关涉教育中的善恶价值取向,同时也涉及道德意识在道

---

[1] 詹栋梁. 教育伦理学导论 [M]. 台北:五南图书出版有限公司,1997:148.
[2] 王正平. 教育伦理学 [M]. 上海:上海人民出版社,1988:10.
[3] 钱焕琦. 教育伦理学 [M]. 南京:南京师范大学出版社,2009:22.
[4] 张启树,张鸿燕. 教育道德:伦理视界中的教育善恶 [J]. 中国青年政治学院学报,2005(1):39-42.
[5] 王本陆. 关于教育伦理学研究对象的思考 [J]. 教育研究,1995(3):43-47.

德教育中的规范培育问题。

总的来说,在教育伦理场域,教育终极目的的体现就是终极善,而终极善就是要促进人的全面发展、追求人的幸福生活,违背教育终极善的教育思想及行为将直接损害教育主体的健康发展与幸福获得。尽管在文化共享与育人的过程中,为了走向终极善,往往要借助工具善,但工具善绝不能成为终极善。我国当代教育正是由于经济功利与工具理性越位且过于追求自我利益的最大化,把升学率、就业率、"人才"数量当作追求,并为经济增长服务,工具善僭越了教育的终极目的,从而衍生了大量的教育问题,诸如教育公平、教育资源分配、学科公正、教育目的异化等,学校体育问题也在其中。人是肉体与灵魂的共在,但当代教育更多地陷入了为肉体服务,而忽视了人精神上的追求,使工具性价值取代了精神人格价值,人也就成了不完整的人。"在我们这个以技术、经济、群体秩序为主导的时代里,必然性被绝对化之时,人类存在的精神就会陷入危险的境地,精神的基础就会被毁灭……那么,精神具有真实的生命就再也不能出自本真的原初性,而是以伪造的面目出现在有限的追求和为群体的服务之中"[1]。当工具善或手段善披上终极善的衣装成为教育终极目的时,人就失去主体发展的完整自我,而走向人性的扭曲,失去精神福祉。所以教育伦理就是要对教育整体及各种教育具象进行合理理性的关照与人性的关怀,以省察和规范教育存在的善性及正当性。而教育伦理的价值功能在于使教育的本体价值得以最大限度地发挥,使人类对教育的需要得以更好地满足,使人的生命本质在教育中及其影响后得以真正提升[2]。显然,教育伦理的存在在现实性上的指向应然是合道德性的或是"应该的"。伦理正义显现在教育领域就是追求教育正义,也就是要关照人的健康与全面发展,平等对待教育中人的权利,理性对待教育中的爱与责任,关注教育资源的正义分配,强调制度公正与政策落实公正。缔造幸福的教育生活的应然就是赋予人在教育中追求幸福的权利、关注师生的幸福、唤醒师生的幸福自觉、追寻教育所应承载的现实幸福与长远幸福的意义。

三、体育伦理

在我国体育界,体育伦理相关概念的提出与论证由于出发点不同,在概念认

---

[1] 雅斯贝尔斯. 什么是教育 [M]. 邹进,译. 北京:生活·读书·新知三联书店,1991:102-103.
[2] 糜海波. 教育伦理:价值及其依据 [J]. 教育导刊,2005 (7):12-15.

识上存在差异。早在 20 世纪 80 年代，潘靖五[①]即指出体育伦理学作为伦理学的一个分支学科，是顺应现代科学发展的洪流而产生的，以体育道德现象为研究对象的一门新兴的道德学科。华洪兴[②]认为，体育伦理学是关于体育道德问题的学问，把体育道德定义为一定社会用以调节参加体育活动的人们之间、个人与集体、集体与社会之间关系的行为规范的总和。赵立军[③]则认为，体育伦理学是以体育活动中的道德现象作为自己的研究对象，即一门研究体育道德产生、变化、发展规律的应用理论学科，其把体育道德定义为"在人类社会的体育实践活动中，由社会经济生活条件所决定，以善恶为标准，依靠体育社会舆论、体育传统习惯和体育活动参与者的内心信念来维系，用以调整他们个人之间、个人与集体之间、社会、国家之间关系的原则和规范、心理意识和行为活动的总和"。龚正伟[④]则把体育伦理界定为以体育（指身体活动）为中心所形成的各种伦理关系以及协调这种关系的伦理意识和行为活动的总和。沈克印[⑤]认为，体育伦理作为一种应用伦理，是指在体育活动中形成的协调伦理关系的道德原则和规范，其实质是将体育发展与人的伦理道德有机结合起来，提高体育水平，促进人的全面发展。在过往的研究中，竞技体育伦理明显占据主导，这是因为竞技体育是社会体育和学校体育的来源，由于竞技体育与社会经济及政治联系紧密，在道德冲突上比较明显，学者们在研究中则更多偏重竞技体育伦理的研究，常常讲体育伦理，实际上是在讲竞技体育伦理。因此，我们对体育伦理相关研究的认知要充分认识这一问题，以便于正确理解体育伦理的真正内涵。综合学者们对体育伦理的认识，结合体育的特征，研究者认为体育伦理是指体育活动中人之行为应该如何的规范，它既关涉人在参与体育活动之时人之行为符合体育发展规律的本质规范；又关涉人在参与体育活动时人之行为应该秉持的伦理规范，如公正、人道、理性等；同时它的规范效益受相关主体责任应诺程度的影响。

四、学校体育伦理

在伦理体系中，学校体育伦理隶属于教育伦理，学校体育伦理凸显的更多是

---

① 潘靖五. 体育伦理学概论 [M]. 北京：北京体育学院出版社，1989：2.
② 华洪兴. 体育伦理学 [M]. 南京：河海大学出版社，1999：12.
③ 赵立军. 体育伦理学 [M]. 北京：北京体育大学出版社，2007：8.
④ 龚正伟. 当代中国体育伦理建构研究 [D]. 长沙：湖南师范大学，2006.
⑤ 沈克印. 中国体育经济伦理研究 [M]. 武汉：华中科技大学出版社，2016：25.

教育伦理范畴的特征，但其也具有体育伦理的特征。依据上述教育伦理、体育伦理的内涵以及学校体育的自身特征，我们认为所谓学校体育伦理，主要是指学校体育中人之行为应该如何的规范。道德责任是其基石与保障，伦理正义是其追寻的核心伦理精神，追寻师生幸福是其归宿，学生身体与精神的合一发展是其核心关照的对象。它既反映在学校体育中人之行为遵循育体、育人的规范之中，又反映在学校体育相关主体追求人道、公正、理性、诚信、幸福等过程里"人之所以为人"应该具备的品性、德性、气禀之中。依据对伦理、教育伦理、体育伦理、学校体育伦理的认知，以及绪论部分对学校体育伦理相关理论与现实问题的审视，若要从伦理维度省思学校体育，应该着重从以下三个方面去诠释学校体育伦理的内涵。

（一）道德责任是学校体育伦理的基石与保障

道德责任（moral responsibility）是重要的伦理学范畴，是道德领域解决根本性问题的基石与保障。道德责任是指人们在一定的社会关系中所应该选择的道德行为和对社会或他人所承担的道德义务[①]。康德把道德责任简练概括为"做应该做的事情"。为实现学校体育目标，体育教师与学生应该承担相应的道德责任，离开道德责任的约束，否则学校体育的健康发展只是一句空话。在学校体育实际地位不高、体育教师责任缺失、学生体育权利受损的背景下，道德责任的回归之于我国学校体育发展至关重要。体育教师在学校体育实践中，对社会、学校、学生负有"应该"的道德责任与义务，肩负着传承体育文化、提升学生体育学科品格、促进学生终身健身习惯养成的责任。面对学生体质健康水平下滑、体育学科歧视、体育资源配置失衡等现实问题，体育教师更要负重积诟、摒除腐痛，主动承担应该承担的道德责任，以彰显体育学科存在的伦理价值。因此，只有体育教师自觉履行应该的道德责任与义务，才能从根本上扭转对其本身及体育学科的偏见，进而提升学校体育的地位与品位。在我国现实学校体育实践中，学生实然缺场的现象经常出现，学生本身应然的体育学习责任的不能应诺，往往是导致体育知识与技能习得不足以及体质健康水平下降的重要因素。学校体育本应是学生张扬个性、品格形塑的场域，却因学生自我参与其中的道德责任的放逐，导致自身身体孱弱。因此，当下的学生只有切实转变体育学习的态度，思虑个人的长远

[①] 谭德礼. 论多元文化时代大学生的道德责任 [J]. 中国青年政治学院学报, 2010 (5): 64-68.

发展，应诺自身的体育学习责任，正确对待体育习得过程中"'好的'与'不好的'①"，才能从实质上矫正学校体育发展中的伦理偏失。毋庸置疑，道德责任应然是规约学校体育开展中相关主体"做应该做的事情"的基石与保障。

（二）缔造幸福是学校体育伦理的归宿

德谟克利特（Demokritos）、伊壁鸠鲁（Epicurus）等自然主义幸福论者认为"幸福是身体的无痛苦和灵魂的无纷扰"②。德国著名伦理家包尔生（Paulsem）认为"幸福是指我们存在的完善和生命的完美运动"③。王海明认为："幸福，根本上讲，则是人生重大需要和欲望得到满足的心理体验……说到底，是达到生存和发展的某种完满的心理体验。"④ 幸福的理解虽然多种多样，但人们都期望人生之中有所成就并努力追求幸福的生活，这是不争的事实。因此，从幸福论的视角来看，缔造幸福应然是学校体育伦理的归宿。体育教师是学校体育活动开展中的有限责任主体，也是有血有肉的社会个体，追求幸福也是他们的愿望。他们需要长期保持强健的身体与智慧的大脑，以完成学校体育这一具有鲜明特征的学科教育。但在工具主义盛行的今天，体育教师的工作价值并未完全得到社会认可，甚至常常受到歧视，异化的现实境遇很难让体育教师获得积极的心理体验。而"异化归根结底是一种社会现象，因此只有通过社会途径才能克服这种社会现象……"⑤。所以，社会和学校都应为体育教师实现利己幸福与利他幸福创造条件，确保他们在学校体育参与中的幸福"应得"。学生作为参与主体，他们的幸福更多地源于学校体育参与的愉悦体验，但是今天体育课经常被挤占、体育教师责任时常缺失、学生自身责任应诺阙如等现实境况，往往会导致学生远离体育实践，失去学校体育参与中应得的幸福。但无论如何，缔造幸福都应是学校体育伦理的归宿。在学校体育中，体育教师与学生作为直接的实践主体，他们的觉解程度与参与"体"悟将与幸福密切相关，他们的幸福缔造最终还是要通过他们的

---

① 肯尼思·A. 斯特赖克，乔纳斯. 教学伦理 [M]. 4版. 洪成文，张娜，黄欣，等译. 北京：教育科学出版社，2007：15-19.
② 北京大学哲学系外国哲学史教研室. 古希腊罗马哲学 [M]. 北京：生活·读书·新知三联书店，1957：368.
③ 包尔生. 伦理学体系 [M]. 何怀宏，廖申白，译. 北京：中国社会科学出版社，1986：191.
④ 王海明. 新伦理学：下册 [M]. 修订版. 北京：商务印书馆，2008：1209.
⑤ 卢卡奇，本泽勒. 关于社会存在的本体论：上卷 [M]. 白锡堃，张西本，李秋零，等译. 重庆：重庆出版社，1996：231.

共同努力与觉解来实现。

(三) 和谐与平衡是学校体育伦理的理想

从亚里士多德（Aristotle）的"人的全面和谐发展"，到普鲁塔克（Plutarchus）主张的"使自由民的子女成为德、智、体和谐发展的人"，再到蔡元培主张的"和谐教育的人"以及马克思主义强调的"人的全面发展"……和谐与平衡一直是教育的理想，也是教育伦理的最高追求。尽管作为已被确证的合道德的教育形式，学校体育的存在有益于促进人的和谐发展，但在学校体育发展中，断裂与失衡一直存在。一是个体需要与群体需要之间存在断裂与失衡。当代的教育由于群体需要指向升学与就业，受群体利益驱使，分数的功能被放大，教育本身为了达到群体需要的短期目标，体育学科被边缘化，或是成为群体需要的工具，而个体长远的身心发展需求却被抛弃。二是个人完整需要的断裂与失衡。个人的发展最终是要成为一个完整的人，功利化的当代教育注重智育而忽视体育，大量体弱、被规训的个体在学校中大量产生，生生割裂了学生成为完整人所应具备的全面发展基础。三是个体需要与个体需要的断裂与失衡。我国学校体育中占主流的性别中立教育模式，常常忽视学生生理性别差异，无视社会性别差异，造成个体体育需要的断裂，加之长期男强女弱社会带来的教育传统，女子很难与男子享有平等的体育教育。此外，不同社会阶层出身的学生个体之间事实上也存在个体体育需要的断裂与失衡，不同家庭出身的学生个体的体育需求也往往难以得到均衡满足。理想与现实之间总是存在一定的沟壑，但不管我国学校体育发展的路途多么崎岖，都改变不了学校体育的不可取代的教育作用。因此，我国学校体育在具体的实践中，政府、社会、学校、体育教师、学生等相关利益主体，一直都在围绕学校体育目标寻找和谐与平衡之路。当学生体质下降，社会即呼吁体育教育回归本真；当学校违反体育政策，政府相关部门则进行督训；当学生违反体育教学纪律，体育教师则施以劝诫或惩罚；当体育教师违反教学规范，教育管理者则进行质询与纠正。学校体育的开展过程是教育伦理镜像的一部分，教育伦理约束着学校体育相关主体的"逾越"行为，人们在其中追求着和谐与平衡的道德理想。

小结

本章对学校体育伦理及相关概念的澄明，主要解决两个问题：第一，伦理、道德、伦理道德在本研究中如何使用的问题。尽管在中国，从词源上伦理与道德有着内涵上的区别，但随着西方"伦理"与"道德"概念范畴的引入、融合，以及在理论与实践中人们更多从"人之行为应该如何的规范"的视角进行考量的现实，在学术界，伦理与道德常作为可以互换的概念，甚至人们经常使用"伦理道德"这一概念。鉴于本研究并非专门针对伦理元问题的研究，所以本研究也沿袭惯常的用法，在诸多具体的情境中把伦理、道德、伦理道德视为同一概念来使用。本研究对主题的确立之所以使用"伦理"一词，而非"道德"或"伦理道德"，是考虑到"伦理"一词更契合学术理性的反思特性。第二，学校体育伦理的概念及内涵认知问题，以及学校体育伦理相关概念解读。在对伦理、道德、教育伦理、体育伦理等相关概念进行厘清的基础上，依据概念推演的思维逻辑，对学校体育伦理的概念进行界定与解读。研究者认为，在伦理体系中，学校体育伦理隶属于教育伦理，学校体育伦理更多凸显的是教育伦理范畴的特征，但也具有体育伦理的特征。所谓学校体育伦理，主要是指学校体育中人之行为应该如何的规范。道德责任是其基石与保障，伦理正义是其追寻的核心伦理精神，追寻师生幸福是其归宿，学生身体与精神的合一发展是其核心关照的对象。它既反映在学校体育中人之行为遵循育体、育人的规范之中，又反映在学校体育相关主体追求人道、公正、理性、诚信、幸福等过程里"人之所以为人"应该具备的品性、德性、气凛之中。根据对伦理、教育伦理、体育伦理、学校体育伦理的认知，以及对学校体育伦理相关理论与现实问题的审视，若要从伦理维度省思学校体育，应该着重从以下三个方面诠释学校体育伦理的内涵：第一，道德责任是学校体育伦理的基石与保障；第二，缔造幸福是学校体育伦理的归宿；第三，和谐与平衡是学校体育伦理的理想。

第二章 学校体育的伦理基础

毫无疑问,在学理上对学校体育进行伦理探讨时,首先要确定学校体育是否具有伦理属性,即探讨以伦理介入学校体育的可能性;其次要厘清为何要以伦理介入学校体育,即探讨以伦理介入学校体育的必要性。这两个问题事实上就是学校体育的伦理基础。探问学校体育何以具有伦理属性,就是要追寻学校体育以伦理介入是否具有内在依据及深层学理基础;而探问学校体育为何要以伦理介入,事实上是要追寻伦理之于学校体育有何价值与功能。对学校体育的伦理基础的探讨实质上是要揭示学校体育以伦理介入"何以可能"与"何以必要"的问题,只有回答了这两个问题,对学校体育伦理进行进一步研究才具有学理逻辑上的可能。

一、学校体育以伦理介入的可能性

当代学校体育研究中,伦理是常被遗漏的话题,特别是研究者们在思考与探问学校体育目的时,对伦理的忽略已经造成了人们对学校体育研究应该肩负的道德与责任的漠视。这一事实的形成,一个重要原因在于人们对内蕴人性的学校体育认知的欠缺,导致人们对学校体育内蕴伦理属性认识的忽略。在学理上对学校体育进行伦理探讨时,首先要回答学校体育是否具有伦理属性,也就是以伦理介入学校体育是否具有可能性。学校体育以伦理介入的可能性的确认必然要以学校体育内在是否具有伦理属性为前提。所以,确证学校体育以伦理介入的可能性的关键就在于,要从学理上揭示学校体育内在具有伦理属性。"人类在所有自觉的认识与实践活动中,都进行着对人与人的本质属性的理解和诊释。人们总是通过对人性、人的本质等问题的探索,寻求建立一套核心的价值观念,来指导我们的实践活动和行为方式。"[①] 学校体育作为人对人的活动,对其是否具有伦理属性

---

① 杨明宏. 教育管理的人性逻辑——教育管理人学论纲 [D]. 重庆:西南大学,2011.

的确认，必然需要从认识人性逻辑开始。本研究以"人性假设是学校体育的逻辑前提"作为研究起点，探问人性内在是否具有伦理属性，从而推断学校体育是否具有伦理属性，进而为学校体育发展提供伦理介入依据。

（一）人性假设：学校体育理论与实践的逻辑前提

所有的社会科学和人文学科，无论是研究哪个领域的问题，归根结底是在研究人，研究人的意识、行为及其结果，研究人与自身、人与人、人与社会、人与自然的关系，因此，这些学科都离不开对人性或人的本性、人的本质的讨论①。人性假设是依一定的价值取向对人性的现实表现有选择的抽象，是人的实践活动的基本理论前提②。学校体育是教育学门类的一个方向，它是属人的育体、育人的教育实践活动。而在教育研究中把各种关于人性的定义与判断称为"人性假设"③。"人是什么"常常是教育首先要厘清的问题。学校体育作为教育的重要组成部分，显然对学校体育的研究也离不开对人性假设的讨论。英国哲学家休谟（David Hume）曾指出，"一切科学对于人性总是或多或少地有些关系，任何学科不论似乎与人性离得多远，它们总是会通过这样或那样的途径回到人性"。因此，"任何重要问题的解决关键，无不包括在关于人的科学中间；在我们没有熟悉这门科学之前，任何问题都不能得到确实的解决"④。每一种问题的解决都离不开对人性的假设，尤其对学校体育这一以人及其自身为主客体的教育实践活动，意欲探问其内在是否具有伦理属性，更要澄明对人性的假设。毫无疑问，人性假设将是解决学校体育是否具有伦理属性的价值依据与理论基础。

"古今中外，不管是教育理论的建构还是教育实践的具体行为，都会有意识或无意识地在某种人性假设的基础上，把对人性的思考和看法作为教育的预设前提或逻辑起点。对人性的不同看法，往往导致不同的教育主张和教育行动。"⑤无论把人性称为人的"本性""类特性"，还是称为人的"本质"，从人之所以为人、人区别于其他生命体的根本依据而言，它是"实有"的；而关于人性、人的本性、人的本质究竟"是什么""是怎样的"和"是从何而来的"，却是自

---

①冯向东．对教育学人性假设的追问［J］．北京大学教育评论，2012，10（4）：78-85，186．
②文雪，危中平．人性假设与教育意谓［J］．高等教育研究，2004，25（5）：11-15．
③冯向东．对教育学人性假设的追问［J］．北京大学教育评论，2012，10（4）：78-85，186．
④休谟．人性论［M］．关文运，译．北京：商务印书馆，2005：6-7．
⑤文雪，危中平．人性假设与教育意谓［J］．高等教育研究，2004，25（5）：11-15．

古以来哲学上争论不休的话题①。无论如何争论，争论的焦点都离不开"人的本质属性"这一议题，通过梳理历史发现，思想家们主要从人作为"理性存在物"及人作为"现实的人"这两个方面去把握人性。事实上，我们可以认为人既是"理性存在物"，又是"现实的人"，无论是把人作为"理性存在物"还是"现实的人"，或是两者的统一，根本上来讲对人性的把握都离不开"人的需要"这一人的本性。因此，所谓人性，主要是指现实实践中人基于本身的需要所特有的本质规定性。所谓人性假设（the assumptions about human nature），也可谓之人性观，一般意指人们在自己的科学理论中关于对人的本质特征和共有的行为模式的设定②。它反映人们在具体事物中对人之本性及行为取向的价值判断。在教育领域，人性假设主要是指教育中对人性取向的判断，以及由此判断而产生的教育思想、方针与策略。人性假设是每个教育工作者开展教育工作之时的思想逻辑起点，对每个教育工作者来讲，其所秉持的人性判断将直接影响其实际教育工作开展中的行为。因此，人性假设是教育理论与实践的逻辑前提，学校体育作为教育的组成部分，人性假设应然也是学校体育理论与实践的逻辑前提。进一步来讲，学校体育活动开展的任何一个环节、过程都离不开人性取向的判断及相关的人性理论。这是因为：

第一，人是学校体育的核心。人是人类一切实践活动中因果关系的根，没有人本身的存在，也就失去了所有与之相关的因果关系。学校体育是属人的育体、育人、发展人性的教育活动，学校体育活动的主客体都是人，并且拥有育体这一显著的发展人之身体的学科特征。显然，在学校体育场域，人既是学校体育的核心，又是学校体育的目的。人是学校体育的核心，意味着学校体育中相关主体教育管理者、体育教师、学生之间的关系必然是人与人之间的关系。既然学校体育是属人的，学校体育相关主体之间的关系是人与人之间关系，这种关系的实质必然也是属人的。那么，任何学校体育思想、方针、政策、教育模式的产生与实践必然都要以人性假设为逻辑前提。人是学校体育的培养对象，意味着学校体育在其根本上是一种培养人的活动，并包括培育人之身体这一特殊教育活动形式。毋庸置疑，学校体育中是否能够把握人的体育需要的本质属性，必然是学校体育的思想逻辑起点，也必然是学校体育存在价值的根本，这也决定了学校体育必然要

---

①冯向东. 对教育学人性假设的追问 [J]. 北京大学教育评论，2012，10（4）：78-85，186.
②金保华. 论教育管理的伦理基础 [D]. 武汉：华中师范大学，2008.

以人性假设为逻辑前提。

第二，人的行为是学校体育的构成基础。学校体育目的的实现最终要依靠人的行为推动，学校体育开展中管理主体（教育管理者）、育的主体（体育教师）的行为如何直接关系着发展的主体（学生）的体育需要满足与否，而发展主体（学生）的体育参与行为将直接影响学校体育开展的质量。可见，在学校体育中，人的行为研究是人性问题研究避不开的现实。尽管学校体育相关主体的行为是在一定需要驱动下有目的的活动，但最终都应是为了满足学生的体育需要。因而，研究学校体育中人的行为，必然要对学校体育相关主体的需要进行研究，如果学校体育相关主体是人，而"人的需要即人性，或人性体现在人的需要之中"①，那么，人性假设对学校体育而言，就是相关主体行为的思维基础。所以，在学校体育中对人性假设的研究，就成为相关主体的行为研究的逻辑前提。学校体育中关涉人性假设的研究，不仅要注重人的行为研究，在根本上更要注重人的需要的研究，从学理逻辑上，人性（人的需要）问题的澄明，必然是学校体育理论与实践的逻辑前提与基础。

第三，学校体育的发展史是人性（人的需要）的演化史。在西方古希腊时期，斯巴达采用军事化体育教育，占主导地位的统治阶级的军事需要成为学校体育指导思想与目标的来源，学校体育所表达的人性诉求则表现为统治阶级的军事需要。而在雅典教育中，"体育操练不仅要使学生身强力壮，更要求发育匀称，为个人的和谐发展打基础"②，雅典学校体育中的人性表达体现为统治阶级对人之身体强壮与发育匀称的需要。从整体来讲，在奴隶社会学校体育服务于统治阶级，学校体育的需要从属于统治阶级的需要，具有鲜明的阶级性特征。从基督教成为罗马帝国的国教起，直到中世纪，西方社会笼罩在宗教神学思想之中，禁欲成为主流，肉体受到压抑，学校体育几乎完全沦丧，人的体育需要受到压制。随着文艺复兴，人文主义思想开始盛行，人的体育需要逐渐受到重视，学校体育中的人性诉求体现为人的体魄健美的需要。学校体育中的人性张扬肇始于近代，近代以来具有代表性的学校体育思想，如近代学校体育之父夸美纽斯的"适应自然"教育思想、洛克的"有健康的身体才有健全的精神"、卢梭的自然主义思想、托马斯·伍德与赫塞林顿的"新体育"学说，奠定了近代以来的学校体育

---

① 林进平. 论马克思正义观的阐释方式 [J]. 中国人民大学学报，2015（1）：37-45.
② 周登嵩. 学校体育学 [M]. 北京：人民体育出版社，2004：5.

的思想基础，他们的学校体育思想也代表了他们所处历史时期的人们普遍的体育需要，也代表着特定历史时期人们对体育的价值取向。

在中国，在漫长的历史发展过程中，在封建社会以前"重文轻武"的文化传统下，学校体育长期不受重视。直到新文化运动以来，学校体育才逐渐得到重视与发展，而且在不同的历史时期，先后经历了军国民学校体育思想、自然学校体育思想、苏联社会主义学校体育思想的洗礼。我国学校体育思想大发展是在1978年党的十一届三中全会之后，为了不同时期人们的阶段性需要，先后经历了"体质教育"学校体育思想、"三维体育观""以人为本"学校体育思想等。到今天，已经形成了比较有代表性的"三基教育"思想、"快乐体育"思想、"全面教育"思想、"终身体育"思想、"健康第一"思想等。在我国，每个时期的学校体育思想代表了人们特定时期的需要，也反映了不同时期的人性诉求。由中外的学校体育发展史或思想史等史实中可以发现不同历史时期，占统治地位的人的需要将决定学校体育的发展方向，学校体育发展史与人性（人的需要）的演化相一致，这无疑也从历史的视角澄明了人性假设是学校体育的逻辑前提。

综上所述，无论是从学理逻辑还是从历史事实的角度，都充分证明了人性假设与学校体育之间存在着必然的联系，即人性假设是学校体育理论与实践的逻辑前提。既然人性假设是学校体育的逻辑前提，如果要确认学校体育是否具有伦理属性，那么，必然要探问人性内在是否具有伦理属性，毫无疑问，回答人性内在是否具有伦理属性，将是确认学校体育是否具有伦理属性的关键点与突破口。

（二）探问：人性内在是否具有伦理属性

关于人性是什么，在中外长期以来都是争论不止的议题。在历史的长河中，人们为了生存与发展的需要，不懈追寻着人的本性蕴意，在这个长期的追寻过程中，人们原本意在澄明到底人性是什么，并旨在寻找一种被普遍认可的人性认识，但现实的境况是并未形成一种普遍性的人性认识，而是形成了诸多对立的人性认知。如在中国形成的善与恶的人性对立认识，在西方形成的自然人性与社会人性、物质人性与精神人性、利己人性与利他人性等的对立认识。在中国关于人性的追寻中，孟子是性善论的最重要的代表。他认为人之本性是善的，并倾向于至善。在《孟子·告子上》中有言："恻隐之心，人皆有之；羞恶之心，人皆有之；恭敬之心，人皆有之；是非之心，人皆有之。恻隐之心，仁也；羞恶之心，义也；恭敬之心，礼也；是非之心，智也。仁义礼智，非由外铄我也，我固有之也,弗思耳矣。"荀子则是性恶论中最重要的代表。他认为人之本性是非善的,即恶的。《荀子·正名》中有言"文理隆盛"的"伪(习性)"不同,本性是"生之所以然者";《荀子·礼论》中有言,"无性则伪之无所加,无伪则性不能自美"。中国的人性理论长期以来都是围绕人性之善恶展开的,即使后来形成的"性无善无恶论""性善恶混论"同样也未脱离人性之善恶的范畴。西方社会对人性的理解,"主要从神性与人性、物性与人性、理性与人性等方面来探讨的"①,思想家们的认识在人之灵魂与肉体的割裂与统合中、在人之自然属性与社会属性的澄清中、在人之利己与利他的矛盾中、在人之感性与理性的冲撞中形成了庞杂的人性理论。尽管西方社会关于人性的认识丰富而繁多,但在认识上都脱离不了"人之本质是为自己还是为他人,或者两者为之"。

中西对人性的不懈追寻,为人类思考自我本质提供了宝贵的思想财富,也为打开中西人性认识的边界提供了理论基础。真正要澄明人性是什么,到今天仍然是一件艰涩的事情,但先人的人性理论为我们提供了这样一个思维线索,即对人的认识、人性的认识都离不开这一思维逻辑——为了人类更好地生存的需要,人的所有出发点都脱离不了满足"人之需要"这一亘古不变的主题。而这一思维逻辑,我们可以从马克思的相关著述中得到注解。正如马克思认为:"人性就是人区别于任何其他物的质的规定性,就是凡是人都具有的基本属性。"② 人本身所具有的属性及特性,均可以归为人性。人性的存在主要体现为自然属性、社会属性。自然属性反映人以肉体存在所展现的性征;社会属性反映人在所介入的事物中所发生的人和人之间的关系。自然属性是人赖以存在的根基,但人区别于他物,根本上来讲不是因为人的自然属性,而是因为人本身所具有的社会属性。

正如马克思对人性的最经典阐述:"人的本质并不是单个人所固有的抽象,在其现实性上,它是一切社会关系的总和。"③ 人的本质更在于其社会属性,离开社会这一环境,人就不能成为真正的人。毋庸置疑的是,人的社会属性的所有体现必然源于社会实践活动,而所有实践活动都源于人的需要,这也必然意味着人的需要决定人的本性。诚如马克思认为:"在现实世界中,个人有许多需要……他们的需要即他们的本性,以及他们求得满足的方式,把他们联系起来。"④ 这即是

---

① 宋军丽. 人性化高等教育的德育价值发掘研究 [D]. 开封:河南大学,2011.
② 席忻. 马克思主义人的哲学初探 [M]. 北京:中共中央党校出版社,1997:117.
③ 马克思,恩格斯. 马克思恩格斯选集:第 1 卷 [M]. 北京:人民出版社,1995:56.
④ 马克思,恩格斯. 马克思恩格斯全集:第 3 卷 [M]. 北京:人民出版社,1960:514.

说，人的需要体现与澄明着人的本性，人的需要即人的本性。显然，人的需要是人的本性的镜像，人的需要折射人性，我们要认识人性必然要从人的需要切入。

古往今来，人类的生存与发展都是建立在人的需要得到不断满足的基础之上，任何人都离不开其需要得到满足而存在，任何人也离不开与其他社会个体发生需要关系而生存。毫无疑问，人在社会中发生需要关系是人类得以延续的前提。而人在社会中发生相互需要关系的过程中必然离不开伦理道德的规范与约束。伦理道德是人之行为应该如何的规范，它调节着各类实践中人的行为关系。正如欧阳旭曦所言："道德不是别的，它就是这样一种理性，能够把人性的自然性与社会性、物质性与精神性、利己性与利他性很好地协调起来；它就是这样一种法则，根源于人性自我调节的需要，这种法则由人创造又由人去执行；它就是这样一种规范，既具有主体性，又具有社会客观性，从而具有双重的力量。"① 显然，伦理道德是不以人的意志而转移的客观性需求，它是人性自我调节的手段，源于人自身介入社会之时的现实需要。既然伦理道德源于人的需要，而人的需要即人的本性或人的本性的折射，那么伦理道德必然蕴含于人的本性之中。也就是说，人性中必然内蕴着伦理道德。由此可以断定，人性内在必然具有伦理属性。按照事物推演的逻辑，既然断定人性内在具有伦理属性，而在前述中人性假设已经被确证是学校体育理论与实践的逻辑前提，那么毋庸置疑，可以断定学校体育内在必然具有伦理属性。

(三) 探问之追问：伦理属性在学校体育认识形态中有何体现

前文中，学校体育内在具有伦理属性的确认，为学校体育以伦理介入的可能性提供了理论前提，但要更深入地认识学校体育的伦理蕴意，并为后续研究提供必要的理论依据与凭借，必然要对学校体育认识形态中究竟有何伦理属性进行追问。为此，以下就学校体育认识形态中具有的伦理属性进行分析与澄明。

1. 学校体育相关主体之间存在实质伦理关系

在学校体育组织系统内，政府教育管理者、学校教育管理者、体育教师、学生等相关主体中，政府教育管理者、学校教育管理者、体育教师是学校体育管理的主体，学生是学校体育管理的客体。学校体育的教育属性决定了学校体育管理

---

① 欧阳旭曦. 人性的内在矛盾是道德的基础 [J]. 伦理学研究, 2003 (1): 90-93.

的落脚点必然是学生这一客体。为了实现对学生这一客体的体育教育目的，学校体育管理主体必然要与学生这一客体发生关系。体育教师与学生之间既是直接的教育管理关系，也是最核心的教育管理关系，政府教育管理者、学校教育管理者与学生之间是间接的教育管理关系。同时，政府教育管理者与学校教育管理者之间是直接的管理关系，学校教育管理者与体育教师之间是直接的管理关系，而这些管理关系的存在意义最终都是为了学生这一唯一客体。那么，体育教师与学生在学校体育组织系统内究竟是什么关系？回答这一问题将有助于我们澄明学校体育组织的核心教育管理关系。体育教师从事的教育活动，实质上是一种通过一定的班级制度规范、教学方法及教学手段所进行的教育管理活动，而教育管理的对象是活生生的人（学生）。这就要求体育教师在对学生实施教育管理过程中，要充分认识教育管理对象是人这一事实。在这个过程中，无论是育体还是育人，都应从尊重人、理解人、把人当人看、发展人性的视角对学生进行教育管理，且围绕人（学生）的身心发展的需要这一最终目的进行教育管理。而人的需要即人性，无疑在学校体育教育管理中体育教师与学生之间存在实质伦理关系。

政府教育管理者在学校体育组织系统中是处于上层的管理者，是国家与社会大众体育需要之利益实现的代表，其承担着规范学校体育发展的责任，且行为受国家与社会的约束。在学校体育管理体系中，他们通过行政干预、制度规范等约束着以校长为代表的学校教育管理者的行为，当学校教育管理者的行为违反国家与社会需要形成的学校体育目标，政府管理者则代表国家与社会对教育管理者进行必要的遏制、纠正、惩罚。由于国家与社会的体育需要源于人的需要，因此在学校体育组织系统内政府管理者与教育管理者之间必然存在实质伦理关系。体育教师是学校体育组织系统内的核心管理主体，他们的行为直接关系学生的体育需要、体育权益是否得到满足与保障。而体育教师也是人，也具有物质与精神上的需要，因此，学校教育管理者要处理好与体育教师之间的管理者与被管理者的关系，既要保障体育教师的合法地位与合理的物质追求，又要通过人性管理激发他们的工作热情。只有体育教师合理的物质追求与精神需要得到满足，他们才会更心无旁骛地投入育体、育人的学校体育事业中，同时，学校教育管理者的工作也会因体育教师的全身心的工作得到反馈。显然，人的需要得到合理满足是学校教育管理者与体育教师之间关系的实质，他们之间也必然存在实质伦理关系。

显然，学校体育组织系统内，无论是体育教师与学生之间的关系、学校教育管理者与体育教师之间的关系，还是政府教育管理者与学校教育管理者之间的关系，都存在着实质伦理关系，这些关系存在的所有价值与意义都在于人（学生）的身心发展的需要。这也意味着所有的学校体育组织系统内的相关主体的行为必然都受"人的身心发展需要"这一核心目的的制约，同时也必然需要伦理的规范与约束。因此，学校体育相关主体存在这样一种实质伦理关系：在学校体育组织系统内相关主体的所有行为关系都是围绕"人（学生）的身心发展需要"而发生的伦理关系。

2. 学校体育终极目标具有伦理蕴意

学校体育作为一种有目的、有意识的教育活动，它的终极目标是人的身体解放与全面发展。体育能够进入学校教育根本上在于其是符合人自身发展需要的文化活动。一方面，体育是人的身体解放的需要。体育发展人之身体的价值与功用在于其能够使人的身体更适应社会，这也是学校体育的使命所在。随着社会发展，现代交通工具与高科技给人类带来了便利，人的诸多原始身体参与也被文明社会的发明所取代，人的身体活动随之减少，这就出现了人在时间上得到解放而在身体（本身）解放上受到制约的悖论，人的身体解放急需重拾。体育的价值与功用恰能满足人的身体解放这一需要，在一定程度上来说，学校体育引入学校教育也正是为了通过体育满足人的身体解放的需要。另一方面，体育是人的全面发展的需要。人的身体在现代文明中逐渐走向退化，人的全面发展的根本之维——身体发展，受到前所未有的挑战，而体育正是能够缓解或对抗人的身体退化的存在，因此体育进入学校教育必然是对抗人的身体退化、促进人的全面发展的需要。"确实只有体育才能从肉体上、精神上阻抗人类对自己的背离，物质决定意志，一个体魄强健的人、心灵健康的人、精神焕发的人，无疑是一个具有极强生命力的人，而只有这种人才能有效地应对这个世界形形色色的挑战，同时也只有这样的人才能有效地对抗人类的退化，而要成为这样一种全面发展的人只有从体育处找寻答案。"[1] 综上，学校体育是人的身体解放与全面发展的需要，学校体育的终极目标也应然是人的身体解放与全面发展。

"学校体育是通过各种身体活动手段使人成为全面意义的人"[2]，其存在意

---

[1] 赵岷，许国宝，李翠霞. 由教化身体走向解放身体——体育教育的21世纪猜想 [J]. 武汉体育学院学报，2007，41（10）：53-57.
[2] Steven A Stolz. Phenomenology and Physical Education [J]. Educational Philosophy and Theory，2013，45（9）：949-964.

义，对于人而言，不仅在于肉体的改变，也在于精神的提升。学校体育的存在必然要依循人的身体解放与全面发展的终极目标，满足人的身心充盈发展的特定需要，相关主体所有行为都不能背离这一终极目标，所有背离这一终极目标的行为都应受到批判与纠正，而这正是伦理对事物最根本的规范范畴，即保证事物的合规律发展，学校体育要合规律发展必然是合道德的发展。在学校体育现实实践中，这种合道德的发展就是学校体育相关主体之行为应该如何的规范，必然要围绕学校体育的终极目标——人的身体解放与全面发展，这是人们把体育引入教育的最初设想与规定，也恰是人的体育需求要通过学校体育得以实现的价值折射。显然，要实现学校体育的终极目标，必然要回答在学校体育中人是否得到身体解放与全面发展这一根本问题。人在学校体育参与中如果不能实现人的身体解放与全面发展的目标，学校体育也就失去了其存在的价值与意义。身体是人发展的基础，人的体力如何将决定其能否以良好的状态介入所有的社会生活，既然学校体育的终极目标之一是解放人的身体，而人的身体解放意味着"只有人的生物机能得以改善、身体素质得以提升，人成为有体力基础的人、成为具有健康身体的人，人才能有更多的自由可能"，那么，人的身体解放这一目标必然蕴含着人们对自由的追求。而自由是最根本的人道，这就意味着人的身体解放这一目标必然具有伦理蕴意。人的全面发展，身体是根本之维，一个身体羸弱的人，显然不是全面发展的人。但体育教育的全面发展目标不止于人的身体发展本身，正如迈德卡夫（Medcalf）（2011）认为，"体育教育已经超越健身的诉求，愈加关注体育参与的社会、情感与认知价值，人们似乎越来越关注此方面的意义"[1]，即发展人性是学校体育促进人的全面发展的重要一维。在学校体育中，要实现人的全面发展目标，必然要求体育教师公正对待每一个学生、尊重每一个学生，也必然要求政府、学校保证学校体育的应当地位，还必然要求学生应诺自身的学习义务，那么，人的全面发展目标必然具有伦理的内涵。综上所述，就学校体育的终极目标而言，无论是为了人的身体解放，还是为了人的全面发展，都是为了人的体育需要得到满足这一最根本的价值诉求，这也说明了学校体育终极目标具有伦理蕴意。

---

[1] Richard Medcalf. Experiences and Perceptions of Physical Education [J]. Emotional and Behavioral Difficulties, 2011, 16 (2): 189-206.

3. 学校体育实践需要伦理的规范与引导

尽管学校体育是教育事业的重要组成部分，相关法律政策也规定了其在教育中的重要地位，但与其他主要升学相关学科相比，其非主要升学学科的事实，以及制度约束乏力的现实，都形成了"体育学科发展迫切需要与现实被边缘化之间的悖论"①，毫无疑问，要保障学校体育系统化、秩序化、科学化发展，必然需要伦理的规范与约束。伦理的最初概念是人与社会和人与自然之间相互关系的行为规范，但是它更深刻蕴含了人们必须依照一定原则约束自身行为规范的道理②。在学校体育实践中，教育管理者、体育教师等的行为方式在伦理道德上是否应当，将直接影响学校体育的发展方向，他们必须为自身的行为方式及其后果承担道德责任；同时学生是否应诺体育学习义务也将直接影响学校体育开展的效果，他们必须承担相应的体育学习责任。因此，伦理道德不但对教育管理者、体育教师、家长等的行为具有规范、制约意义，而且对学生的行为也具有规范与约束价值。要实现学校体育既定目标，只有将伦理规范与制度规范、行政干预同步介入学校体育，对学校体育相关主体的行为进行调控、纠正、约束，才能真正保障学校体育的良性运行。

在教育资源分配的过程中，学校如何分配教育资源，学校体育是否能够得到应当的资源配置，往往取决于教育决策者的伦理价值观。因此，在具体的教育资源配置中，要求教育决策者要充分考虑体育学科的长远价值与意义，摒弃短期功利，遵循公平、公正的伦理原则，合理配置应当的体育物质资源、人力资源。我国幅员辽阔，各个地区的经济、文化水平存在实施差异，每个地区的学校体育发展不可能处于同一个水平线上，这就需要政府相关决策者秉持合理的伦理价值观，遵循整体公平与效益产出兼顾的原则，对落后地区要进行必要的伦理关照，体现人性关怀。显然，在我国当前的时代背景下，政府决策者、学校决策者等相关行为主体必须依据一定的伦理价值观合理配置学校体育资源，他们的决策行为必须符合学校体育的发展规律，并经得起利于学生身心健康发展的伦理道德检验。正如伯德（Bird）和甘兹（Grand Z）（1991）认为，"如果管理者能更多地意识到价值观、社会准则和伦理规范，并把他们用于决策，就可以改善决策；如

---

① Andrew Reid. Physical Education, Cognition and Agency [J]. Educational Philosophy and Theory, 2013, 45（9）：921-936.
② 张爱中. 教育管理伦理研究的意义及其发展 [J]. 当代教育实践与教学研究，2014（12）：99.

果决策时能考虑到社会分析和伦理选择,那对管理者本身、企业和社会都是有益的;各种伦理分析工具能帮助管理者作出更好的决策,更清晰地向利益相关者解释其行为的理由"[1]。在学校体育决策中也是如此,各级教育管理者只有更多地意识到伦理规范及社会准则,并作出充分的社会分析及应当的伦理选择,才能避免学校体育资源配置走向偏失。显然,学校体育实践需要伦理的规范与引导。

二、学校体育以伦理介入的必要性

在以上所述中,从伦理视角对学校体育进行了审视,确认了学校体育内在具有伦理的属性,进而使学校体育以伦理介入具有了学理逻辑上的可能。但反过来说,学校体育以伦理介入必要吗?要进行学校体育伦理的后续研究必然要回答这一问题,即学校体育以伦理介入何以必要的问题。回答这一问题,实质上就是要回答伦理对学校体育有什么价值,伦理对学校体育有什么功能。

(一) 伦理之于学校体育的价值

价值作为一种关系范畴,既反映事物本身满足相关主体需要的属性,也反映事物存在对相关主体的意义与作用。正如马克思所言,"价值,这个普遍的概念是从人们对待满足他们需要的外界物的关系中产生的"[2],"价值是人们所利用的并表现了对人的需要的关系的属性"[3]。那么,"所谓价值,是指主体的需要与作为需要对象的客体的属性之间的一种特定的关系"[4]。它常表示某一事物具有满足某一主体需要的作用与意义。伦理是人类对自身实践活动进行道德价值思考的产物,对人类实践活动具有独特的作用与意义。毫无疑问,学校体育作为人类为了满足自身需要而选择的具体实践活动,伦理之于学校体育必然具有一定的作用与意义。

1. 伦理能够引导学校体育合规律发展

伦理蕴含着正义的理念与精神,能够引导事物运行的方向。学校体育在现实

---

[1] Frederick B Bird, Jef Frey Grand Z. Good Management: Business Ethics in Ation [M]. Scarborough, Ontario: Prentice-Hall Canada Inc, 1991.
[2] 马克思,恩格斯. 马克思恩格斯全集: 第19卷 [M]. 北京: 人民出版社, 1972: 406.
[3] 马克思,恩格斯. 马克思恩格斯全集: 第26卷 [M]. 北京: 人民出版社, 1972: 326.
[4] 顾继玲. 现代数学课程的价值取向研究 [D]. 南京: 南京师范大学, 2004.

中是一种符合人的需要的合道德性的教育形式，它存在的本质决定其运行要遵循育体、育人与学生主体身心发展的规律。但这并不意味着学校体育必定会遵循这一事实规律的发展，现实中由于受升学、就业至上观念的影响，学校体育往往被挤向边缘，开展时间常常不足，育体、育人的规律时常被打破，同时由于许多教育管理者、体育教师在体育价值取向上偏于学生身体生物性的改造，而忽视学生精神性的发展，学生主体身心发展的规律也常常被打破，进而引致学校体育合规律发展的偏失。如果学校体育的存在是因为人的身心发展需要，那么学校体育本身存在的事实规律必然也应符合人的身心发展需要。学校体育只有符合人的身心发展需要，才能实现其存在价值。现代科学的伦理观主张依据人的客观需要发展人性，提倡以正义的伦理精神对待事物的发展。伦理作为一种规范，它的使命在于规范人的行为趋向正义，引导事物合规律发展，它还是事物运行的理性杠杆，协调实践活动中人与人之间的关系。伦理之于学校体育的作用与意义恰在于其能够促进人们树立正确的体育价值观，规范相关主体的行为，引导学校体育合规律发展，使体育成为一项服务于学生的身心发展需要的活动。正是伦理能够引导学校体育合规律发展，进而促进学生的身心健康，伦理之于学校体育的使命才得以实现。

2. 伦理能够弥补学校体育相关法律、政策的局限

法律、政策往往具有一定的强制性与刚性，学校体育相关法律、政策为我国学校体育的运行提供了制度保障，但从当前我国学校体育的开展效果来看，学生体质健康问题、中小学体育课程开展时间挤压问题、体育教师待遇问题等的现实存在，说明学校体育相关法律、政策并未显现其应有的制度保障作用。尽管学校体育相关法律、政策具有较强的刚性特征，在强制约束上对学校体育的发展具有一定的规约作用，但在现实中，相关法律、政策的执行程度往往取决于相关主体对这些法律政策的理解与觉悟程度。正是因为相关主体对学校体育相关法律、政策理解不足、觉悟程度低，不能正确理解相关法律政策制定的意图，才会引起相关法律政策执行效率偏低，进而导致学校体育开展发生扭曲。而伦理道德具有的柔性特征，恰能弥补学校体育相关法律、政策刚性的不足，其不但能够提高相关主体的思想觉悟，而且能够牵引相关主体对学校体育法律政策的正确认知。法律是最低限度的道德，即法律是对人最低限度的要求，而道德是对人更广泛的要求。因此，学校体育相关法律对学校体育开展的约束属于较低层次的规范，强调

对学校体育发展基本需要的保障。在现实学校体育发展实践中，要实现学生的身体解放与全面发展，必然需要更广泛的伦理道德对学校体育进行引导、规范。学校体育政策是随着学校体育的发展变化而制定的制度形式，具有滞后性、阶段性的特征。通常相关政策的颁布是基于学校体育发展中的现实问题，而新问题出现必然又要颁布新政策，或者某一问题持续得不到解决（如体质健康问题），再颁布新政策进行强化。因此，伦理道德具有持续的约束特征，往往能够弥补学校体育政策的这种缺陷。由上可见，伦理道德在学校体育发展中具有柔性的、持续的约束力量，能够在一定程度上弥补相关法律政策的局限，它不但能够通过自身的柔性特征促进刚性的相关法律政策的执行，而且也通过其持续性特征弥补相关政策的滞后性、阶段性带来的问题。

3. 伦理能够激发学校体育相关主体的主观能动性

学校体育的目的在于育体、育人，这就必然要求学校体育相关主体具有服务于这个目的的动力。对政府教育管理者、学校教育管理者而言，学校体育作为其工作中的一部分，需要依靠什么维持对学校体育工作的热情？显然离不开物质的需要、舆论的导向、精神的需要。当他们完成工作任务，其对应的物质需要会得到相应的满足。而当物质需要得到满足，又是什么能够维系他们更出色地开展学校体育工作？显然是舆论的导向、精神的需要。这是因为学校体育是符合大众需求的教育事业，学校体育的发展必然受到社会舆论导向的牵引，只有政府教育管理者、学校教育管理者的行为有利于学校体育的发展，其工作才会受到肯定，从而实现其精神上的内在需要，那么舆论的导向与精神的需要必然成为其积极参与学校体育工作的动力。而政府教育管理者、学校教育管理者是否能够在学校体育工作中遵循社会舆论的导向，并把学校体育事业作为其精神追求的一部分，这将取决于他们的主观能动性。学校体育是合道德的产物，只有政府教育管理者、学校教育管理者的行为合乎伦理道德的要求，其工作才会得到认可，毫无疑问，伦理道德必然能够激发他们的主观能动性。对于全职投入学校体育的体育教师而言，体育教师的价值与意义主要来自学校体育工作，学校体育的成败直接关乎其生存需要是否能够得到满足，更关乎他们的精神需要是否能够得到满足，为了实现自身价值及精神诉求，学生身体解放与全面发展必然是其工作的最高伦理追求，伦理道德也必然能够激发他们的主观能动性。对于学生而言，能否应诺体育学习义务，能否通过学校体育实现身心健康，将关系他们能否成为一名健全的社会人。他们对学校体育价值的认知程度将决定其参与学校体育的态度，伦理道德也必然能够激发他们的主观能动性，促进他们应诺自身体育学习义务，为成为一名合格的社会人做好准备。由上可见，伦理道德能够激发学校体育相关主体的主观能动性，也是促进学校体育良性发展的重要维度。

4. 伦理能够促进学校体育理论和实践的发展

伦理是人类对自身生活实践进行道德思考的结晶，它必然会反作用于人们的生活实践。学校体育作为人类教育生活的一部分，伦理的规范、约束、导向作用必然会促进学校体育理论与实践的发展。伦理道德蕴含着人们的世界观及人生观，在一定程度上决定着人们所参与事物的走向。把体育引入学校教育是人的发展需要，人们为了澄明这一发展需要存在的现实性与普遍性，专家学者们反复确证学校体育存在的价值与意义，从而形成了大量的学校体育理论。而学校体育理论的形成与发展受制于人们对学校体育所持有的普遍伦理道德观，学校体育既然是人们选择的合乎需要的教育形式，必然是合乎人们普遍道德诉求的产物。"人的身体解放与全面发展"是学校体育发展的终极目标，也是人们在学校体育中的最高伦理追求，为了实现这一终极目标，学校体育理论必然围绕着这一最高伦理追求促进学校体育理论的发展。由于学校体育实践需要相关法律的约束，而法律与社会中最低层次的道德或最基础的道德基本相同，因此学校体育相关法律体现了人们对学校体育实践的最基本的道德要求，也是实现学校体育目的必不可少的强制手段。学校体育相关法律的制定受人们的伦理道德水平影响，随着社会经济、文化的发展，人们对体育的需求处于增长的趋势，对学校体育的需求也是如此，但学校体育相关法律的制定或修订没能跟上社会发展的步伐，而伦理恰能够弥补学校体育相关法律制定或修订的缺陷，对学校体育实践进行规范、牵引。可见，学校体育相关政策是规范学校体育发展的重要形式，而这些政策的制定与人们对学校体育实践所处的现状及未来发展的认识休戚相关，只有人们对学校体育的认识符合"人的身体解放与全面发展"的伦理追求，学校体育政策的制定与执行才具有现实的实践意义，显然，伦理既能够给学校体育相关法律、政策制定与践行指明方向，也能够促进学校体育实践的发展。

(二) 伦理之于学校体育的功能

伦理是人类特有的、反映人类社会生活的一种意识体现，它之所以存在，在本质上是因为其对事物具有多元的实际功能。功能是事物本身属性的外显，价值因功能的存在而存在，而功能是价值得以实现的基础。因此，伦理的特征决定了其对事物具有认识、导引、调节、激励、超越的诸多功能，以及对事物的功能体现在规范事物趋向合规律发展，其功能效用的充分发挥是其价值实现的前提。学校体育作为人类社会生活实际所需的一个重要领域，其行为主体必然需要伦理发挥其功能效用以规范学校体育合规律发展。伦理对学校体育的功能主要表现为以下几方面。

1. 认识功能

伦理的认识功能是指通过责任观、义务观、荣辱观、良心观等伦理所特有的道德观念，认识事物中行为主体的关系，揭示事物发展的必然趋势，为人的行为提供选择的认知导向。伦理道德认识直接依赖于社会生活实践，并贯穿于人类社会生活的始终。伦理道德活动主体一方面凭借社会普遍接受的伦理道德准则来观察、分析、评价自己及周围所发生的一切伦理道德现象，从而认同或反对一定的伦理道德行为；另一方面则通过自身的伦理道德实践来深化对伦理原则、道德规范的理解，凝结为内心信念、命令和理想，提高其实践的主动性和自觉性。通过如此不断的循环反复的过程，主体可以将具有情感因素和直觉形式的道德感受，上升为具有理性成分和自觉形式的伦理认识，从"现有"的现实状况和道德行为中深刻地把握到"应有"理想的历史必然性，自觉地从个人对社会的权利和义务出发，坚持不懈地奉献进取，为促进个人的自由发展与自我完善、加速社会进步开拓重要的途径①。在学校体育领域，伦理的认识功能主要是指以教育管理者、体育教师、学生等相关行为主体的应尽责任、义务等为伦理规范，认识相关行为主体之间的关系，揭示学校体育发展的必然趋势，为相关行为主体提供认识选择的指南。伦理还具有反映教育管理者、体育教师、学生等相关行为主体关系的功能。伦理对学校体育的这种认识功能一方面可以使教育管理者、体育教师认识学校体育中应遵循的育体、育人与学生身心发展的规律，促进其认识自身应尽的责任与义务，正确地进行自我角色定位，进而选择符合学校体育发展的价值取向与行为方式，并以优良的道德行为推动学校体育的发展；另一方面可以使学生认识自身的学习责任与义务，促进其自觉为自身身体健康、体育文化习得而规范自身的行为，选择符合学校体育发展规律的行为方式，进而实现学校体育的终极

---

① 金保华. 论教育管理的伦理基础 [D]. 武汉：华中师范大学，2008.

目的——身体解放与全面发展。伦理对学校体育的认识功能是一种价值选择的判断，为学校提供体育相关主体的行为应该如何的知识，告诉相关主体行为中的应该与不应该，并通过这些认识在相关主体精神上的内化来促进他们以正义的伦理精神推动学校体育的健康、规范发展。因此，伦理对学校体育的认识功能不仅可以使教育管理者、体育教师、学生等相关主体客观认识自身的行为取向对学校体育发展的影响，而且可以促进这些相关主体道德水平的提升，而相关主体道德水准的提升必然会进一步推动学校体育的良性发展。

2. 导引功能

伦理的导引功能主要是指伦理对人的行为的导向、指引作用。伦理作为一种人们在实践中应该的规范意识，其既是人们参与具体实践的行动准则，也是应然的价值取向。"这一'应当'的价值意识，内在地就具有一种'取向'或'定向'的功能，在一定的道德境遇中，指导人们对道德行为的选择"①。既然伦理是一种"应该的"规范意识，这种"应该"必然内蕴着"约束"，也就是说，伦理的导引功能，不仅在于它对人的行为的导向作用，也在于它对人之行为的约束。正是伦理的导引，使人们在实践中既有了前行的"灯塔"，也有了约束的"规范"，引导着人们走向应当的"彼岸"。在我国社会主义建设的进程中，在各个领域只有以伦理为导引，遵循应该的道德导向，才能更好地实现具体领域的发展目标。伦理源于人类实践活动，应用于人类实践活动，其存在的正义性决定了在实践活动中其必然是人的行为的导向、指引与约束。毫无疑问，学校体育作为一种育体、育人的关怀人本身及发展人性的教育实践活动，其必然需要伦理的引导。育体、育人与学生身心健康发展是学校体育的根本目的，也是伦理导引学校体育的价值方向，更是教育管理者、体育教师的行动标尺。在具体实践中，伦理作为学校体育目的实现的规范，引导着学校体育相关主体的行为。教育管理者、体育教师在伦理的导向与约束下，通过在教育管理、体育教学、课外体育等活动中贯彻伦理的正义精神，朝向学校体育的既定目标，实现伦理导引功能的实现。学生在伦理的导向与约束中，应诺自身的学习责任与义务，走向身体解放与全面发展。

3. 调节功能

伦理的调节功能是以保障事物的良性运行为准则，以事物秩序不受破坏为基

---

①朱贻庭，秦裕，余玉花．当代中国道德价值导向［M］．上海：华东师范大学出版社，1994：24.

础，协调各相关主体之行为关系的过程。在一定意义上，伦理对于事物的规范是为了事物各相关主体的行为有利于事物的良性运行与发展，也是为了维护事物秩序的良性运转。而要保障事物秩序的良性运转，必然要协调好各相关主体之间的关系，这就需要进行必要的调节。学校体育的良性运行与发展，需要保持其内部具有良好的秩序，这个良好的秩序的基础就是体育学科地位不受侵犯、师生权益不受损害、学生应诺自身义务，这就要求政府、学校教育管理者保障体育学科地位，保障师生权益不受损害，学生要应诺自身的体育学习义务。学校体育秩序的良性运行既需要硬性的政策、法律、制度来保障，也需要软性的伦理道德进行调节、约束。通过伦理道德的调节、约束作用，可以达到强制性手段所达不到的效果，这是因为学校体育的相关主体是具有情感的、具有人性的人，人的本性决定了学校体育秩序的良性运行必然离不开伦理道德的调节与牵引。那么，在学校体育领域，伦理的调节功能就是指把道德评判置于学校体育之中，围绕学校体育的良性运行，遵循人道、公正、诚信、理性的伦理精神，引导和纠正相关主体的行为，以协调各相关行为主体之间关系的功能。人是经济人性、制度人性、道德人性的统一，在当代经济人性凸显，常凌驾于制度人性与道德人性之上，在学校体育领域也是如此，升学至上、就业至上的现实功利表现正是过于突出经济人性的镜像。而升学至上、就业至上的当代教育已经导致体育学科地位偏低、师生权益受到事实损害，急需制度人性与道德人性的回归，保障学校体育秩序的良性运转。而在现实学校体育实践中，相关法律制度在学校落地之时常流于形式，在此情景下，伦理道德的调节约束显得尤为重要。当然要真正实现学校体育秩序的良性运行，必然离不开经济调节与制度调节，也只有把经济调节、制度调节与伦理调节耦合在一起，才能充分发挥伦理的调节功能。

4. 激励功能

伦理的激励功能是指在实践活动中调动与激发行为主体的信念、价值观念趋向积极的一种动力机制。伦理激励包含着丰富的内涵，蕴含诸多约定俗成的伦理道德要素目的，不仅是利益驱动，更是道德驱动，目标是完善组织成员的"人格"，实现其伦理水平的提高，推动人的全面发展[①]。人们的行为总是要受到一定的伦理道德价值观支配，并受到心理因素的强烈影响。一定的伦理道德总是体

---

① 朱道忠. 论教育伦理的基本功能 [J]. 中国高教研究，2001 (4)：85-86.

现特定群体的共同利益、习俗和传统,因而伦理就成为组织中人们内心衡量行为的标准①。学校体育的教育本质决定了教育管理者、体育教师的工作目的绝不局限于个体价值与物质利益的实现,更应是出于对学生身心发展的一种道德责任担当。伦理不仅规范着学校体育相关主体的行为方向,引导着学校体育向着育体、育人、促进学生身心健康发展的目标迈进;而且能够形塑相关行为主体的积极信念与价值观,进而调动与激发学校教育管理者、体育教师以积极的工作态度介入学校体育工作。在学校体育领域发挥伦理的激励功能,就是要通过伦理道德的无形力量,促进体育教师认识自身育体、育人的神圣教育使命,激励与鼓舞他们以高度的责任感和蓬勃的热情投入学校体育事业。与物质激励不同,伦理激励是以人的价值观趋向积极为基础的激励模式,这显然是一种更有效的激励模式。一方面,伦理能够通过内化教育管理者的价值观,规范他们应该做什么、不应该做什么,为学生营造公平正义的学习环境,保障学生的应当体育追求,从而激发学生以更大的兴趣投入体育学习中;另一方面,伦理能够强化教育管理者、体育教师在学校体育中的责任感、荣誉感,凝聚其团结协作的精神力量,形成一种无形的伦理力量,为他们开展学校体育工作提供持续不断的内在动力。

5. 超越功能

伦理的超越功能是指在某事物中的相关主体的行为超越事物发展的"现有或现实"所体现的精神升华、超越的功能。学校体育作为公共教育事业的一部分,它本身就蕴含着一种高尚和纯洁,这是因为教育本身是一种无私利他的事业,教师常以无私奉献的精神投入教育事业,教育管理者、体育教师的所有行为都是指向学生的自由与全面发展,这在学校体育领域也是如此。在当代中国,一些边远山区的体育教师在待遇低、工作环境差的情况下,常常不考虑自身物质利益,克服种种困难,为学生创造体育学习条件,他们所展现的就是超越现实的高尚伦理精神。中华人民共和国成立以来,随着我国经济、文化的发展,以及一代代学校体育工作者的努力耕耘,我国学校体育在理论与实践上不断超越,这种超越不仅是场地、设施、器材总量的超越,更是学校体育发展趋向正义伦理精神的超越。尽管我国学校体育依然存在着诸多问题,但是并不能否认人们的体育价值意识在不断超越的现实,学校体育相关主体也在人道、公正、诚信、理性的伦理追求中

---

①金保华. 论教育管理的伦理基础[D]. 武汉:华中师范大学,2008.

不断纠正自我，走向不断超越的明天。学校体育本身具有独特的育体功能，而育体的终极目标就是实现学生的身体解放与超越。人的身体解放与超越是人类恒久追求的理想，它蕴含着人们不断超越现有本我的精神。而"当代体育讲究在平等基础上'超越已有或现有'的自我、对手和记录的精神，也讲究超越物质利益而追求崇高的人类精神。"①体育进入教育领域，其无疑也蕴含着这种超越的精神，彰显着人类教育超越自我的追求。伦理的超越功能，规范与引导着人们的体育价值取向。为了实现学生的身体及精神的超越，人们必然要摒弃短期功利的心态与行为，以超越的伦理精神推动学校体育事业的发展。

综上所述，伦理在学校体育中发挥着基本的认识、引导、调节、激励及超越功能。正是伦理的这些基本功能的存在，使学校体育相关主体的价值意识得到形塑、行为得到引导、利益关系得到调节、工作与学习热情得到激励、现实利益得到超越。伦理对学校体育发挥作用的这五种功能在现实实践中往往耦合在一起，构筑成为一个伦理规范的效用整体，为学校体育发展提供一种无形的、持久的精神推动力，规范与引导着学校体育朝向健康的方向发展。伦理除了以上基本功能之外，在学校体育中还存在评价功能、改造功能、教育功能、凝聚功能、整合功能等派生功能，这些派生功能是伦理基本功能的引申，基本包含在这五个基本功能中，共同发挥着规范与导引学校体育发展的功用。

小结

学校体育的伦理基础的探讨实质上是要揭示学校体育以伦理介入"何以可能"与"何以必要"的问题，只有回答了这两个问题，对学校体育伦理进行进一步的研究才具有学理逻辑上的可能。探问学校体育以伦理介入"何以可能"，即探问学校体育是否具有伦理属性；而探问学校体育以伦理介入"何以必要"，则是探问伦理之于学校体育有何价值与功能。

本章从学理逻辑、历史事实等角度说明了人性假设是学校体育理论与实践的逻辑前提。既然人性假设是学校体育理论与实践的逻辑前提，那么要确认学校体育具有伦理属性，就必然要探问人性内在是否具有伦理属性，毫无疑问，回答人性内在是否具有伦理属性，将是确认学校体育是否具有伦理属性的关键点与突破

---

①龚正伟. 当代中国体育伦理的构建［D］. 长沙：湖南师范大学，2008.

口。伦理道德是不以人的意志而转移的客观性需求，它是人性自我调节的手段，源于人自身介入社会之时的现实需要。既然伦理道德源于人的需要（即人的本性或人的本性的折射），那么伦理道德必然蕴含于人的本性之中，也就是说，人性中必然内蕴着伦理道德。由此可以断定，人性内在必然具有伦理属性。按照事物推演的学理逻辑，既然断定人性内在具有伦理属性，而人性假设已经被确证是学校体育理论与实践的逻辑前提，毋庸置疑，可以断定学校体育内在必然具有伦理的属性。学校体育内在具有伦理属性的确认，为学校体育以伦理介入的可能性提供了理论前提，但要更深入认识学校体育中的伦理蕴意，并为后续研究提供必要的理论依据与凭借，必然要对伦理属性在学校体育认识形态中有何体现进行追问。通过研究认为伦理属性在学校体育认识形态中有以下体现：学校体育相关主体之间存在实质伦理关系；学校体育终极目标具有伦理蕴意；学校体育需要伦理的规范与约束。

　　学校体育内在具有伦理属性的确认，使学校体育以伦理介入具有了学理逻辑上的可能。但反过来思考，学校体育以伦理介入必要吗？要进行学校体育伦理的后续研究必然要回答这一问题，即学校体育以伦理介入何以必要的问题。回答这一问题，实质上就是要回答伦理之于学校体育有什么价值，伦理之于学校体育有什么功能。研究认为，伦理之于学校体育具有以下价值与功能。一是伦理之于学校体育的价值主要表现在：伦理能够引导学校体育合规律发展；伦理能够弥补学校体育相关法律、政策的局限；伦理能够激发学校体育相关主体的主观能动性；伦理能够促进学校体育理论和实践的发展。二是伦理之于学校体育的功能主要表现为认识、导引、调节、激励、超越等五种基本功能。此外，伦理对于学校体育还存在评价、改造、凝聚、整合等派生功能，这些派生功能是伦理基本功能的引申，基本包含在这五个基本功能之中，共同发挥着规范与引导学校体育发展的功用，这些功用的充分发挥是学校体育价值实现的重要保障。

第三章　学校体育伦理的立论基础

如前所述，学校体育发展离不开伦理的规范、引导与约束，伦理对学校体育具有重要的作用与意义。我们从伦理维度省思学校体育必定要建立在一定的伦理立场之上，这是因为唯有当我们确立了学校体育的伦理立场，关于学校体育的伦理研究才具有了理论依据。而在确立学校体育伦理立场之后，我们要进行更具体的学校体育伦理研究，必然要回答学校体育发展中究竟应该以哪些伦理秉持作为参照的问题。回答这个问题就要厘清学校体育的应然伦理追求是什么及应该遵循哪些伦理原则。如果在学校体育发展没有可依据的应然伦理追求与伦理原则的秉持，那么，有关学校体育伦理的一切探讨都将是无本之末。

一、伦理的两大流派解读

要确立学校体育的伦理立场，必然要追溯历史上普遍存在的伦理（道德）标准，从中找到合适的理论依据。道德终极标准是产生和推导其他一切道德标准的标准，是解决一切道德标准的标准，是在任何条件下都应该遵守而不应该违背的道德标准，因而也就是绝对的道德标准[1]。纵观中西关于伦理（道德）终极标准的理论，主要归于两大流派：道义论与功利论。我们要选择何种伦理观作为学校体育的伦理立场必然要从认识道义论、功利论开始。

（一）道义论

道义论（theory of duty）又称义务论（deontology）或非目的论（non-teleogy）。道义论是指以道义作为行为的最高价值目标，强调正当、应当的道德价值，并依

---

[1] 王海明. 新伦理学：上册 [M]. 修订版. 北京：商务印书馆，2008：460.

此为道德评价标准的伦理学理论①。它是把道义（而不是功利）奉为道德终极标准的流派，是把增减每个人的品德完善程度（而不是增减每个人利益增总量）奉为道德终极标准的流派②。它是与功利论相反的一种伦理理论。在西方，苏格拉底（Socrates）、柏拉图（Plato）、康德（Kant）、布拉德雷（Bradley）、普理查德（Pritchard）、罗斯（Ross）、斯洛特（Sloate）、特诺斯盖（Trianosky）等都是提倡道义论的代表性人物。其中康德常被人们认为其是最著名的道义论者。而在中国，儒家则是道义论的代表。究竟什么是道义论，我们可以从康德与儒家那里寻找依据或答案。

康德伦理学作为义务论的典型，着力阐述作为"善良意志"体现的义务，由此发出"定言命令"：要只按照你同时认为也能成为普遍规律的准则去行动③。德国哲学家康德在《道德形而上学原理》中开门见山地提出："在世界之中，一般地，甚至在世界之外，除了善良意志，不可能设想一个无条件上的东西。"④其常把责任和义务两者放在一起。他认为"一个并非神圣的、绝对善良的意志对于道德原则即自律原则的依赖性，就是责任"，而"一个出自责任的行为的客观必然性"就是义务⑤。他认为，"责任是服从理性的绝对命令式的一个自由行动的必然性"⑥。在康德看来，"义务就是出自对法则的敬重的一个行为的必然性"⑦，"义务是某人有责任采取的行动"⑧。康德认为，道德是人的意志自律，因而人在依道德而行时，不应该以利益、快乐、幸福等经验目的为前提。"人必须为尽义务而尽义务，而不能考虑任何利益、快乐、成功等外在因素。"⑨ 康德认为，道德行为的动机是善良意志，这种善良意志不是因快乐而"善"，因幸福而

---

①李芬. 论马克思主义伦理学的理论特色——道义论与功利论的统一；目的论与工具论的统一 [J]. 铜仁学院学报，2007，1（4）：12-15.
②王海明. 新伦理学：上册 [M]. 修订版. 北京：商务印书馆，2008：498.
③于希勇. 马克思恩格斯伦理思想的实践特性 [J]. 理论探索，2014（5）：33-37.
④康德. 道德形而上学原理 [M]. 苗立田，译. 上海：上海人民出版社，2002：8.
⑤康德. 道德形而上学的奠基 [M]//康德著作全集：第4卷. 李秋零，译. 北京：中国人民大学出版社，2005：448.
⑥康德. 道德形而上学 [M]//康德著作全集：第6卷. 李秋零，译. 北京：中国人民大学出版社，2007：229.
⑦康德. 道德形而上学的奠基 [M]//康德著作全集：第4卷. 李秋零，译. 北京：中国人民大学出版社，2005：407.
⑧康德. 道德形而上学的奠基 [M]//康德著作全集：第4卷. 李秋零，译. 北京：中国人民大学出版社，2005：230.
⑨朱贻庭. 伦理学大辞典 [M]. 上海：上海辞书出版社，2002：12.

"善"或因功利而"善",而是因其自身而"善"的"道德善"①。"行为要有道德价值,一定要是为义务而实行的""出于义务的行为所以有道德价值,不是因为它所求达的目的,而是因为决定这个行为的格准;所以这种价值不是靠着行为的目的之实现,只是在于行为由以发生的立志作用所依据的原则,与欲望的对象无关"②。康德认为,"道德学不是教导我们如何得到幸福,而是教导我们如何配享幸福的科学"③。正如叔本华所言:"康德对道德科学的伟大贡献是,他清除了这门科学中的一切幸福论。"④ 在康德那里,只有当一个人先履行其自身的道德责任与义务,他的行为才配得上享受幸福。显然,他强调每一个人所应尽的责任,把义务的应当放在首位,提倡的是为了使人配享幸福的道义论,而不是为了使人享有更多幸福的幸福论。高国希将康德主义的核心概念概括为"善良意志,道德律,道德责任,来自义务的行动,绝对命令,与爱好相对的义务,伦理形式主义,理性义务,普遍性义务论,严格主义,自主,自由,人的尊严,目的王国"⑤。

在中国,儒家伦理长期占据主导地位,其本质上是一种道义论。儒家的道义论思想可以从儒家学派先哲的言论中找到依据。如孔子(《论语·里仁》)言:"君子喻于义,小人喻于利。"又言,"君子忧道不忧贫""君子谋道不谋食"(《论语·卫灵公》)。《孟子·梁惠王上》中言:"王!何必曰利?亦有仁义而已矣。"《孟子·告子上》中言:"生,亦我所欲也,义,亦我所欲也,二者不可得兼,舍生而取义者也。"董仲舒言:"正其谊不谋其利,明其道不计其功。"(《汉书》卷五十六(董仲舒传)) 这是儒家道义论思想的最经典表述。宋明理学(新儒学)的代表朱熹的"存天理,灭人欲"言论,更是一种极端道义论的代表。宋代的程颢、程颐的"不论利害,惟看义当为与不当为"(《河南程氏遗书》卷十七),把"义"放在利害关系之上。在中国儒家道义论的长期发展中逐渐形成了以"义"或"道义"作为道德标准的伦理道德观,这种论理道德观在根本上轻后果,而重视"义"的道德规范。新儒家冯友兰论述孔子的道义之时认为,"义是事之'宜',即'应该'。它是绝对命令。社会中的每个人都有一定的应该

---

① 史育华. 道义论在和谐社会建构中的实践价值 [J]. 理论观察, 2007 (4): 55-56.
② 康德. 道德形而上学探本 [M]. 北京: 商务印书馆, 1957: 14-15.
③ 康德. 论俗语: 这在理论上可能是正确的, 但不适用于实践 [M]//康德著作全集: 第8卷. 李秋零, 译. 北京: 中国人民大学出版社, 2010: 281.
④ 叔本华. 伦理学的两个基本问题 [M]. 任立, 孟庆时, 译. 北京: 商务印书馆, 1996: 139.
⑤ 高国希. 道德哲学 [M]. 上海: 复旦大学出版社, 2005: 211.

做的事，必须为做而做，因为做这些事在道德上是对的。如果做这些事只是出于非道德的考虑，即使做了应该做的事，这种行为也不是义的"①。冯友兰在关于"利"的论述中认为："求自己的利，可以说是处于人的动物的倾向，与人之所以为人者无干。为实现人之所以为人者，我们不能说，人应该求自己的利……但求别人的利，则与人之所以为人者有干。为实现人之所以为人者，我们可以说，人应该求别人的利。"② 显然，在他的道义论立场上，人应该为他人谋利。由此可见，我国儒家的伦理道义论常常以"义"的遵循为道德规范，把"利他"放置在"利己"之上。

纵观中外道义论者所持有的观点来看，道义论以"正当"或"应当"作为基本的伦理观念，从义务角度考虑，强调人在事物参与过程中的道德责任，认为正当的价值优于善的价值，正当独立于善并支配善；道义论以道德的内在价值为基础，把"可普遍化原则"视作道德法则的根本，强调道德理想以及人之个体存在的超越，强调纯粹的道德动机以及道德价值的崇高性，注重"利他"的社会利益需要，而忽视"利己"的个人利益需要。

（二）功利论

功利论又称目的论，或功利主义，是指以功利、效用作为人们行为的准则和价值取向，并依此为道德评价标准的伦理学理论，"它是把功利（而不是道义）奉为道德终极标准的流派，是把增减每个人的利益总量（而不是增减每个人的品德的完善程度）奉为道德终极标准的流派。"③ 功利论作为一种道德理论，是与道义论相反的一种伦理理论。对于功利论的理解，我们可以从中西先哲们那里追溯。

在西方，功利论源远流长，代表人物众多，如伊壁鸠鲁（Epicurus）、休谟（David Hume）、佩利（Willam Paley）、霍尔巴赫（Paul Heinrich）、巴利（Bally）、斯宾塞（Herbert Spencer）、边沁（Jeremy Bentham）、穆勒（John Stuart Mill）等先哲。在公元前4世纪，伊壁鸠鲁已经提出具有功利论蕴意的快乐主义或幸福主义。功利论真正成为一种系统学说则是从边沁开始的，他认为，道德就是追求快

---

①王海明. 功利主义与义务论辩难 [J]. 社会科学，2003（12）：75-83.
②王海明. 功利主义与义务论辩难 [J]. 社会科学，2003（12）：75-83.
③王海明. 新伦理学：上册 [M]. 修订版. 北京：商务印书馆，2008：498.

乐，而快乐的根源在于利益的满足，利益、功利是人们行为的唯一目的和标准，是人类幸福的基础①。英国哲学家穆勒则将功利主义理论推向一个更高的层次，他一再强调："幸福是道德的终点和目的。"② 穆勒在《功用主义》一书中写道，功利主义是"承认功用为道德基础的信条，换言之，最大幸福主义，主张行为的是与它增进幸福的倾向为比例；行为的非与它产生不幸的倾向为比例。幸福是指快乐与免除痛苦；不幸是痛苦和丧失掉快乐"③。西季威克（Sidywick）总结前人的功利主义思想，认为"许多功利主义论者都坚信，人们相互作为道德规范所规定的全部行为规范，实际上是——尽管部分是无意识地——作为达到人类或全部有感觉的存在物的普遍幸福的手段而被规定的；而且，按照功利主义论者更为流行的观点，无论这些规范的起源是什么，只有当奉行这些规则有助于普遍幸福，它们才是正确的……这样一来，如果全部义务的目的都在于普遍幸福，那么看起来，我们便又被引导到作为最终目的而被绝对地规定的幸福概念；只不过现在所说的是普遍幸福而不是任何个人的私人幸福。这也是我自己所坚持的功利主义原则的观点"④。

在中国，功利论尽管自古以来先哲们的学说与言论中一直不是主流，但也有众多的支持者。在先秦时期，墨家言论中曾言"功，利民也"（《墨子·经上》），墨家主张国家治理功效的评判要看是否为了民的利益。同时墨家主张："利人者，人必从而利之……害人者，人必从而害之"[《兼爱（中）》]，强调利他则利己，损他则害己。法家是先秦提倡功利思想的代表，主张个人利益是人性的基础。在《商君书·算地》中提出的"民之生（性），度而取长，称而取重，权而索利"，是说人在本性上总在各个方面倾向于求利于自身的最大利益。韩非子也对这种自利的思维进行了论述，他把自利之心称作"算计之心""自为心"，同时其将人际关系的基础归为以自我利益为中心。北宋时期，李觏提出"人非利不生"的功利思想（《李觏集·原文》）。南宋时期，功利论的代表人物陈亮、叶适对传统儒家的讲"义"而讳言功利的道义观进行了批判。如陈亮指出"尽废天下之实"是儒家空谈道义的写照（《陈亮集·送吴允成运干序》）。

---

①李芬. 论马克思主义伦理学的理论特色——道义论与功利论的统一；目的论与工具论的统一 [J]. 铜仁学院学报，2007，1（4）：12-15.
②J S Mill. Utilitarianism [M]. London: On Liberty and Representative Government, 1914: 22.
③约翰·穆勒. 功用主义 [M]. 唐钺，译. 北京：商务印书馆，1957：7.
④王海明. 新伦理学：上册 [M]. 修订版. 北京：商务印书馆，2008：499.

叶适则在其言论中指出,"既无功利,则道义者乃无用之虚语身"(《习学记言序目·汉书三》)是说空谈道义、道德而无功利,对于道义者来讲是虚无缥缈的事。明清时期,李贽、黄宗羲、顾炎武、唐甄等人也是功利论的倡导者。如黄宗羲提出的"人各得自私也,人各得自利也"(《明夷待访录·原君》),唐甄提出的"以富民为功"(《潜书·考功》),他们的论断,无论是"自利"思想还是"为民谋利"思想,都属于功利论范畴的言论。

纵观中外功利论者所持有的观点,功利论作为伦理理论的一个流派,其以个体本位为出发点,强调个人利益,"利己"是该理论的立足点;功利论者认为利益是幸福的根基,而幸福就是获得快乐与免除痛苦,同时他们常把最大多数人的最大幸福作为道德的最高原则来追求。

(三) 道义论与功利论的分歧与联系

1. 道义论与功利论的分歧

道义论与功利论作为伦理学说的两大流派,尽管它们的理论进路并非完全水火不容,但它们之间的分歧明显。

第一,道义论强调社会利益的需要,却忽视个人利益的需要以及人的个性发展;功利论则强调个人利益的需要,并把个人利益作为唯一的现实利益,认为社会利益是个人利益累加的总和,突出强调个人本位出发的社会利益。

第二,道义论把"正当"或"应当"作为基本的伦理观念,从义务角度考虑,强调人在事物参与过程中的道德责任,认为正当的价值优于善的价值,正当独立于善并支配善;功利论则把善作为基本的伦理观念,从价值角度考虑,强调整个社会中人们的幸福总量的增加,高度重视个人的快乐、幸福以及功利,并把效用、幸福以及功利归于善的价值[①]。

第三,道义论以道德的内在价值为基础,把"可普遍化原则"视作道德法则的根本,强调道德理想以及人之个体存在的超越,强调纯粹的道德动机以及道德价值的崇高性;功利论则强调道德的外在价值,把是否增进功利或幸福量作为道德标准,追求道德善的实用价值。

第四,道义论在道德评价方面,注重行为者在行为过程中对人的尊重以及对

---

① 李芬. 论马克思主义伦理学的理论特色——道义论与功利论的统一;目的论与工具论的统一 [J]. 铜仁学院学报, 2007, 1 (4):12-15.

道义的敬畏，而不是强调行为者要达到某种令人愉悦的效果，主张以内在的道德价值去评判行为者的行为；而功利论在道德评价方面，则强调行为者所获得的效果，主张外在的现实作为道德评价准则，重视行为所产生的效益。

2. 道义论与功利论的联系

尽管道义论与功利论这两大伦理学说存在分歧，但他们之间也存在联系。在人类社会的历史长河中，这两种道德论先后或交替作为整个社会的价值导向而有效地规范着人们的行为[①]。"功利论与道义论都根源于社会物质利益关系，前者从个人利益出发，旁及他人与社会的利益，后者从社会整体利益出发，包含有个人的利益。两者都服务于建立良好的社会秩序，提升人性"[②]。不管人们选择何种道德论作为行为规范准则，毋容置疑的是，人们总是希望事物向美好的图景发展，这也必然促使人们的最终诉求趋向个体利益需要与社会利益需要的平衡。道义论与功利论这两种存在分歧的道德论在人类实践中最终也必然会超越分歧联结在一起，服务于人类发展的共同利益需要与长远利益需要。

二、学校体育伦理立场的选择

在从伦理维度研究或规范学校体育发展之时，摆在我们面前的是我们要选择何种伦理观作为伦理立场。从前述中，我们可以看出，道义论与功利论是人类发展过程中产生的两种不可或缺的道德论，两者都有其存在的理论基础与实践基础支撑，但道义论与功利论的分歧明显。道义论与功利论的分歧源于事物自身内部的矛盾性。依据马克思主义辩证法，事物的发展变化在于事物内部的矛盾性，同时认为任何事物都处在不断运动和发展之中。马克思伦理观承认事物的发展性。马克思主义伦理观以辩证唯物主义和历史唯物主义为方法论，在继承功利论、道义论的优秀成果的基础上与时俱进，创造了新规范伦理学。

（一）学校体育伦理立场选择的依据——马克思主义伦理观

1. 马克思主义伦理观是对道义论的批判与继承

马克思主义伦理观批判道义论离开物质利益而去空谈道德，正如马克思在

---

① 方毅. 功利论和道义论的对立及其超越 [J]. 学术交流，2008（8）：20-23.
② 魏英敏. 功利论、道义论与马克思主义伦理学 [J]. 东南学术，2002（1）：140-145.

《神圣家族》一书中所言："思想一旦离开利益，就一定会使自己出丑。"① 但马克思主义伦理观并不是完全反对道义论，而是批判地继承道义论。马克思主义伦理观一方面弘扬革命的道义精神；另一面提倡公而忘私，为全人类谋取福利的共产主义品德。马克思指出，"人们只有为同代人的完美、为他们的幸福而工作，才能使自己也达到完美"②，"那些为共同目标劳动因而自己变得高尚的人是伟大人物；经验赞美那些为大多数人带来幸福的人是最幸福的人"③。

普列汉诺夫指出："道德的基础不是对个人幸福的追求，而是对整体的幸福，即对部落、民族、阶级、人类幸福的追求。这种愿望和利己主义毫无共同之点。相反地，它总是要以或多或少的自我牺牲为前提。"④

陈独秀在《调和与旧道德》一文中指出："我们主张的新道德，正是要彻底发达人类本能上光明方面，彻底消灭本能上黑暗方面，来救济全社会悲惨不安的状态；我们要抛弃私有制度之下的一个人一个阶级一国家利己主义的旧道德，开发那公有、互助、富于同情心、利他心的新道德。"⑤

毛泽东在《纪念白求恩》《为人民服务》等文中，颂扬了白求恩的"国际主义的精神""毫不利己专门利人的精神""毫无自私自利之心的精神"；提出了具有特色的"为人民服务"的新命题⑥。这些既是毛泽东伦理思想与理论的核心组成部分，也是马克思主义伦理观中国化的新发展。毛泽东指出："一个人能力有大小，但只要有这点精神，就是一个高尚的人，一个纯粹的人，一个有道德的人，一个脱离了低级趣味的人，一个有益于人民的人。"⑦ 1963年，毛泽东号召"向雷锋同志学习"，雷锋那种"爱憎分明的阶级立场，言行一致的革命精神，公而忘私的共产主义风格，奋不顾身的无产阶级斗志"以及他那种全心全意为人

---

①马克思，恩格斯. 马克思恩格斯全集：第2卷 [M]. 中共中央马克思恩格斯列宁斯大林著作编译局，编译. 北京：人民出版社，1957：103.
②马克思，恩格斯. 马克思恩格斯全集：第40卷 [M]. 中共中央马克思恩格斯列宁斯大林著作编译局，编译. 北京：人民出版社，1957：5.
③马克思，恩格斯. 马克思恩格斯全集：第40卷 [M]. 中共中央马克思恩格斯列宁斯大林著作编译局，编译. 北京：人民出版社，1957：5，7.
④普列汉诺夫. 普列汉诺夫哲学著作选集：第1卷 [M]. 北京：生活·读书·新知三联书店，1959：51.
⑤陈独秀. 调和与旧道德 [J]. 新青年，1919，7 (1).
⑥王泽应. 20世纪中国马克思主义伦理思想发展研究 [J]. 毛泽东邓小平理论研究，2005 (7)：25-28，12.
⑦许启贤. 马克思主义伦理思想发展史论纲：四 [J]. 道德与文明，1994 (4)：29-33.

民服务的精神，对人民群众产生了巨大的教育和鼓舞作用①。

刘少奇在《论共产党员的修养》中更明确指出："为了党的、无产阶级的、民族解放和人类解放的事业，能够毫不犹豫地牺牲个人利益，甚至牺牲自己的生命……这就是共产主义道德的最高表现。"②

邓小平在《贯彻调整方针，保证安定团结》一文中指出："要教育全党同志发扬大公无私、服从大局、艰苦奋斗、廉洁奉公的精神，坚持共产主义思想和共产主义道德。"③ 同时他指出，"每个人都应该有他一定的物质利益，但是决不是提倡抛开国家、集体和别人，专门为自己的物质利益而奋斗，决不是提倡各人都向'钱'看"④。"我们从来主张，在社会主义社会中，国家、集体和个人的利益在根本上是一致的，如果有矛盾，个人的利益要服从国家和集体的利益。为了国家和集体的利益，为了人民大众的利益，一切有革命觉悟的先进分子必要时都应该牺牲自己的利益。"⑤⑥ 邓小平伦理观倡导大公无私、毫不利己、专门利人的精神，弘扬利他、利国的为人民服务的精神。

江泽民在庆祝中国共产党成立八十周年大会上指出："全心全意为人民服务，立党为公，执政为民，是我们党同一切剥削阶级政党的根本区别。任何时候我们都必须坚持尊重社会发展规律与尊重人民历史主体地位的一致性，坚持为崇高理想奋斗与为最广大人民谋利益的一致性，坚持完成党的各项工作与实现人民利益的一致性。"⑦他在十五大报告《高举邓小平理论伟大旗帜，把建设有中国特色社会主义事业全面推向二十一世纪》中指出："我们党来自人民，植根于人民，服务于人民。建设有中国特色社会主义全部工作的出发点和落脚点，就是全心全意为人民谋利益。共产党员要倾听群众呼声，关心群众疾苦，为群众办实事、办好事。"⑧

胡锦涛在十七大报告《高举中国特色社会主义伟大旗帜，为夺取全面建设小康社会新胜利而奋斗》中指出："必须坚持以人为本。全心全意为人民服务是党

---

① 许启贤. 马克思主义伦理思想发展史纲：四 [J]. 道德与文明，1994（4）：29-33.
② 刘少奇. 论共产党员的修养 [M]. 北京：人民出版社，1962：37-38.
③ 许启贤. 马克思主义伦理思想发展史纲：四 [J]. 道德与文明，1994（4）：29-33.
④ 邓小平. 邓小平文选：第二卷 [M]. 北京：人民出版社，1994：337.
⑤ 曲芳艾. 邓小平马克思主义伦理观——"中国梦"的理论基奠 [J]. 吉林省社会主义学院学报，2014（1）：39-41.
⑥ 邓小平. 邓小平文选：第二卷 [M]. 北京：人民出版社，1994：337.
⑦ 江泽民. 江泽民文选：第三卷 [M]. 北京：人民出版社，2006：279.
⑧ 中共中央文献研究室. 十五大以来重要文献选编（上）[M]. 北京：人民出版社，2000：48.

的根本宗旨，党的一切奋斗和工作都是为了造福人民。要始终把实现好、维护好、发展好最广大人民的根本利益作为党和国家一切工作的出发点和落脚点，尊重人民主体地位，发挥人民首创精神，保障人民各项权益，走共同富裕道路，促进人的全面发展，做到发展为了人民、发展依靠人民、发展成果由人民共享。"①他在2010年全国劳动模范和先进工作者表彰大会上强调："紧紧依靠和切实关心广大劳动群众，是坚持党的全心全意为人民服务的根本宗旨和贯彻党的群众路线最重要最根本的体现。"②

习近平于2014年2月7日在索契接受俄罗斯电视台专访时表示，中国共产党坚持执政为民，人民对美好生活的向往就是我们的奋斗目标。我的执政理念，概括起来说就是：为人民服务，担当起该担当的责任③。中国特色社会主义进入了新时代，那么，作为领导这场伟大事业的核心力量，中国共产党人应该具备怎样的一种精神状态和思想境界呢？对此，迄今为止最新最权威的诠释就是习近平在出访意大利期间会见该国众议长菲科的那段经典名句——"这么大一个国家，责任非常重、工作非常艰巨。我将无我，不负人民。我愿意做到一个'无我'的状态，为中国的发展奉献自己。"④ 这个回答，是习近平"赤子之心"的生动写照，也代表着新时代中国共产党人在理想信念、价值理念、人格操守以及行为取向等层面应具备的道德自觉⑤。

从上述来看，马克思主义伦理观是立足于人民大众的道义论，它承认利益之于道德的决定作用，强调个人利益服从于集体利益与长远利益。

2. 马克思主义伦理观是对功利论的批判与继承

马克思主义伦理观批判功利论立足于个人利益的狭隘性，指出道德的利益基础是人类的共同利益。马克思、恩格斯在《神圣家族》一书中说到："既然正确理解的利益是整个道德的基础，那就必然使个别人的私人利益符合于全人类的利

---

①中共中央文献研究室. 十七大以来重要文献选编（上）[M]. 北京：中央文献出版社，2009：12.
②胡锦涛. 在2010年全国劳动模范和先进工作者表彰大会上的讲话[N]. 人民日报，2010-04-28（002）.
③张朔. 习近平谈执政理念：为人民服务，担当起该担当的责任[EB/OL]. （2014-02-09）[2020-12-18］. https://www.chinanews.com.cn/gn/2014/02-09/5814498.shtml.
④习近平. 习近平谈治国理政（第三卷）[M]. 北京：外文出版社，2020：144.
⑤张西立. "我将无我，不负人民"新时代中国共产党人的道德自觉[EB/OL]. （2019-04-18）[2020-12-18］. http://theory.people.com.cn/n1/2019/0418/c40531-31036172.html.

益。"① 正如 R.G. 佩弗所言：马克思关于人类共同体的价值——包含在人性这一规范性概念之中——主张要尽可能地超越个人利益与社会利益以及个人的善与公共的善之间的差别②。正是由于"人们自觉地或不自觉地，归根到底总是从他们阶级所依据的实际关系中，从他们进行生产和交换的经济关系中，吸取自己的道德观念"③，所以利益不仅决定着道德的性质、内容，还决定着其发展变化，没有脱离经济关系及其利益的抽象道德。

1942年毛泽东发表了《在延安文艺座谈会上的讲话》中指出："世界上没有什么超功利主义，在阶级社会里，不是这一阶级的功利主义，就是那一阶级的功利主义。我们是无产阶级的革命的功利主义者。我们是以占全人口百分之九十以上的最广大群众的目前利益和将来利益的统一为出发点的，所以我们是以最广和最远为目标的革命功利主义者，而不是只看到局部和目前的狭隘的功利主义者。"④⑤

周恩来在《在文艺工作座谈会和故事片创作会议上的讲话》中指出："我们不一般地反对功利主义，我们讲无产阶级的功利主义、人性、友爱和人道主义。"⑥

刘少奇在《关于中华人民共和国宪法草案的报告》中，针对外国资产阶级评论家攻击我们国家的集中制和人民的集体主义时指出："我们的国家是充分地关心和照顾个人利益的，我们国家和社会的公共利益不能抛开个人的利益；社会主义，集体主义，不能离开个人的利益；我们的国家充分保障国家和社会的公共利益，这种公共利益正是满足人民群众的个人利益的基础。"⑦

邓小平指出："为国家创造财富多重视物质利益个人的收入就应该多一些，集体福利就应该搞得好一些，对少数先进分子可以，对广大群众不行，一段时间可以，不讲多劳多得，不长期不行。"⑧ 还指出，"革命是在物质利益基础上产生

---

① 马克思，恩格斯．马克思恩格斯全集：第2卷 [M]．中共中央马克思恩格斯列宁斯大林著作编译局，编译．北京：人民出版社，1957：166-167．
② R.G. 佩弗．马克思主义、道德与社会正义 [M]．吕梁山，等译．高等教育出版社，2010：92．
③ 马克思，恩格斯．马克思恩格斯全集：第3卷 [M]．中共中央马克思恩格斯列宁斯大林著作编译局，编译．北京：人民出版社，1972：133．
④ 毛泽东．毛泽东选集：第3卷 [M]．北京：人民出版社，1991：864．
⑤ 许启贤．马克思主义伦理思想发展史纲：四 [J]．道德与文明，1994（4）：29-33．
⑥ 周恩来．周恩来选集：下卷 [M]．北京：人民出版社，1984：339．
⑦ 刘少奇．刘少奇选集：下卷 [M]．北京：人民出版社，1985：161-162．
⑧ 邓小平．邓小平文选：第二卷 [M]．北京：人民出版社，1994：146．

的，如果只讲牺牲精神，不讲物质利益，那就是唯心论"[1]。他主张的社会主义功利主义原则，最大限度地满足每个人的物质利益，使人民享受到改革开放所带来的实实在在的好处，使他们都能过上美满幸福的生活，号召全党"为全体人民的物质利益而奋斗"。在谈到利益问题时，他不回避且旗帜鲜明地强调，为人民大众的物质利益而奋斗。他还特别指出，社会主义功利主义是着眼于绝大多数人的最大幸福，工作得失的标准应该看是否有利于发展社会主义生产力，是否有利于增强社会主义国家的综合国力，是否有利于提高人民群众的物质生活水平。这三个"有利于"是邓小平社会主义功利主义的重要组成部分，是在社会主义建设长期实践后对经验教训的科学总结[2]。

江泽民在纪念党的十一届三中全会召开二十周年大会上指出："我们所做的一切工作和事业，目的都是为了人民群众的利益，都必须真心实意地依靠群众才能做好。"[3] "在整个改革开放和现代化建设的过程中，都要努力使工人、农民、知识分子和其他群众共同享受到经济社会发展成果。改革越深化，越要正确认识和处理各种利益关系，把个人利益与集体利益、局部利益与整体利益、当前利益与长远利益正确地统一和结合起来，把最广大人民群众的切身利益实现好、维护好、发展好，把他们的积极性引导好、保护好、发挥好。只有这样，我们的改革和建设才能始终获得最广泛最可靠的群众基础和力量源泉。"[4] 他在中央政治局常委会议上指出："贯彻'三个代表'要求，最根本的是要不断实现好、发展好、维护好最广大人民的根本利益。这是我们党一切工作的出发点和落脚点，也是正确处理改革、发展、稳定关系的结合点。"[5] 他在十六大报告《全面建设小康社会，开创中国特色社会主义事业新局面》中指出："推进党的作风建设，核心是保持党同人民群众的血肉联系。我们党的最大政治优势是密切联系群众，党执政后的最大危险是脱离群众。在任何时候任何情况下，都必须坚持党的群众路线，坚持全心全意为人民服务的宗旨，把实现人民群众的利益作为一切工作的出

---

[1] 邓小平. 邓小平文选：第二卷 [M]. 北京：人民出版社，1994：146.
[2] 曲芳艾. 邓小平马克思主义伦理观——"中国梦"的理论基奠 [J]. 吉林省社会主义学院学报，2014（1）：39-41.
[3] 江泽民. 论党的建设 [M]. 北京：中央文献出版社，2001：193.
[4] 中共中央文献研究室. 十五大以来重要文献选编（上）[M]. 北京：人民出版社，2000：692.
[5] 中共中央文献研究室. 江泽民论有中国特色社会主义（专题摘编）[M]. 北京：中央文献出版社，2002：646.

发点和归宿。"①

胡锦涛在"三个代表"重要思想理论研讨会上指出:"马克思主义政党的一切理论和奋斗都应致力于实现最广大人民的根本利益,这是马克思主义最鲜明的政治立场。"②在《全面加强新形势下的领导干部作风建设》中指出:"要坚持从群众中来、到群众中去,把人民群众的愿望和要求作为决策的根本依据,使各项决策既体现人民群众的现实利益又代表人民群众的长远利益,既反映大多数群众的普遍愿望又照顾部分群众的特殊要求……"③其在新进中央委员会的委员、候补委员学习贯彻党的十七大精神研讨班上指出:"以人为本,体现了马克思主义历史唯物论的基本原理,体现了我们党全心全意为人民服务的根本宗旨和我们推动经济社会发展的根本目的。"④在全党深入学习实践科学发展观活动动员大会暨省部级主要领导干部专题研讨班上指出:"科学发展观核心是以人为本。我们党的一切奋斗和工作都是为了造福人民。"⑤

习近平在纪念马克思诞辰200周年大会上的讲话上指出:"我们要始终把人民立场作为根本立场,把为人民谋幸福作为根本使命,坚持全心全意为人民服务的根本宗旨,贯彻群众路线,尊重人民主体地位和首创精神,始终保持同人民群众的血肉联系,凝聚起众志成城的磅礴力量,团结带领人民共同创造历史伟业。这是尊重历史规律的必然选择,是共产党人不忘初心、牢记使命的自觉担当。"⑥习近平在"不忘初心、牢记使命"主题教育工作会议上指出:"人民是我们党执政的最大底气,是我们共和国的坚实根基,是我们强党兴国的根本所在。我们党来自于人民,为人民而生,因人民而兴,必须始终与人民心心相印、与人民同甘共苦、与人民团结奋斗。每个共产党员都要弄明白,党除了人民利益之外没有自己的特殊利益,党的一切工作都是为了实现好、维护好、发展好最广大人民根本利益;人民是历史的创造者、人民是真正的英雄,必须相信人民、依靠人民;我们永远是劳动人民的普通一员,必须保持同人民群众的血肉联系。"⑦

由此可见,马克思主义伦理观既注重物质利益,也注重绝大多数人的最大幸

---

①江泽民. 全面建设小康社会,开创中国特色社会主义事业新局面 [N]. 人民日报, 2002-11-18.
②中共中央文献研究室. 十六大以来重要文献选编(上)[M]. 北京: 中央文献出版社, 2005: 364.
③中共中央文献研究室. 十六大以来重要文献选编(下)[M]. 北京: 中央文献出版社, 2008: 874.
④中共中央文献研究室. 十七大以来重要文献选编(上)[M]. 北京: 中央文献出版社, 2009: 107.
⑤中共中央文献研究室. 十七大以来重要文献选编(上)[M]. 北京: 中央文献出版社, 2009: 576.
⑥习近平. 习近平谈治国理政(第三卷)[M]. 北京: 外文出版社, 2020: 136.
⑦习近平. 习近平谈治国理政(第三卷)[M]. 北京: 外文出版社, 2020: 137.

福。因此，马克思主义伦理观显然又是功利论的。

3. 选择马克思主义伦理观作为学校体育伦理立场的思维逻辑

综上所述，马克思主义伦理观继承了道义论与功利论的积极因子，其是对传统道义论与功利论进行改造、重构与创新而形成的新的伦理价值取向。马克思伦理观既追求内在精神价值与外在功利价值的统一，也追求道德目的性与工具性的统一，在其根本上即是追求道义与功利的和谐统一。"马克思主义伦理观坚持把义与利有机结合起来，树立把国家和人民利益放在首位而又充分尊重公民个人合法利益，这是我国社会主义义利观的基本内涵。它要求坚持尊重个人合法权益与承担社会责任相统一，鼓励人们通过诚实劳动和合法经营获取正当的物质利益，引导每个公民自觉履行宪法和法律规定的各项义务，积极承担自己应尽的社会责任。马克思主义从来不主张将'义'和'利'割裂开来、对立起来，从来不一般地反对功利主义"[1]。总的来说，马克思主义伦理观所追求的革命的道义论与人民大众的功利主义的和谐统一，在本质上，是与时俱进的、不断发展的伦理观。我们认为马克思主义伦理观是人类在各个领域在处理人与自然、人与人之间关系之时应遵循的价值取向，也应是社会的各种事业在规范人之行为之时应该秉持的价值取向。学校体育既是教育事业的组成部分，又是促进青少年健康发展的事业，以马克思主义伦理观指导学校体育发展是新时期的理论与实践诉求。因此，学校体育作为人类社会发展中形成的有益人类发展的事业，在处理学校体育相关事务之时，我们应然要选择马克思主义伦理观作为伦理立场。

（二）学校体育伦理立场的确立——道义与功利的和谐统一

上述中分析与论证了为何要选择马克思主义伦理观作为学校体育伦理立场确立的依据，澄明了马克思主义伦理观在其根本上是追求道义与功利的和谐统一。如要追问人为什么会受道义论与功利论这两种道德观的支配这就要从人性说起。人是自然存在者，具有自然性；人又是社会存在者，具有社会性，人的这两种属性决定了人的需要必然具有自然性与社会性的双重需求。

正如马克思所揭示的"人们首先必须解决吃、喝、住、穿，然后才能从事政

---

[1] 任仲平. 论奉献 [EB/OL]. (2003-04-15) [2020-12-18]. http://www.people.com.cn/GB/news/8410/20030415/972418.html.

治、科学、艺术宗教等"①，因此实现人的自然属性需要的物质利益是人类续存的基础。"人作为自然存在者，人要生存，要成长，要发展，要享乐，因此人就要通过生产，解决吃、穿、住、行、娱乐、休闲等问题。这就必然要关心私人的物质利益、福利、健康、舒适、安全、幸福诸问题。因此，讲个人功利，并把功利作为一种道德观，天经地义，理所当然。"②"但是人又是社会存在者，他要生存，要成长，要发展，要快乐，要享福，所需要的物质产品、设备和相关条件，都不是单个人所能解决的，必须依赖群体、依靠社会。他必须与他人有分工，有合作的生产劳动，交换其产品，交换其经验，互通其有无。这种社会性，简言之文化性，规定了人有理想，有友情，有精神追求与寄托。因此，就需要有某种道义论存在。"

显而易见，人作为自然与社会的存在物，既要满足作为自然人存在的需要，又要满足作为社会人存在的需要，那么，讲功利、讲道义都是应该的。

学校体育作为人的良好生存与发展需要的产物，它是合道德的、发展人性的教育活动。一般意义上，学校体育伦理主要关涉体育教师与学生两个主体，其中学生是核心主体。

体育教师作为自然人，要通过学校体育工作获得物质报酬，解决吃、穿、住、行等问题，这必然要涉及他们的物质利益、幸福获得、健康等诸多问题，讲功利也就理所当然；而体育教师作为社会存在物，他们要与教育管理者、同事、家长、学生等合作、沟通、交流，通过履行学校体育工作责任与义务实现个体的理想、价值、精神追求，这就需要道义的存在。学生作为自然人，要通过学校体育参与获得体力、幸福、健康、技能、生物性改变等，必然要讲功利；而学生作为社会人，在学校体育参与中既要履行体育学习义务，又要与同学、体育教师等合作、沟通、交流，满足个体的价值追求与精神需要，就必然需要道义的作用。在更广泛的的意义上，学校体育与政府教育管理者、学校教育管理者、体育教师、学生、家长、社会大众等都有着不同程度的联系，不管是和"谁"发生联系，这个"谁"都是人，是人都要受功利与道义这两种道德所支配，那么学校体育的发展，必然要遵循马克思主义伦理观的"道义与功利的和谐统一"。

显然，我们从伦理的维度省思学校体育之时，把"道义与功利的和谐统一"

---

①中央编译局. 马克思恩格斯选集：第3卷［M］. 2版. 人民出版社，1995：776.
②魏英敏. 功利论、道义论与马克思主义伦理学［J］. 东南学术，2002（1）：140-145.

作为学校体育中人之行为应该如何的导向性规范不会产生过多的争议，而问题在于"道义与功利的和谐统一"在具体学校体育实践中如何把握，才能实现"和谐"。马克思主义伦理观所追求的是"道义与功利的和谐统一"，这种和谐的统一，强调的是道义与功利的正义均衡。在学校体育中，如若对体育教师只讲道义，强调其对义务的履行，而不给予其应当的功利所需（如薪酬、精神激励等），必然会降低其工作的积极性，损害学校体育的发展，正如"在马克思看来，物质上的富足不仅是平等的充分条件，而且是必要条件；不仅是平等的前提，而且是合理高尚的社会的前提"[1]，只有体育教师劳有应得，在物质上达到富足，其才更能以高尚情操投入学校体育事业；如若过度追求升学与就业功利，把其他学科的功利或学生短期利益凌驾于学校体育发展的正当功利需要之上，学校体育相关主体失去应尽的责任与义务，必然会损害学生的体育权益，而产生不和谐；如若学校教育管理者、体育教师、学生家长、学生等诚信缺失，为了所谓的学校利益或个人利益的不当功利，发生体质数据造假、替考、替赛等行为，必然会损害学校体育的健康发展，导致学校体育发展的正义失衡。

不容置疑的是，我们所确立的学校体育伦理立场，应然是建立在"和谐"基础之上的"道义与功利的和谐统一"。

三、学校体育应然伦理追求的确认——学生身心归合发展

前述中确立的学校体育伦理立场是我们如何规范学校体育中人之行为的价值取向。那么，学校体育伦理作为一种人的行为应该如何规范，就需要有一个着眼点，简言之，这个着眼点就是学校体育的应然伦理追求，其反映着学校体育中人们的价值取向，对其探讨与确认将为学校体育发展提供价值依据。而学生是学校体育关照的核心主体，促进其身心发展是学校体育的价值尺度。在学校教育中，体育教育是所有学科中与人的身心双重发展最为密切的学科，而发展身体本身的学科特性又是学校体育区别于其他学科的重要特征。因而，不可回避的是，我们必须要认知身体这一主体。正如梅洛·庞蒂认为，"身体-主体是一个从身体性出发感知的主体，是在世界中存在、拥有有限自由的主体……它是介入的主

---

[1] G. A. 柯亨. 如果你是平等主义者，为何如此富有 [M]. 霍政欣，译. 北京：北京大学出版社，2009：146.

体"①。"身体-主体"肯定"精神"由"肉体"而发，倡导"身体"是"心身"统一体，主张"只有当我实现我的身体功能，我才能挺身走向世界"②。显然，主体性意义上的人是身体与精神的共在，身心合一既是人之身体存在的本真，也是人的健康全面发展的应然秉持的基点。那么，在人进入体育领域之时，必然是要回归到身心合一的发展，而不是朝向身心二分发展。也就是说，身心归合发展必然是体育发展中人们的应然追求。那么，如果从伦理维度审视，用身心归合发展的观点规范、引导与调节体育发展必然是善的，符合人性发展的取向，那么，身心归合发展必然是体育发展中人们的应然伦理追求。同样，在学校体育中，学生"身心归合发展"也必然是学校体育的应然伦理追求，如若人之行为事实与之相悖而割裂学生的"身心归合发展"，就是失去"本真"的、异化的体育教育，这将导致学校体育发展的扭曲。

在访谈中，有专家质疑把"学生身心归合发展"作为学校体育的应然伦理追求的合理性，认为应该把"人的自由发展"作为学校体育的应然伦理追求。笔者认为，如果把学校体育的应然伦理追求定位为"人的自由发展"，事实上就是把学校体育"悬空"了，与学校体育之所以存在的意义相离较远。"人的自由发展"是人类社会发展的终极追求与目标，而学校体育的存在能为人的自由发展提供更多可能，但不是直接相关。学校体育作为育体、育人的存在，它的存在意义更多来自对人的身心健康协调发展的关照。

本研究把学生身心归合发展作为学校体育的应然伦理追求，旨在强调学校体育必须回归到学生身心合一发展，而不是片面强调身或心的发展。学生身心归合发展是学校体育促进学生发展的基础、出发点与灵魂，我国长期以来在学校体育相关政策、文件中强调的"促进身心发展""身心健康协调发展"等也是建立在学生身心归合发展基础之上。在我国，工具价值取向导致了教育的过度功利化，学校体育的伦理追求在这样的教育环境中常被限制或歪曲。对教育的功利性追求本身没有问题，但这种功利性追求要限制在一定的道德阈限之内。对于学校体育而言，这个道德阈限就是人的行为不能僭越学生身心归合发展这一伦理追求。因此，学生身心归合发展是学校体育伦理的核心与灵魂，任何违反这一应然伦理追求的行为都应得到纠正与遏止。

---

① 张尧均. 隐喻的身体：梅洛·庞蒂身体现象学研究 [M]. 杭州：中国美术学院出版社，2006：113.
② 张尧均. 隐喻的身体：梅洛·庞蒂身体现象学研究 [M]. 杭州：中国美术学院出版社，2006：43.

四、学校体育伦理原则的确立

学生身心归合发展是学校体育伦理的核心与灵魂，它体现着学校体育伦理的基本价值取向，而伦理原则是伦理价值取向的具体化，反映着事物的核心与灵魂。学校体育伦理原则反映学校体育中人们所应秉持的伦理价值观，是人的行为的基本伦理规范与要求，对其认知有着重要的意义。原则就是说话、行事的准则。逻辑推之，学校体育伦理原则就是指在学校体育中人们说话、行事所应依据的伦理准则，是学校体育中人之言行的基本伦理规范与要求，对学校体育发展具有基本的指导意义。它既明确了学校体育发展的伦理立场，又为学校体育中人们的行为提供了规范方向。而学校体育伦理原则的确立既不能主观猜度，也不能人为强加，必须具有依据，而依据就是必须反映社会最基本的伦理道德要求，必须遵循道义与功利的和谐统一，必须遵从学生身心归合发展这一应然伦理追求，同时，也必须反映相关主体的人性诉求。据此，我们认为学校体育应遵循的伦理原则是：秉持人道、崇尚公正、依循理性、恪守诚信、追求幸福。其中，人道、公正、理性、诚信不仅是社会最基本的伦理道德要求，也是当代社会公认与普遍关注的伦理问题。而幸福则是处身学校体育中的体育教师及学生的正当人性诉求。在这些原则中，人道是基础，公正、理性、诚信是保证，幸福是归宿，彼此之间相互促进，共同构成学校体育伦理原则体系，并对学校体育中人之行为具有基本的规范意义。

（一）秉持人道

"教育的合道德性具有不同的价值维度，人道主义是其中之一"[①]。学校体育是育体、育人的合道德性的教育活动，人的身体解放与全面发展是其终极目标，其出发点与落脚点都在于"人本身"。因此，学校体育存在的合理性的最终依据是否促进人的身体解放与全面发展。而"人道乃是视人本身为最高价值而善待一切人、爱一切人、把任何人都当人看待的行为，是基于人是最高价值的博爱行为，是把人当人看的行为：这是善待他人的最高原则"[②]。人道原则是最根本的教育道德原则，也是学校体育活动中调节人的行为所应遵循的根本原则。"把人

---

① 糜海波.教育人道主义的伦理精神与价值取向 [J].教育探索，2016 (7)：13-16.
② 王海明.新伦理学：中册 [M].修订版.北京：商务印书馆，2008：975.

当人看"是人道的根本,也必然是学校体育所应遵循的根本。今天我们所讲的"人道",是指发端于欧洲文艺复兴时期的近代人道主义含义下的"人道"①。严格意义上的"人道主义"是一种关心人、尊重人、倡导保护个人的权利,要求重视人的价值,主张实现人的平等和自由,宣扬在宇宙和人类社会中必须以人为中心的伦理观②。"人道是以人性的存在为基础、以人性的实现为指向的最一般、最基本的伦理原则。"③"把人当人看、尊重人、保障人的基本权利与自由"是秉持人道的基本伦理要求。因此,在学校体育中,要遵循人道原则必然要从以下几个方面考虑。

1. 尊重教育主体的人格与尊严

教育主体主要是指发展的主体(学生)和育人的主体(体育教师)。学生作为发展的主体,其是具有独立人格与尊严的人,要实现学校体育的育体、育人目的,必然要把学生当"人"来看待,而不是"物"。学生是活生生的人,这必然要求在学校体育教育中,体育教师要尊重他们的人格与尊严,杜绝一切有损他们人格与尊严的行为,如体罚、嘲讽、侮辱等,这就需要体育教师具备良好的教学道德素养与体育教育素养。事实上,只有尊重学生、关爱学生,对学生具有同情心,学生才更有可能融入体育教育。假若体育教育是野蛮的体育教育,充满暴力与讽刺的体育教育,把学生当作"工具"的体育教育,必然是失败的体育教育。正如英国教育家斯宾塞(Herbert Spencer)所言:"野蛮产生野蛮,仁爱产生仁爱,这就是真理,待儿童没有同情,他们就没有同情,而以应有的友情对待他们就是一个培养他们友情的手段。"④ 也就是说,以什么样的态度对待学生,就有可能培养出什么性情的学生,学校体育是育体、育人的教育,它所追求的绝对不是野蛮与暴力,更不是心灵上的摧残。因此,尊重学生的人格与尊严必然是学校体育应遵循的人道,必然是规范教育者行为的准则与遵依。体育教师作为育人的主体,他们同样也是"人",同样也具有人的尊严与独立人格。因此,在学校教育管理工作中,也应把他们当作"一般人"看待,而不应是"边缘人",教育管理者要尊重他们的付出与劳动,理解他们的境遇。只有尊重体育教师的人格与尊

---

①龚正伟.论体育的人道原则[J].伦理学研究,2005(3):65-69.
②唐永进.人道主义——永恒的伦理原则[J].理论与改革,1998(3):16-19.
③金保华.论教育管理的伦理基础[D].武汉:华中师范大学,2008.
④斯宾塞.教育论著选[M].胡毅,等译.北京:人民教育出版社,1997:124.

严，尊重他们的工作价值，他们才可能全身心地投入学校体育事业，积极地为学生身心发展做贡献。如果基本的人的尊严与独立人格都不能保障，体育教师又怎么能够去实现其自身价值。因此，对待体育教师，我们必然要秉持人道，尊重他们作为人的尊严与人格，才能真正地激发体育教师的主观能动性。

2. 促进学生的自由发展

自由：最根本的人道①。而"自由"含有"解放"之意，只有人得到解放，人才能走向自由。学校体育正是为了实现人的身体解放的教育，学生只有从学校体育中获得更充盈的体力基础，才有可能得到身体解放，进而为其本身走向自由发展提供可能。体育是学生全面发展的重要组成部分，学生在学校体育中不仅可以获得身体机能的提升，也可以使自身成为更完善的人，学生只有成为一个拥有健康身体的全面发展的人，才更可能走向自由。因此，一方面，学校体育教育必然是促进学生身体解放的教育，所有损害学生身体发展、挤压学生锻炼时间的行为必然要受到抵制；另一方面，学校体育教育必然是促进学生全面发展的教育，即要求学校体育不仅要发挥育体作用，更要发挥育人效用，促进学生成为全面发展的人。学生只有从学校体育中获得身体解放与全面发展，才有可能成为自己的主人。由上所述，在学校体育中促进学生的自由发展，即促进学生的身体解放与全面发展，这是学校体育的终极目标，也是学校体育发展的最高伦理追求。因此，促进学生的自由发展必然是最根本的人道。这就意味着学生的身体解放与全面发展是学校体育发展的人道根本，学校教育管理者、体育教师必须紧紧围绕这一人道内涵，抵制蚀伤学生身心发展的行为，促进学生在学校体育中实现自我的身心充盈与完满，进而推动学生走向自由发展的彼岸。

3. 尊重教育主体的人权

人道主义将"把人当人看"作为人道的根本，而"把人当人看"的一个重要体现就是尊重人权。人权是指每个人因其为人而应享有的权利，具体来说是指在一定的社会历史条件下每个人按其本质和尊严享有或应该享有的基本权利②。人权所涉及的领域是人生存与发展的最一般、最基本的领域，也是人性和人道所涉及的基本领域，这表明人权和人性、人道在本质上是一致的③。在学校体育中

---

① 王海明. 新伦理学：中册 [M]. 修订版. 北京：商务印书馆，2008：981.
② 蓝寿荣. 休息何以成为权利——劳动者休息权的属性与价值探析 [J]. 法学评论，2014（4）：84-96.
③ 金保华. 论教育管理的伦理基础 [D]. 武汉：华中师范大学，2008.

的人权主要体现在教育主体（体育教师与学生）的人权。对体育教师来讲，应该享有人格权利、人身权利、经济权利、政治权利、文化权利等保证其生存与发展的基本权利。体育教师的这些基本权利受到尊重与否，将直接关系其是否受到人道对待。对学生来讲，体育权利是一项人权。体育权利在学校体育中则主要体现在体育学习权利与体育锻炼权。体育学习权利还属于受教育权。《中华人民共和国宪法》（以下简称《宪法》）第四十六条规定："中华人民共和国公民有受教育的权利和义务。国家培养青年、少年、儿童在品德、智力、体质等方面全面发展。"《中华人民共和国教育法》（以下简称《教育法》）第五条规定："教育必须为社会主义现代化建设服务、为人民服务，必须与生产劳动和社会实践相结合，培养德、智、体、美等方面全面发展的社会主义建设者和接班人。"《中华人民共和国体育法》（以下简称《体育法》）第十七条规定："教育行政部门和学校应当将体育作为学校教育的组成部分，培养德、智、体等方面全面发展的人才。"显然，体育学习权利包含在这些相关法规中，是每个公民应该享有的基本权利。体育锻炼权是学生生命权的一种体现形式，这是因为体育是与人的生命价值提升最密切相关学科，那么，在一定程度上讲，保障学生的体育锻炼权即在保障学生的生命权。因此，在学校体育中，尊重教育主体的人权是"把人当人看"的人道诠释与注解。

（二）崇尚公正

公正是一个重要的伦理学概念，也是一个基本的道德范畴[①]。公正或正义是与公平和平等意思相近的词，在很多情况下，有的政治学、法学、哲学和伦理学者没有对它们进行严格的区分，许多词典也在互换的意义上使用它们[②]。虽然在语义层面上，公平与平等、正义、公正是意思相近的词语，但它们之间还是有一定的差别[③]。正义，在实质上是人理想性存在的真正标准与最高原则[④]。在正义、公正、公平、平等、公道这几个相近的词汇中，正义属于最高的、核心的范畴，所有的公正、公平、平等、公道，必然是符合正义的，因而正义精神也是贯穿本研究的一种核心理念。公平强调事物之间的合理性，平等强调事物之间的无差别

[①] 谢洪恩. 社会主义公正原则的具体要求 [J]. 中共四川省委省级机关党校学报, 1999 (1): 65-69.
[②] 龚正伟. 当代中国体育伦理建构研究 [D]. 长沙: 湖南师范大学, 2006.
[③] 金保华. 论教育管理的伦理基础 [D]. 武汉: 华中师范大学, 2008.
[④] 高清海, 胡海波. 人类发展的正义追寻 [J]. 中国社会科学, 1998 (1): 54-64.

性,平等是公平的基础。公道则常指不偏不倚、公平合理。公正则介于正义与公平或公道之间,它比公平和公道更郑重一些,比正义更平常一些,因而适用于任何场合①。总之,公正、正义、公道、公平等属同一范畴的概念,基本含义大致相同,但以公正最为典型和常用,故而可以统称为公正②③。因此,本研究也遵循这一典型用法,但在具体研究中根据所处语境又有所区分对待。

尽管在现代伦理学研究中,公正作为一种道德原则,但在中国历史上"公正"一词并不多见,常以"义""正义""正""公心"等词汇形式出现。如《论语》中言:"君子之仕也,行其义也。"(《论语·微子》)《荀子》中言:"不学问,无正义,以富利为隆,是俗人者也。"(《荀子·儒效》)《淮南子》中言:"处尊位者,以有公道而无私说"。(《淮南子·诊言》)《盐铁论·讼贤》中言:"夫公族不正则法令不行,股肱不正则奸邪兴起。"董仲舒言,"正其道不谋其利,修其理不计其功"……"君子修国,曰:'此将率为也哉!'……公心以是非,赏善诛恶而王泽洽,始于除患,正一而万物备。"(《春秋繁露·盟会要》)朱熹言:"凡事不可先有个利心,才说到利,必害于义。(《朱子语类》卷五十一)"由上可见,中国历史上,"义""正义""正""公心"等词汇常用于"应当的""合乎道德的"公正范畴的表达。那么,从伦理学角度来说,按照一定社会的道德核心、道德原则和道德规范行动的,就是公平的、正义的、应当的、合乎道德的,"义"和"不义"就具有了与应当和不应当、善和恶、道德和不道德同等的意义④。

在西方国家,公正源于古希腊文中的"orthos",意为"表示置于直线上的东西,往后就引申来表示真实的、公平的和正义的东西"⑤。对于公正的认识,在西方国家百家争鸣,众说纷纭。英国政治哲学家哈耶克(Friedrich Augustvon Hayek)认为:"只有人的行为才可以被叫作公正的或不公正的。"⑥ 亚里士多德认为:"公正是一切德性的总汇。"⑦ 美国伦理学家弗兰克纳(W. K. Frankena)

---

①王海明. 新伦理学:中册 [M]. 修订版. 北京:商务印书馆,2008:767-768.
②王海明. 公正概念辩难 [J]. 中国医学伦理学,2009,22(2):11-13,16.
③高清海,胡海波. 人类发展的正义追寻 [J]. 中国社会科学,1998(1):54-64.
④罗国杰. 关于社会主义公正原则的几个问题 [J]. 道德与文明,2012(5):5-8.
⑤拉法格. 思想起源论 [M]. 王子野,译. 北京:生活·读书·新知三联书店,1963:59.
⑥F A Hayek. Law, Legislation and Liberty [M]. Volume 2. Beijing: China Social Sciences Publishing House Chengcheng Books Ltd, 1999: 31.
⑦亚里士多德. 亚里士多德全集:第8卷 [M]. 苗力田,译. 北京:中国人民大学出版社,1997:96.

则认为:"并非一切正当的都是公正的,一切不正当的都是不公正的。乱伦虽然是不正当的,却几乎不能说是不公正的……给他人快乐是正当的,却不能严格地称为公正。公正的范围只是道德一部分而不是全部。"① 穆勒认为:"人公认每个人得到他应得的东西为公道;也公认每个人得到他不应得到的福利或遭受他不应得的祸害为不公道。"② 阿奎纳(Thomas Aquinas)认为:"正义就是给予每个人应得的事物的坚定和不变的意志。"③

中西方对公正范畴的含义认识归纳起来,公正就是一种人之行为应该如何的道德原则,具体来讲就是做应该做的事,给人应得,得其所得。公正在具体内容上主要包括制度公正、赏罚公正、分配公正、决策公正、舆论公正等方面④。在学校体育中的公正则常体现在权责对等、制度正义、决策正义、教育公平等方面。具体来讲,在学校体育中对公正原则的理解,应包含以下几个方面。

1. 制度正义是学校体育制度公正的发展方向

学校体育的制度正义是指社会资源、责任、义务在学校体育中的分配是否公平与正当,它是制度公正的目标和指向。学校体育要通过正义的追求制定相关制度,保障学生接受体育教育的权利,促进学生的身体解放,维护体育教师的权益,保证体育学科的地位。只有在制度正义的目标牵引下,不断完善学校体育相关制度,保障社会资源、责任、义务在学校体育中的公平、正当分配,才能更加充分地解决学校体育发展中带来的诸多问题,学校体育制度本身也才能实现其有效与可持续的发展。学校体育制度正义作为一种具体的社会伦理价值体现,必然要与学校体育的发展目标相契合,面向人的身体解放与全面发展。改革开放以来,我国学校体育在场地设施、师资配备等方面取得了瞩目的成绩,但是体育学科地位、学生体质健康、体育教师待遇等方面仍然存在突出问题,城乡学校体育不均衡发展依然是要解决的重要问题。那么,这就意味着当代中国必然要秉持制度正义发展学校体育,具体来讲就是要以资源、责任、义务等的分配公平、正当来发展学校体育。

---

① William K Frankena. Ethics [M]. New Jersey: Prentice-Hall, INC. EngLewood Cliffs, 1973: 46.
② 穆勒. 功利主义 [M]. 唐钺,译. 北京: 商务印书馆, 1957: 48.
③ 卡尔, 白舍客. 基督宗教伦理学: 第2卷 [M]. 常宏, 译. 上海: 生活·读书·新知三联书店, 2002: 262.
④ 谢洪恩. 社会主义公正原则的具体要求 [J]. 中共四川省委省级机关党校学报, 1999 (1): 65-69.

2. 决策正义是学校体育实践的根基

学校体育是公共教育事业的重要组成部分。学校体育是否开展、如何开展都离不开决策。在学校体育中,决策是否符合人的体育发展需要,必然要面对正义问题。正如柏拉图所言,公共决策的最高准则是正义。学校体育决策作为公共决策的一个具体领域,毋庸置疑,在具体决策制定与执行之时,当代中国的学校体育决策主体中,许多决策主体并未遵循人的体育需要的正义诉求。一些决策主体时常为了学生的升学与就业或功绩追求,挤压甚至放弃学校体育的发展,偏离了人的身体解放与全面发展的目标。学校体育决策主体是否秉持学校体育的发展正义,将直接影响教育的和谐发展及学生的身心发展。因此,要推动当代中国学校体育的健康、持续发展,既要依据人的体育需求,坚持决策正义,科学制定与执行学校体育决策,进而保障学校体育应当的地位,保证学生参与体育教育、体育锻炼的充盈;又要依据人的全面发展目标,立足人的长远发展,坚持决策正义,通过民主沟通、协商,听取各方建议,保证学校体育决策制定与执行的合情合理,让学生真正拥有学校体育的正当权益,最终促进学生成为全面发展的、可持续发展的社会人。

3. 教育公平是学校体育合道德性发展的基础

教育公平理念源远流长,其是人们追求公正教育的一种古老理念,蕴含着人人拥有接受平等教育的伦理内涵。教育公平问题是当代中国学校体育的焦点问题,它关系着学校体育自身的发展及学生身心的发展。教育公平在学校体育中有多重含义。从学校体育实践主体来看,教育公平可以分为教师公平与学生公平。教师公平是指在学校体育实践中对待体育教师是否公平合理;而学生公平是指在学校体育实践中对待学生是否公正合理。从学校体育教育的过程来看,可以分为三个方面:一是起点公平,即要保证每个学生平等拥有接受体育教育的权利与义务;二是过程公平,即要保证每个学生平等接受体育教育的机会和条件;三是结果公平,即要保证学生接受体育教育的实质性公平。此外,对教育公平的正确认识还应包括追求体育教育效率与体育教育公平的统一。从资源配置来看,可以归为三个方面:一是城乡学校体育资源配置公平;二是各学科之间资源配置公平;三是学生之间资源获取公平。不管从哪一个视角,每个学生获取公平的体育权益与资源都应是人们持续追求的伦理理想。

4. 权利与义务对等是学校体育主体行为公正的内在要求

学校体育中的公正体现在行为主体（体育教师与学生）身上，即意味着要遵循权利与义务对等的行为准则。在当代中国学校体育中师生权利与义务双重缺失的境况下，更要强调权利与义务对等的原则，以此促进师生应当利益的实现。这是因为对于体育教师而言，只有其拥有应有的教育教学权、报酬权、平等晋升权等权利，他们才有动力去履行教育教学等应尽义务，他们也只有履行应尽义务，才会真正拥有相应的权利，如果只有权利没有义务，或者只有义务而没有权利，都必然会导致事实上的不公正。假若体育教师的权利与义务双重丧失，必然会对体育教师产生最大的不公。对于学生而言，学生具有接受体育教育的权利，同时具有应诺体育学习的义务，如果学生只拥有接受体育教育的权利，却不履行体育学习义务，那么他在事实上也就失掉了自己的应有权利，这就是权利与义务对等的公正。正如马克思所言："没有无义务的权利，也没有无权利的义务"。显然，权利与义务对等必然是学校体育师生应该遵循的行为准则。

（三）依循理性

人作为理性的存在物，在为人类自身的生存发展而努力的同时，需要把人类理性道德作为尺度去衡量人与自然、人与社会之间的关系。当来自本能的欲望超越来自本能的约束之时，需要非功利性、非工具性的价值理性来辖制人自身。要扭转我国学校体育发展中的理性偏失，在价值体系上首要的是处理好理性选择问题，也就是要在理论上厘清人们的应然理性追求，以科学的理性选择促进我国学校体育的良性发展。

1. 理性的含义及其当代定位

在古希腊时代，工具理性和价值理性的形态呈现为宇宙理性，之后传统理性主义在历史上占据很长一段时期。直到近代理性分化之后，价值理性才在主体性的价值冲突中逐渐显现与澄明。把理性区分为价值理性和工具理性并用之于社会行为和社会现象的分析，肇始于马克斯·韦伯（Max Weber），此后，这种理性二分法即成为一种理论事实，并承担起重要的解释和载体功能[1]。

德国哲学家马克斯·韦伯原本意图通过反思现代性，从中寻找价值理性失落

---

[1] 王彩云，郑超. 价值理性和工具理性及其方法论意义——基于马克斯·韦伯的理性二分法 [J]. 济南大学学报（社会科学版），2014，24（2）：48-53.

的根源，以价值理性主导人类的生存世界，从而调适人类社会走向和谐发展。然而，在其生活的工具理性普遍占优的社会，价值理性很难找到立足点。但是马克斯·韦伯的原初意图以及对现代性的认知，给后来者以重大启迪。要消解现代性危机，澄明价值理性的存在意义，必然要回答与反思马克斯·韦伯的问题。在经济功利的社会，工具理性思维是人们处理问题的实然，人成为工具甚至成为技术与机器的附庸，致使物质崇拜充斥着社会的各个领域，人也失去了人之所以为人的存在意义。为了解决与应对现代性问题，霍克海默（Max Horkheimer）、哈贝马斯（Jürgen Habermas）、马尔库塞（Herbert Marcuse）等思想家继承与发展马克斯·韦伯的思想，传承发展至今，工具理性、价值理性已经形成普遍的认知。

事实上，在马克斯·韦伯及其之后著述中，工具理性也常作为主观理性或技术理性出现，随着科技的发展，它是以主观性的、工具性的思维来理解的科技理性。德国哲学家霍克海默在《理性之蚀》中认为："主观理性本质上关心的是目的和手段，关心为实现那些多少被认为是理所当然的，或显然自明的目的手段的适用性，但它却很少关心目的本身是否合理的问题。"[1][2] 主观理性往往追求工具化上的效率优先以及非目的性的理性选择。事实上，最初工具理性被马克斯·韦伯阐述为"将数学形式等自然科学范畴所具有的量化与预测等理性计算的手段，用于检测生产力高度发展的西方资本主义社会人们自身的行为及后果是否合理的过程"[3]。在这里，工具理性的蕴意在于资本主义工业社会的发展过程中，强调工具或手段上的效用，追求最大的功利，忽视人文性，割裂人的存在意义上的整体性。工具理性关心的是手段的适用性与有效性，是人为实现某种目标而运用手段的价值取向观念，工具理性也称技术理性，它是西方理性主义同现代科学技术相结合形成的技术理性主义文化理念，是在工业文明社会中以科学技术为核心的一种占统治地位的思维方式[4]。而在价值理性的沿袭中，其往往与客观理性或人文精神一起作为同义概念，是一种更为本质的实质理性。霍克海默认为，客观理性是指"一个包括人和他的目的在内的所有存在的综合系统或等级观念，人类生活的理性程度由其与这一整体的和谐所决定。正是它的客观结构，而不是人和他

---

[1]王黎娜.技术创新生态化转向的哲学与现实维度探析[J].科学与管理，2011（1）：9-12.
[2]Max Horkheimer. Eclipse of Reason [M]. New York：The Seabury Press，1974：3.
[3]马克斯·韦伯.经济与社会：上卷[M].林荣远，译.北京：商务印书馆，1997：65.
[4]邹喜.对工具理性与价值理性关系的批判性反思[D].桂林：广西师范大学，2006.

目的，是个体思想和行为的量尺……在这里关键的是目的而不是手段"①。客观理性在其根本意义上关注人与事物发展的本质，体现在对人的终极关怀，而不是把人作为工具或手段。价值理性在理性分化之后，在马克斯·韦伯那里价值理性是作为主体的人在实践活动中形成的对价值及其追求的自觉意识，是在理性认知基础上对价值及价值追求的自觉理解和把握②。价值理性在其本质上追求人对本己存在价值及意义的本我认知，它不否认工具理性的现实存在价值，以及追问人的自由全面发展的真义，从而质疑社会发展中的过度功利在伦理上的合理性。"常常价值理性作为人类所独有的用以控制和调节人的欲望与行为的一种精神力量"③，正是这种精神力量体现了人之所以为人存在的价值与意义，它强调人文精神在人类生活世界存在的实然价值，引导作为主体的人在自然及其所建立的社会中追求本己成为完整人，进而占有人自身全面的本质，最终走向人的自由全面发展。

由上不难看出，人作为理性的存在物，如果仅把工具理性作为人类发展的向度，人类必然走向异化，逐渐丧失已经构筑的精神家园，走向自我毁灭的深渊。如果仅把价值理性作为人类的发展向度，社会发展很容易失去必须的物质基础与技术支撑，走向乌托邦。然而，长期以来，人类更多地通过工具理性思维去追求物质财富，尽管科学技术的迅猛发展给人类带来了空前的物质文明，但是人类同时也失去了自我，非工具性、非功利性、非实用性的价值理性走向迷失，使人类陷入困惑的沟壑。而公平、正义、幸福的人文精神追求在工具理性的遮蔽下，逐渐被挤向边缘。基于此，我们必须正确把握工具理性与价值理性的含义及其之间关系，对其进行合理的当代定位。也就是说，理性作为人类自身处理问题的思维方式，应然是手段和目的的统一，也必然是工具理性和价值理性的统一。

2. 学校体育发展的应然理性追求——工具理性与价值理性和谐统一的合理理性

体育是已经被确证的有益于人类发展的存在。体育的目的在于"以人体运动为基本手段，增强体质，增进健康，提高人的生活质量"④，延展人的生命，锻

---

① 吴林海，刘荣增．从"边缘城市主义"到"新城市主义"：价值理性的回归与启示［J］．科学技术与辩证法，2002，19（3）：16-18.
② 马克斯·韦伯．经济与社会（上卷）［M］．林荣远，译．北京：商务印书馆，1997：98.
③ 吴增基．理性精神的呼唤［M］．上海：上海人民出版社，2001：2．
④ 杨文轩，陈琦．体育原理［M］．北京：高等教育出版社，2004：46.

造人的意志，荡涤人的灵魂，塑造人的公平正义精神，追求人的生活幸福。这也正是体育存在的价值所在。体育存在由于人本身是自然属性与社会属性的统一体，体育也必然被赋予自然属性与社会属性的双重内涵。体育因具有自然属性，所以保持人的生存就成为首要的需求。同时，体育具有的社会属性决定了其存在不仅是为了满足人的生物学上的生存，还要探寻人生存的价值与意义，体育存在应然要成为人的价值与意义追求的实然载体。

改革开放以来，长期以经济建设为中心给民众带来了大量的物质财富。正是工具理性所显现的巨大威力，使它如神神祇般登上了人们崇拜的神坛。由此，工具理性价值一方面成为一种纯主观或纯主体的力量，另一方面被当作一种普遍性的尺度去度量我们面对的对象世界。在体育领域，工具理性价值也成为人们追求的体育发展尺度。我国体育治理与发展在工具理性主导下取得了辉煌的成绩，尤其在竞技体育领域，价值理性在工具理性光辉映照之下黯然失色，人成为金牌、锦标、功绩的工具。竞技体育领域工具理性的盛行也造成了大量运动员文化素养偏低、就业困难的问题，社会体育成为竞技体育优先发展的附庸，至今发展不力。我国体育发展深受过度工具理性的困扰，在学校体育领域也是如此。

学校体育是我国体育发展的中转站，它承载着体育知识、技能、价值观等的承转。然而，由于改革开放以来人们思想观念的变迁，以及功利主义理念下学校体育逐渐异化为教育的附庸，作为学校教育的一部分，中小学体育教育避免不了被"边缘化"，因为体育课决定不了学校的升学率，更不能决定学生的未来，所以它只是学校教育的"休闲品"[1]……而"现在的学校体育管理者早就把学校体育看成了一种'盈利'的工具，对其所蕴含的文化价值视而不见，工具性的思维使学校体育过度关注一些知识、技术、成绩，对参与者的主观感受视而不见"[2]。因此，在我国中小学，一直以来由于高考导向以及传统文化的影响，体育教育往往不受重视，学校的体育课程往往受到挤压，"一切为高考让路"的观念在我国各地盛行。与此相伴的是学生体质主要指标的持续下降，同时体育课时打折、体育测试数据造假、体育教师怠工成为常态，从而形成了恶性循环。在体育成为一些省市高考加分的项目时，体育就成为加分工具，体育成绩造假成为一

---

[1] 黄晓丽, 金育强, 卢亮球, 等. 学校体育价值的理性审视 [J]. 广州体育学院学报, 2014, 34 (6): 11-15.
[2] 张世威. 我国学校体育异化现象的审视与思考 [J]. 天津体育学院学报, 2008, 23 (6): 523-524.

些人走捷径的手段，迫使教育部2014年不得不出台取消高考体育加分的文件。在体育课时政策达标的压力下，一些学校拿课间体育活动、课余体育充当体育课时，而课余体育训练与竞赛也成为学校夺标的工具。我国落后的农村体育由于师资、场地、观念等问题以及"跳农门"思想的普遍存在，体育教育更是难以正常开展。与此同时，体育界过去长期忽视人文学科，带来的是体育师资对文化素质的淡漠，对"人文"二字的陌生，对人文精神的认识模糊，这样我们又如何能在教育中让学生去体味人文精神的内涵与外延呢？[①]

因此，由于学校体育工具性的偏离，教育主体发展的受限，以人为本、追求生命价值的体育观难以在学校体育活动中有效实现，学生全面发展也受到价值理性缺失的限制，学校体育在工具理性主导的当下走向陷落。

在此情景之下，我们不禁要追问我国学校体育发展怎么了？应该采用怎样的理性应对？人作为理性的存在物，本是工具理性与价值理性的统一，但人的功利欲望生生割裂两者在体育发展中的有机共存，学校体育发展的非功利性、非工具性长期受到排斥和忽视。面对我国学校体育发展中理性导向上的异化，我们应该正确把握工具理性与价值理性的意蕴，追求两者的和谐与平衡，也应该不断促进学校体育参与主体性的觉醒与超越，关怀人的情感体验与主体性生存，弥补价值理性上的缺失，追寻学校体育实然存在的价值与意义。那么，从根本上来讲，我国学校体育发展的当代理性诉求应然是工具理性与价值理性和谐统一的合理理性。具体来讲，我国学校体育遵循理性原则应从以下几个方面考虑。

第一，以价值理性为范导，匡正过度工具理性。长期以来，工具理性主导的社会带来了快速的物质财富积累，但过度的功利也引发了人的虚无与困惑，人们需要通过价值理性来确定人的生命价值与存在意义，并引导人们走向人类实践的终极目标——自我的实现。显然，我国学校体育治理与发展中，过度工具理性引发的系列问题需要通过人的生命追求与道德善来限制体育工具理性的边界，预防僭越价值理性。我国学校体育治理与发展的实践，要以人的生命追求引领学校体育的发展，要以人的身体解放引导学校体育的走向，要以人的持续发展需求限制学校体育中的短期功利行为，要以工具理性和价值理性的和谐统一规范学校体育发展，最终促进学生的自由与全面发展。人作为理性的存在物，理性应该是目的

---

① 陈德敏，向勇. 中国学校体育教育呼唤体育人文精神的回归 [J]. 武汉体育学院学报，2006，40（5）：99-102.

和手段的统一，学校体育发展绝不能只是工具理性一个维度，过往的学校体育治理与发展实践表明，工具理性占优的学校体育发展已经异化了体育自身，在发展中迷失自我，必须及时对工具理性进行限制，通过价值理性匡正，促进我国学校体育的健康发展。

第二，发挥人的主体性，使人成为目的存在需要。学校体育治理与发展需要发挥人的主体性，使人成为目的的存在而不是作为手段而存在。而在学校体育中，使人成为目的的存在，关键在于发挥人的主体性，达到工具理性与价值理性的平衡。一要通过"以人为本"调和学校体育发展中的工具理性思维，确立人在学校体育治理与发展实践中的主体地位，发挥人的能动性与自觉性。二要通过人的主观能动性，创设公平正义的学校体育治理与发展环境，为学校体育发展主体提供自由、平等、公正的环境基础，同时充分认知不同学生个体的差异，提倡多元的文化主体与自我主体。三要注重学校体育发展中人的身心平衡，把人作为生活世界的中心和主体。在学校体育治理与发展实践中，既要重视人在"肉体"上的强健，也要重视"心灵"上的解放与发展。人是"肉体"与"心灵"归合的存在，是活生生的具有情感的存在，学校体育实践显然不能以工具理性为主要的持续导向，而是要以价值理性引导工具理性的实践导向。因此，我国学校体育治理与发展中要使人成为目的存在，就是要弘扬人的主体性，寻找体育作用于人本身的平衡点，也就是要实现工具理性与价值理性的有效契合，这个平衡点需要体育参与主体把自我与他者共同作为目的，而不只是把自身作为目的。

第三，整合工具理性与价值理性，以实现学生的现实体育需要。"工具理性"绝对化倾向常常导致事物发展的偏失，当代中国的学校体育正是这种"工具理性"绝对化倾向割裂了应当的理性发展。工具理性在一定程度上给参与其中的人们带来"价值"与"好处"，但绝对化的"工具理性"却损害了人的发展的长远利益，忽视了体育的应有人文价值与生命关怀。基于此，要实现我国学校体育的良性发展，应当遵循工具理性与价值理性的合理契合，逐渐驱散过度功利带来的迷雾，也就是要在学校体育发展中把学生体质强健与立德树人作为最根本的工作任务，要把学生的体育知识与技能的可持续发展作为应然取向。学校体育发展中工具理性与价值理性二者不可分割，工具理性与价值理性的合理重构和融合是当代中国学校体育治理与发展现代化的应然需求。只有工具理性与价值理性的合理契合才能确保学校体育参与中人的全面与完整，规避人的异化与物化倾向，进而促进我国学校体育稳步发展。人的一切实践活动与理想追求，最终是为了自我实现。我国学校体育发展的最终落脚点也应在于学生从体育参与中获得生命的意义,面对今天工具理性的越位,只有遵循工具理性与价值理性的合理契合,学校体育之于学生的追求与生命意义才能得以实现。

(四) 恪守诚信

诚信作为一种道德规范和价值观念,同人类社会一样古老,源远流长,它是社会交往实践的产物,自从有了人类社会以来,就逐步形成了诚实守信的道德规范和价值观念[1]。关于诚信,古今中外并没有一致的概念。在中国古代,"诚""信"二字含义相通。信的本义是真实无欺。如《说文》中言:"信,诚也,从人从言。"《说文解字》中认为"人言为信"。《疏》中言:"诚谓诚信也。"程颐则认为:"以实之谓信"。"信"不仅要求人们说话诚实可靠,切忌大话、空话、假话,而且要求做事也要诚实可靠。而"信"的基本内涵也是信守诺言、言行一致、诚实不欺。诚的本义也是真实。《说文》中言:"诚,信也。从言成声。"《易·乾》中言:"修辞立其诚,所以居业也。"《疏》中言:"诚谓诚实也。"《礼记·乐记》中言:"著诚去伪,礼之径也。"诚实两字联用古义有二:一为忠诚老实,《旧唐书》卷101《韩思复传》:"持此诚实,以答休咎";二为确实,《后汉书》卷68《郭太传》:"贾子厚诚实凶德,然洗心向善。仲尼不逆互乡,故吾许其进也。"刘淇的《助字辨略》中言:"诚实,重言也。"诚信连用,如《尚书·太甲下》中言:"鬼神无常享,享于克诚。"《孔传》中言:"言鬼神不保一人,能诚信者则享其祀。"[2] 由上可见,"诚""信"在中文中的基本含义是真实可信,其反义词是虚假、欺骗、矫饰[3]。在国外,"诚实信用"直接语源来自德语 treu und glauben,拉丁文则为 bonafides,英文中是 good faiht,法语作 bonnefoi,日文中表达为信义诚实。英美法中的"good faith",近来多译为"善意",但在《牛津法律大词典》中的"bona fides"一条加括号"(good faith)",显然是将二者视为对应词[4]。诚信是关于诚信守信的价值取向、道德品质、行为规范的伦理观念,它是伦理学的一个基本范畴[5]。尽管中外对"诚信"的具体含义表达有所

---

[1] 姚文. 马克思诚信观及其当代启示 [D]. 衡阳:南华大学,2012.
[2] 苏亦工. 诚信原则与中华伦理背景 [J]. 法律科学. 西北政法学院学报,1998 (3):46-51,58.
[3] 郭玉宇. 中西方传统诚信观之解读 [J]. 南京医科大学学报 (社会科学版),2005 (4):291-295.
[4] 郭玉宇. 中西方传统诚信观之解读 [J]. 南京医科大学学报 (社会科学版),2005 (4):291-295.
[5] 姚文. 马克思诚信观及其当代启示 [D]. 衡阳:南华大学,2012.

差异，但诚信作为一种道德原则，具有超越时空的普适性，却是不争的事实。

在我国当代社会，诚信是社会主义社会的核心价值观之一，它是人之行为规范的重要道德原则和道德规范。在社会发展的任何领域，诚信都是一条应该遵循的重要伦理原则，在学校体育领域也是如此，具体可以从以下几个方面认知。

1. 诚信是学校体育相关主体的重要行为准则

诚信不仅是道德建设的根本，也是指导人之行为应该如何的一种道德准则。在学校体育中，以诚信作为行为准则的目的在于，通过诚信可以规范学校体育相关主体的行为。诚信的行为准则要求学校体育相关主体在主观上必须具有诚实守信的心态，在从事学校体育活动的过程中，不但应该忠于学校体育事实，不违背学校体育教育规律，不欺骗他人，而且应该诚信履行相应的职责与义务。对于以校长为代表的教育管理者来讲，在行为上要依据学校体育政策及学生发展的体育需要，应诺自身的学校体育管理职责与义务，不滥用权利、不排斥体育学科、不排斥体育教师、不谎报体质健康数据，以诚信的行为推动学校体育开展。对体育教师而言，要以诚实、守信的行为履行自身职责与义务，做到认真备课、授课，不迟到、早退，不弄虚作假，以诚信的行为准则融入学校体育工作中，同时为学生提供榜样作用。对于学生而言，则要履行自身的体育学习义务，做到不旷课、不迟到、不早退，规避替考、替赛行为，为实现自身的身体解放与全面发展而不断努力。综上所述，诚信必然是学校体育相关主体介入学校体育应该遵循的行为准则，也只有以诚信作为行为准则，学校体育相关主体的行为才能得到规范、约束，进而牵引学校体育走向健康发展。

2. 诚信是学校体育的重要评判准则

诚信具有为人们提供价值判断标准的功能。诚信是一种抽象的、概括的道德规范，它不仅具有指导人们正确行事的作用，而且其在提供能动性价值评判方面具有更重要的作用。对于学校来说，把诚信作为一种评判的标准，即通过学校在开展学校体育过程中是否诚实守信来评判学校体育工作业绩的一种价值判断。学校是否按照相关学校体育法律政策配备资源、是否确保学生体质健康合格、是否弄虚作假等是反映一个学校是否诚信对待学校体育的具体表现，在现实中必然需要以诚信为评判标准进行判断。当下，学校体育出现的问题正是部分学校诚信缺失所致，而这种诚信缺失的行为主体主要是学校教育管理者与体育教师，这就需要学校教育管理者与体育教师树立诚信观念，共同推动学校体育的良性发展。政府组织则要把诚信作为一种评判标准对学校诚信缺失的行为进行评判，对有失诚信的学校进行惩戒与规制，逐渐杜绝有失诚信的行为。尽管学校在体育工作开展中的诚信缺失不能完全归咎于学校，但其仍然要承担相应的责任。因此，应该把学校体育诚信作为考核学校的重要评判标准之一，发挥诚信的道德约束作用，促进学校作出应当的行为回应。因此，把诚信作为学校体育的一种评判标准，具有重要的现实意义。

3. 诚信是学校体育的重要调节准则

诚信作为一种调节人之行为的道德规范和准则，对学校体育发展具有重要的规范作用，尤其是在当代中国学校体育诚信缺失的情况之下，我们更需要以诚信为调节准则，促进这种境况的改变。过往政府组织通过法律、政策等外在手段规范学校体育发展的模式，但未能有效解决当代中国学校体育中的诸多问题，急需引入具有内驱性的道德规范模式来调节人们的利益关系。在道德调节的诸多手段中，诚信是对学校体育相关主体进行道德规范的重要手段。只有政府教育管理者、学校教育管理者、体育教师、学生等相关行为主体讲诚信，才能有效克服学校体育中的失信行为，进而为学校体育诚信体系的建立提供有力的道德支撑。同时，也只有社会大众拥有共识的诚信意识，在社会中形成普遍的诚信氛围，进而为学校体育提供有利的诚信环境，学校体育的诚信缺失沟壑才能从根本上得到弥合。在当代中国学校体育发展中，诚信原则是利益的调节器，我们只有恪守诚信，从道义与功利和谐统一的立场促进学校体育发展的诚信正义，才能更有效地保障学校体育的健康、和谐发展。

（五）追求幸福

关于什么是幸福这一命题，可以这样说：幸福是一个谜，你让一千个人来回答，就会有一千种不同的答案①。关于幸福是什么？在国外，牧口常三郎认为幸福是价值的创造，内尔认为幸福意味着发现兴趣，穆勒认为幸福意指最大多数人获得最大利益，亚里士多德认为幸福是理论或沉思的思想活动，基督徒认为幸福是"高峰体验""超自然感"状态等②。使自己获得最大的幸福、快乐，增加幸

---

① 郑雪，严标宾，丘林，等. 幸福心理学［M］. 广州：暨南大学出版社，2004：1.
② 龙宝新. 教育：为了幸福的事业——论诺丁斯的幸福教育观［J］. 基础教育，2012，9（1）：10-16，20.

福总量是边沁认为的人们所追求的幸福①。恩格斯1847年在为共产主义者同盟写的信条草案中指出:"每一个人的意识或感觉中都存在着这样的原则,它们是颠扑不破的原则,是整个历史发展的结果,是无须加以证明的……例如,每个人都追求幸福。"②"人性不只创造了单方的排他的对幸福的追求,也创造了双方的相互的对幸福的追求,这种对幸福的追求就其本身来说是不能得到满足的,如果不同时地甚至非本意地满足其他个人对幸福的追求……"③

在中国,自古关于幸福就有着丰富的认识。《论语·雍也》中曰:"一箪食,一瓢饮,在陋巷,人不堪其忧,回也不改其乐。"就是指孔子讲颜回虽然生活条件差,但颜回有精神追求,所以很快乐。孔子云:"君子,其未得也,则乐其意;既已得之,又乐其治;是以有终身之乐,无一日之忧。"(荀子·子道),就是说"君子"的幸福是远大抱负实现程度的自我感受和怡然自处的心境。《礼记·乐记》上说:"夫乐者,乐也,人情之所以不能免也,故人不能无乐……乐则必发于声音,形于动静,而人之道。"就是说趋乐避苦是人的本性,人们总要通过一定方式来满足这种需要。《论语·雍也》中言:"知者乐水,仁者乐山。"也就是说"只不过不同的人对'乐'的具体形式和内容有着不同的理解和选择而已。"孟子云:"君子有三乐,而王天下不与存焉。父母俱存,兄弟无故,一乐也;仰不愧于天,俯不怍于人,二乐也;得天下英才而教育之,三乐也。"(《孟子·尽心上》)曹操有诗言"何以解忧,唯有杜康",就是寻找外物,用外在的力量化解内心的忧愁。"全寿富贵之谓福。"(《韩非子·解老篇》)在中国大众中,无祸便是福,为善便是福,这种心态至今还影响着中国人对幸福的认同。就中国主流文化来看,中国古人更强调幸福的形式是一种心境,是对实现某种高远志向实践满意度的主观体验。中国人眼中幸福的要素在《尚书》中归纳为"五福":"一曰寿,二曰富,三曰康宁(身体健康、生活安宁),四曰修好德(高尚的道德情操),五曰考终命(寿终正寝)。"④周敦颐在解释颜回安贫乐道的行为时称"见大而忘其小焉尔,见其大则心泰,心泰则无不足;无不足富贵贫贱,处之一也"(《通书·颜子第二十三》),言之意就是只要能实践远大志向,就会产生种

---

①张珮珮. 福利经济学经济公正思想研究 [J]. 南昌:江西师范大学,2014:1.
②马克思,恩格斯. 马克思恩格斯全集:第42卷 [M]. 北京:人民出版社,1979:373-374.
③唐凯麟. 西方伦理学名著提要 [M]. 南昌:江西人民出版社,2000:297-298.
④白雪. 古代中国和希腊幸福观对比研究 [J]. 山西农业大学学报(社会科学版),2011,10(12):1280-1283.

充实的幸福感（心泰），物质上富贵与贫贱对他们来讲是一样，没有什么区别①。

由上可见，中外对幸福的认识丰富多彩，但不管怎样，幸福都是人们永恒的追求。正如德国哲学家费尔巴哈（Ludwig Andreas Feuerbach）在《幸福论》中所言："一切有生命和有爱的动物，一切生存着和希望生存的生物之最原始和最根本的活动就是追求幸福。"学校体育作为人的需要的产物，缔造幸福必然是其追求的归宿。具体来讲，在学校体育中遵循幸福原则为人缔造幸福主要体现在以下几个方面。

1. 学生获得幸福是学校体育的核心目的

教育的目的不应是追求高分，也不应是追求功绩，它应是为了人的幸福。幸福是指引所有教育活动的"灯塔"，对于学校体育而言也是如此。学校体育所面对的是活生生的人，在一定意义上，如果学校体育的最高追求就是让学生获得幸福，那么学生从学校体育中获得幸福必然是学校体育开展的核心目的。正如内尔所言，"幸福既是教育的目的，又是教育的手段"。通过学校体育参与，学生只有能够从中获得运动参与的快乐、帮助他人的快乐、合作的快乐，实现利己幸福与利他幸福，学校体育才能实现其本体价值与工具价值。无论是通过强身健体促进学生健康成长，还是以体育为手段进行道德教育，归根结底都是为了学生的幸福生活，追求幸福必然是学校体育的核心目的，如果体育引入学校教育，不能让学生获得幸福慰藉，也不能给学生带来愉悦的精神体验，那么学校体育也就失去其存在的意义。因此，学校体育活动的开展要围绕"获得幸福"这一核心目的进行工作安排，教育管理者、体育教师必然要为实现这一目的而付出行动，进而促进学生的长远发展与终身幸福。

2. 师生幸福是学校体育的价值驱动

正如亚里士多德所言，"幸福是终极的和自足的，它是行为的目的"②。在教育领域，促进师生幸福是一切教育实践活动追逐的终极价值③。学校体育作为一种育体、育人的教育活动，在其根本上也是为了满足人的体育教育需要，实现人的一种幸福追求。对于学生而言，他们在参与学校体育的过程中，幸福应然是一种心理体验，这种心理体验来自运动参与所带来的愉悦，也来自体育习得带来的

---

① 熊晓正，夏思永. 中国和希腊古代幸福观念的比较 [J]. 体育科学，2006，26（5）：83-87.
② 亚里士多德. 尼各马科伦理学 [M]. 苗力田，译. 北京：中国人民大学出版社，2003：11.
③ 梁枫. 师生幸福是提升办学治校能力的终极性价值导向 [J]. 职业技术教育，2014（24）：43-45.

快乐，学校体育也应然是幸福的获得源泉，幸福获得必然是学生参与学校体育的价值驱动。教师应该既是幸福的创造者，也是幸福的享受者①。作为体育教师，学校体育工作是他们的职业，也是他们的事业，体育教师应该为学生创造幸福，而他们在为学生创造幸福的同时也应获得物质报酬与精神追求，从中获得应得的物质幸福与精神幸福。对于体育教师而言，获得幸福必然是他们参与学校体育的价值驱动，他们在帮助学生获得幸福的同时自身同样获得应该的幸福诉求。师生要在学校体育中实现他们的幸福，应充分考虑他们介入学校体育的过程中是否获得幸福的价值追求。只有师生幸福成为学校体育的价值驱动，师生才能从学校体育中获得应该的幸福诉求。因此，在学校体育实践中，我们既要为体育教师的职业幸福创造条件，又要为学生的幸福获得创造机会和氛围。

3. 师生幸福是学校体育成功与否的评判依据

既然学生获得幸福是学校体育的核心目的，师生幸福是学校体育的价值驱动，那么师生幸福必然是学校体育成功与否的评判依据。物质幸福是教师的物质性需要或生存需要得到满足和实现的幸福；精神幸福是教师的精神需要得到满足和实现的幸福②。体育教师只有在从事学校体育之时获得应该的工资、福利等物质需要，同时获得自我价值实现的精神需要，实现他们的"利己幸福"，他们才更可能具有为学生的幸福而不懈努力的"利他幸福"动力。学生从学校体育中获得幸福是学校体育教育的核心目的，意味着只有学生真正从学校体育中获得应该的幸福体验，学校体育才是成功的学校体育。因此，我们要保证学校体育教育实现学生获得幸福的目的，必然要满足学生的体育需要，保障学生的体育权利，让学生从学校体育中获得运动参与的愉悦体验，进而让学生获得体育幸福，而学生获得幸福从根本上来讲也是体育教师获得幸福的源泉。追求幸福是人的终极价值取向，学校体育也是人们追求幸福的一个实践场域，只有师生在学校体育中实现自身的应得幸福，学校体育才能展现其存在的应有价值。因此，师生幸福必然是学校体育成功与否的评判依据，只有实现师生幸福的学校体育才是成功的学校体育，才是合道德的学校体育。

---

① 王巧玲. 把提高学生的幸福能力作为教育的根本目的 [N]. 现代教育报，2012-06-25 (7).
② 罗儒国. 幸福是教学的重要价值取向 [J]. 中国民族教育，2009 (4)：4-6.

小结

我们要从伦理维度审视学校体育必定建立在一定的伦理立场之上,这是因为唯有我们确立了学校体育的伦理立场,关于学校体育的伦理研究才具有了理论依据。而在确立学校体育伦理立场之后,我们要进行更具体的学校体育伦理研究,必然要回答学校体育发展中我们究竟应该以哪些伦理秉持作为参照的问题。回答这个问题就要厘清学校体育的应然伦理追求是什么,以及应该遵循哪些伦理原则。如果在学校体育发展没有可依据的应然伦理追求与伦理原则的秉持,那么有关学校体育伦理的一切探讨都将是无本之末。要确立学校体育的伦理立场,必然要追溯历史上普遍存在的伦理理论,从中寻找合适的理论依据。本章对道义论、功利论两大伦理流派的理论秉持进行了分析,并对其分歧与联系进行了探讨。为了确立学校体育的伦理立场,本研究对超越分歧的马克思主义伦理观进行了分析与论述。

本研究认为,马克思主义伦理观批判地继承与发展了道义论、功利论,马克思主义伦理观既是道义论的,又是功利论的,在其根本上追求道义与功利的和谐统一。学校体育作为人的良好生存与发展需要的产物,它是合道德的、发展人性的教育活动。一般意义上,学校体育伦理主要涉及体育教师与学生两个主体,其中学生是核心主体。体育教师作为自然人,要通过学校体育工作获得报酬,解决吃、穿、住、行等问题,这必然要涉及他们的物质利益、幸福获得、健康等诸多问题,讲功利也就理所当然;而体育教师作为社会存在物,他们要与教育管理者、同事、家长、学生等合作、沟通、交流,通过履行学校体育工作责任与义务实现个体的理想、价值与精神追求,这就需要道义的存在。学生作为自然人,要通过学校体育参与获得体力、幸福、健康、技能、生物性改变等,必然要讲功利;而学生作为社会人,在学校体育参与中既要履行体育学习义务,又要与同学、体育教师等合作、沟通、交流,满足个体的价值追求与精神需要,那么必然需要道义的降临。在更广泛的意义上,学校体育与政府教育管理者、学校教育管理者、体育教师、学生、家长、社会大众等都有着不同程度的联系,不管是和"谁"发生联系,这个"谁"都是人,是人都要受功利与道义这两种道德所支配,那么在伦理观上要处理我国学校体育中的伦理问题,必然要遵循道义与功利的和谐统一。而学校体育作为人类社会发展中形成的有益人类发展的事业,在规范学校体育相关主体的行为时，我们应然要选择马克思主义伦理观的"道义与功利的和谐统一"作为学校体育伦理立场。

马克思主义伦理观的"道义与功利的和谐统一"是我们如何规范学校体育中人的行为的应然价值取向。那么，学校体育伦理作为一种人的行为应该如何的规范，就需要有一个着眼点，这个着眼点简言之就是学校体育的应然伦理追求，其反映着学校体育中人们的价值取向，对其探讨与确认将为学校体育发展提供价值依据。学生是学校体育关照的核心主体，促进其身心发展是学校体育的价值尺度。在学校教育中，体育教育是所有学科中与人的身心双重发展最为密切的学科，而发展身体本身的学科特性又是学校体育区别于其他学科的重要特征。本研究通过论证把"学生身心归合发展"作为学校体育的应然伦理追求，认为学生身心归合发展是学校体育伦理的核心与灵魂，任何违反这一应然伦理追求的行为都应得到纠正与遏止。

学校体育伦理原则的提出要有依据，此依据就是既要秉持学校体育的伦理立场，又要遵从学生身心归合发展的应然伦理追求，同时反映相关主体的人性诉求。为此，本研究认为学校体育应遵循的伦理原则包括：秉持人道、崇尚公正、依循理性、恪守诚信、追求幸福。其中，人道、公正、理性、诚信不仅是社会最基本的伦理道德要求，也是当代社会公认与普遍关注的伦理问题。而幸福是处身学校体育中的体育教师及学生的正当人性诉求。这些原则中，人道是基础，公正、理性、诚信是保证，幸福是归宿，相互之间彼此促进，共同构成学校体育伦理原则体系，并对学校体育中人之行为具有基本的规范意义。

第一，秉持人道。学校体育是育体、育人的合道德性的教育活动，人的身体解放与全面发展是其终极目标，其出发点与落脚点都在于"人本身"。因此，学校体育存在的合理性最终依据是否促进人的身体解放与全面发展。人道原则必然是最根本的教育道德原则，也必然是学校体育活动中调节人的行为所应遵循的根本原则。"把人当人看"是人道的根本，也必然是学校体育所应遵循的根本。面对个别学校体育中存在的有悖人道的行为，必然需要通过秉持人道进行消解，"把人当人看、尊重人、保障人的基本权利与自由"是秉持人道的应然伦理要求。那么，在当代中国学校体育中，遵循人道原则必然要尊重教育主体的人格与尊严、促进学生的自由发展、尊重教育主体的人权。

第二，崇尚公正。公正就是一种人之行为应该如何的道德原则，具体来讲就是做应该做的事，给人应得，得其所得。在学校体育中的公正则常体现在权责对等、制度正义、决策正义、教育公平等方面。在学校体育中之所以要遵循公正原则，这是因为制度正义是学校体育制度公正的发展方向，决策正义是学校体育实践的根基，教育公平是学校体育合道德性发展的基础。

第三，依循理性。人作为理性的存在物，在为人类自身的生存发展而努力的同时，需要把人类理性道德作为尺度去衡量人与自然、人与社会之间的关系。当来自本能的欲望超越来自本能的约束时，则需要非功利性、非工具性的价值理性来辖制人自身。要扭转我国学校体育发展中的理性偏失，在价值体系上首要的是要处理好理性选择问题，也就是要在理论上厘清人们的应然理性追求，以科学的理性选择促进我国学校体育的良性发展。我国学校体育发展的当代理性诉求应然是工具理性与价值理性和谐统一的合理理性。具体来讲，我国学校体育遵循理性原则既要以价值理性为范导，匡正过度工具理性；又要发挥人的主体性，使人成为目的存在需要；也要整合工具理性与价值理性，以实现学生的现实体育需要。

第四，恪守诚信。诚信作为一种重要的道德原则，它是学校体育发展应当恪守的基本原则。这是因为诚信既是学校体育相关主体必须遵守的一种行为准则，又是学校体育的一种重要评判准则，也是学校体育的一种重要调节准则。

第五，追求幸福。学校体育作为人的需要的产物，幸福必然是其追求的最高目标。这是因为学生获得幸福是学校体育的根本目的，师生幸福是学校体育的价值驱动，师生幸福是学校体育成功与否的评判依据。因此，在一定意义上，缔造师生幸福是学校体育发展的归宿。

第四章　学校体育伦理的结构分析

学校体育对伦理的需要是学校体育发展到一定阶段产生的内生需求。学校体育伦理是学校体育中人的行为应该如何规范，其存在着复杂的结构系统。为了更深入了解学校体育伦理的特性与功能，需要对学校体育伦理的结构体系进行深层次的解读。在本质上，学校体育伦理是相关主体在学校体育系统内的系列道德规范活动，它是学校体育价值实现的重要保障，伦理与学校体育的有机结合将有助于规范学校体育内外部的各种关系，并通过道德约束，促进学校体育走向和谐与平衡发展。学校体育伦理系统内各种人际关系及处理这些人际关系的原则与规范，以相对稳定的形态固定下来就是学校体育伦理的结构。为了深入了解学校体育伦理的结构及各结构要素之间的关系，本研究沿着系统论的逻辑，勾勒学校体育伦理结构系统模型，并对学校体育伦理结构系统中的子系统进行分析，这不仅有助于学校体育伦理规范体系的建立，而且能为消除学校体育场域中的伦理问题提供一定的理论凭据。

一、学校体育伦理的结构系统模型勾勒

学校体育伦理不但规范着学校体育的发展方向，而且促进着相关利益主体之间良性关系的形成，它是学校体育从内在消散走向内在凝聚的重要影响因素。在一定意义上，学校体育伦理是学校体育健康发展的重要决定力量，其已经成为应对学校体育发展中出现的诸多问题的核心价值取向。学校体育伦理在结构上不是简单的几种伦理规范的组合或堆积，而是学校体育相关的各种结构要素的有机结合，是一个多维度、多层次的复杂结构系统。因此，要明晰学校体育伦理的结构，就是要从系统的观点厘清其内部结构要素之间的关系及各要素之间的层次关系。基于事物的结构系统特性及学校体育伦理的特征，学校体育伦理结构系统模型的勾勒，应该遵循整体性、层次性、全面性、动态性、可操作性等原则进行。

(一) 整体性原则

学校体育伦理是教育领域内一个相对独立的伦理系统,其产生道德约束作用依赖于系统内各要素产生整体性效应。系统,就是有相互作用和相互依赖的若干既有区别又相互依存的要素构成的具有特定功能的有机整体[1]。分析学校体育伦理的结构,首先就要建立"整体大于部分之和"的"有机整体"的系统意识,把系统内各要素作为相关主体关系的统一体,从系统的普遍联系中,把握系统内诸要素相互联结的整体效应。如果只是对学校体育伦理系统内某种关系进行独立分析,而不考虑这种关系在整个系统内与其他关系的联系,就达不到对学校体育伦理的充分认识。因此,通过系统论对学校体育伦理的结构进行分析,首要的就是要遵循整体性原则,重视学校体育伦理结构系统分的系统性,以系统内诸要素的普遍联系与整体性质为依据,分析学校体育伦理结构系统中各种现实关系之间的复杂联系,进而明晰学校体育伦理结构系统内诸要素的事实关系。

(二) 层次性原则

"层次性原则是一切思维的孕育土壤,每一种思维逻辑研究的都是思维的形式结构、规律和方法,其实质都是研究其内在关系和外部关系。关系的基础就是层次。层次是指表征系统内部结构不同等级的范畴。"[2] 学校体育伦理主要研究的是学校体育开展中的各种人际关系以及处理这些人际关系的原则与规范。因此,层次性原则是学校体育伦理思维的一个重要原则。学校体育伦理系统内部都由同等结构水平的要素和不同等结构水平的要素构成,同等结构水平的要素隶属于同一个结构层次,不同等结构水平的要素则处于不同的结构层次。在学校体育伦理的结构系统内,每个层次从属于结构,并依赖结构而存在,层次与结构之间是相辅相成的关系。学校体育伦理的结构系统内处于同等结构水平上的各个要素且共同构成一个层次,而不同的层次则处于不同的结构等级。尽管层次依赖于结构,但学校体育伦理的结构离不开相关的层次,学校体育伦理的结构不可能脱离层次而存在。所以,对学校体育伦理的结构进行分析,必须遵循层次性原则,以

---

[1] 诸大建,王明兰. 系统性原则下的公共政策过程 [J]. 同济大学学报 (社会科学版),2006,17 (1):102-106,124.
[2] 瞿麦生. 论层次分析法的经济逻辑基础——兼论经济思维层次性原则 [J]. 天津商业大学学报,2008,28 (4):30-34,40.

厘清其结构系统内各结构要素之间的层次关系。

(三) 全面性原则

要真正地认识事物，就必须把握、研究它的一切方面、一切联系和"中介"。我们绝不会完全地做到这一点，但是，全面性的要求可以使我们防止错误和防止僵化①。这是唯物辩证法上对全面性原则基本含义的认识。对学校体育伦理的结构的认知也应遵循全面性这一原则。尽管在分析学校体育伦理的结构之时不可能做到绝对的全面性，但是，全面性原则仍然应该作为一种重要思维原则来指导我们的研究工作。它的实质在于要求我们在思考、观察、处理问题时，尽量能够做到深一层、多一面，防止思想僵化和工作失误②。因此，以唯物辩证法的全面性原则对学校体育伦理的结构进行探究，不但可以提高对学校体育伦理结构认知的预见性与科学性，而且可以防止走向形而上学的片面性。所以，遵循全面性原则构建学校体育伦理结构系统模型时，我们应从时间维度、空间维度及层次维度等多维度去思考学校体育伦理的结构，在内容认知、层次认知上尽可能涵盖学校体育的诸多结构要素，并尽可能呈现其各结构要素之间的关系，进而达到尽可能全面地认知学校体育伦理的结构系统。

(四) 动态性原则

动态原则是认知事物的一种思维，任何事物的发展都不可能处于绝对稳定的状态，而是随着时间与相关要素的变化而不断变化。对于事物结构的把握，我们往往把它放置在一个相对稳定的状态来考虑，任何事物都不存在绝对的稳定状态。学校体育伦理的结构是学校体育系统中各行为主体通过相互作用、相互联系而形成的关系耦合的相对稳定的伦理状态。关系耦合是系统处于稳定状态和有序化的一种表征，或者说是一种判据，我们可以通过分析系统关系是否耦合来判断系统运行的状态和有序的程度③。要分析、研究学校体育伦理的结构系统，不但要把握相对稳定状态下其各结构要素之间的耦合程度，而且也要从唯物辩证法的

---

①中共中央马克思恩格斯列宁斯大林著作编译局. 列宁选集：第4卷 [M]. 3版. 北京：人民出版社，1995：53.
②连浩，赵凤歧. 掌握辩证法的全面性原则防止和克服形而上学的片面性 [J]. 内蒙古社会科学（文史哲版），1991 (2)：1-4.
③徐龙福. 试论社会机制方法 [J]. 系统辩证学学报，1994 (3)：76-80.

动态观点看待学校体育伦理结构系统的关系耦合，它不是静止的，而是不断变化的。因此，学校体育伦理的结构系统是一种动态性的关系耦合。在研究学校体育伦理的结构系统之时，必须坚持学校体育伦理结构系统关系耦合的动态性，并依据系统结构相对稳定的内在需求和系统良性运行的目标进行分析与判断，以确保正确认知学校体育伦理结构系统。

（五）可操作性原则

学校体育伦理结构系统模型不仅应该合理有效地反映学校体育伦理的本质与特征，而且也要为从伦理的维度判断与评价学校体育之时提供可获取的伦理要素，即要考虑可操作性原则。无论是从时间维度、空间维度还是从层次维度，对学校体育伦理结构系统进行分析，都离不开对该系统内各行为主体及其相互关系的分析。而相关分析要秉持可操作性原则，首先，要保证学校体育伦理结构系统模型是直观的、准确的、便于理解的。其次，要保证学校体育伦理结构系统结构要素的确定性，即每个层次的结构要素应当是明确的、具体的、清晰的。再次，要保证学校体育伦理结构系统层次结构的不矛盾性，既要保证各个子系统的层次结构的协调性与和谐性，也要保证各个子系统之间的协调性与和谐性，说到底，就是要保证该结构系统模型具有操作上的可行性。最后，要保证学校体育伦理结构系统模型操作上的适中性，即该系统模型的构建应该依据学校体育伦理的本质与特征，适中的显现学校体育伦理的结构，既不要过多的下属层次，也不要过多的横向同属要素或维度，关键在于要明晰学校体育伦理结构的主要结构要素及其关系，做到合理可行，具有可操作性。

在遵循以上原则基础上，结合学校体育伦理的特性与时代特征，我们认为应该从时间维度、空间维度、层次维度三个维度来勾勒学校体育伦理结构系统的三个子系统。尽管这三个子系统是不同的维度，但每个子系统的结构要素是相互交叉、相互关联的统一。学校体育伦理的结构系统模型如下（图2）。

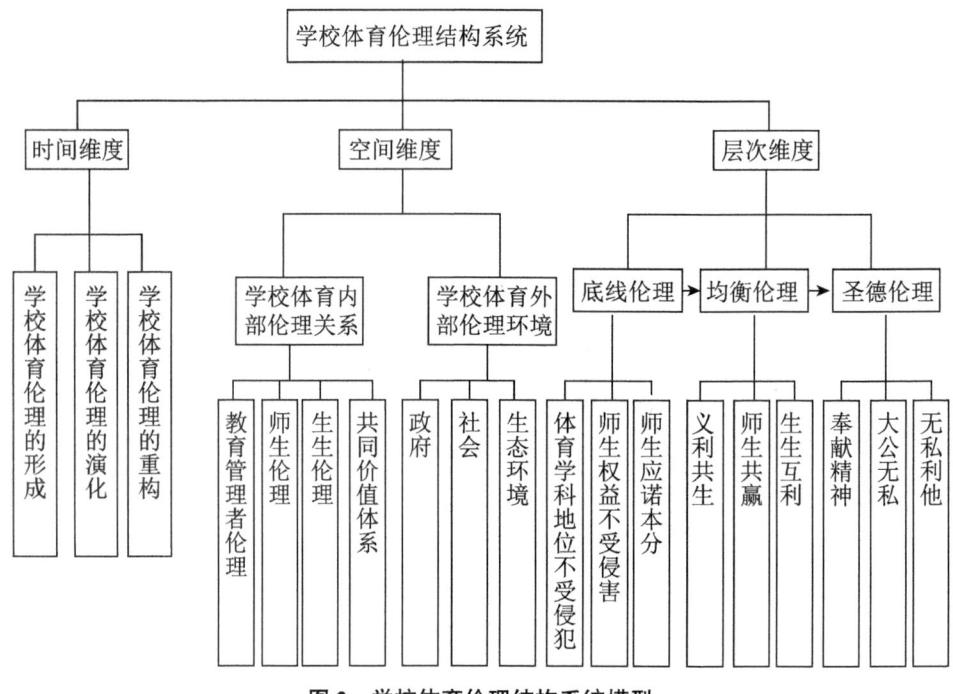

图2 学校体育伦理结构系统模型

二、学校体育伦理的时间维度

学校体育伦理的时间维度主要包括学校体育伦理的形成、学校体育伦理的演化和学校体育伦理的重构三部分。

（一）学校体育伦理的形成

自从人类社会形成，人类基本的伦理就如影随形，体育成为学校教育的一部分之后，基本教育伦理思想也如影随行，但学校体育伦理观念及相关理念的形成则在学校体育出现之后。随着经济、文化、教育、体育的发展，学校体育中的伦理问题逐渐凸显，人们才逐渐有意识地从伦理视角思考学校体育；随着人们在学校体育中的伦理意识增强及相关伦理理论与实践的累积，学校体育伦理才逐渐形成并被人们接受。因此，学校体育伦理的产生并不是与生俱来，而是学校体育发展到一定阶段后，学校体育领域出现一系列伦理问题，人们对学校体育中产生的问题具有伦理意识并进行相关理论与实践的结果。

在我国，这些系列伦理问题包括体育教师的职业道德问题、体育教师权利侵犯问题、学生体育权利的侵害问题、残障学生的应然伦理诉求问题、体育教育专业招生考试公平问题、体育课堂教学过程中的公平问题、学校体育资源的分配公平问题、校园兴奋剂问题、学生体育诚信问题、学校体育价值理性缺失问题等。随着这些学校体育伦理问题的出现，我国诸多学者也对相关问题进行了相应的研究。随着人们对学校体育伦理问题的日益关注以及相关研究的累积，学校体育伦理的概念逐渐确立，且内容日益丰富，公正、诚信、理性等逐渐成为学校体育伦理遵循的原则，其功能日益凸显，并逐渐成为规范学校体育发展的一个新方向。学校体育伦理的结构也在学校体育伦理理论与实践中逐渐稳定下来，教育管理者伦理、师生伦理、生生伦理、共同价值体系等成为学校体育关注的焦点问题，这也预示着学校体育伦理理念逐渐形成。

尤其近些年，随着学校体育发展中人们的伦理意识日益增强，对学校体育伦理的研究已经日益明确化、系统化。如《学校体育的伦理审视》（李传奇，周兵，2009）[1]、《学校体育伦理的内涵、缺失与建构》（李世宏，2010）[2]、《当前学校体育"伦理缺失"现象探析》（张有智，2012）[3]、《基于伦理学视野下的体育教学研究》（李英，2012）[4]、《学校体育伦理与生命关怀研究》（李超，2015）[5]等。这些明确以学校体育伦理为研究主题的相关研究的深度与力度，昭示着学校体育伦理作为一种理念已经逐渐形成稳定的价值观念形态。

（二）学校体育伦理的演化

学校体育伦理一旦形成，其所遵循的伦理价值观便具有着相对稳定的规范、导引、协调作用。如尊重人、公平、公正、诚信等伦理价值观不但规范着学校体育的发展，也影响着教育管理者、体育教师、学生，同时也对政府与社会提出了相应的伦理要求。学校体育伦理理念逐渐向学校体育相关主体渗透，即使一些学校的教育管理者、体育教师有所更替，但是学校体育伦理的规范功用依然会延续。

---

[1] 李传奇，周兵. 学校体育的伦理审视 [J]. 体育学刊，2009，16（12）：49-52.
[2] 李世宏. 学校体育伦理的内涵、缺失与建构 [J]. 体育学刊，2010，17（8）：51-54.
[3] 张有智. 当前学校体育"伦理缺失"现象探析 [J]. 教学与管理，2012（12）：128-129.
[4] 李英. 基于伦理学视野下的体育教学研究 [D]. 福州：福建师范大学，2012.
[5] 李超. 学校体育伦理与生命关怀研究 [J]. 中国医学伦理学，2015，28（1）：96-98.

但学校体育伦理在形成之后，并不是一成不变的，而是随着学校体育内外部环境的变化而变化，学校体育伦理事实上处于一个不断演化的过程。对我国学校体育发展的整体来讲，在不同的历史时期其伦理指向及所处的层次并不尽相同，学校体育发展的阶段性特征必然会促使学校体育伦理的规范方向有所不同。另外，由于城乡学校体育发展不均衡、区域学校体育场地设施投入差异等现实存在，学校体育伦理在不同的区域的规范方向也会有所差异。但整体而言，无论从历史角度来看，还是从地理区域来看，学校体育伦理的演化一般都是从低层级向高层级演化，其演化进程是：首先，满足底线伦理需求；其次，走向均衡伦理需求；最后，向圣德伦理迈进。

之于具体的单一学校而言，学校体育伦理也常常处于一个不断演化的进程。如对于一个场地设施不足、体育教师缺乏、开课不足的学校而言，其首先要解决的是学校体育发展的底线伦理问题，只有在满足体育学科发展利益、学生体育权利、体育教师权益等学校体育发展的基本诉求之后，才能向更高层级的均衡伦理演化。而对于场地设施相对充足、体育教师基本满足需要、开课正常的学校来讲，就要更多地考虑义利共生、师生共赢、政府与学校互利等均衡伦理诉求，并为学校体育事业迈向圣德伦理层次奠定基础。此外，随着时代的发展，学校体育外部宏观制度环境、经济环境、文化环境的改变将引发学校体育内部要素的改变，进而导致学校体育伦理结构要素的改变。

(三) 学校体育伦理的重构

学校体育伦理的演化过程常伴随重构过程，演化与重构往往相伴而生。如学校体育处于向底线伦理需求演化的过程，事实上是学校体育相关主体的行为伦理重构的过程。政府从对学校体育供给不足到保证基本的学校体育供给，学校教育管理者从不公正对待体育学科到保证体育学科的公正及体育教师的待遇，体育教师从侵害学生体育权利到保证学生体育权利，学生从体育学习责任消隐到应诺自身学习责任。在这个演化的进程中，政府、学校管理者、体育教师、学生等相关主体因伦理意识的改变，而引发相关主体行为或伦理价值观上的改变，这些改变必然会引发学校体育伦理内部结构要素的改变，进而形成学校体育伦理的重构。

学校体育的伦理需要随着学校体育的发展而不断向更高层级演化，一般来讲，学校体育伦理的演化往往滞后于学校体育相关制度的演化，学校体育伦理的重构往往也滞后于学校体育相关制度的重构；制度的演化与重构将促进学校体育伦理向高层级演化与重构，学校体育伦理向高层级演化与重构往往也有益于学校体育制度的演化与重构。制度是有形的刚性规范，而伦理是无形的软性规范，学校体育制度与学校体育伦理共同规范着学校体育的发展。

学校体育伦理的演化与重构是学校体育发展的必然，也是学校体育伦理自身不断完善与发展的需要。随着学校体育伦理的演化与重构，学校体育相关伦理精神逐渐渗透到人们的心灵深处，政府相关人员、教育管理者、体育教师、学生逐渐觉解学校体育伦理精神，人们在学校体育发展中恪守人道、崇尚公正、坚持诚信、追求幸福，进而保证学校体育的应有价值实现，逐渐走向伦理正义的彼岸。学校体育伦理的发展显然是处在一个动态的不断重构的进程之中，当外部环境变化，其就会被赋予新的内涵，结构要素就会发生相应的改变；当学校体育自身发展到新的阶段，其自身构成要素也会发生改变，进而引发学校体育内部结构的变化或调整。学校体育伦理的结构必然会随着学校体育伦理的演化与重构而不断被打破，没有恒定不变的结构要素，就没有恒定不变的结构。因此，学校体育伦理的结构事实上是一个动态的结构，是一种相对稳定的、而非固定不变的结构形态。

三、学校体育伦理的空间维度

在空间维度上，学校体育伦理主要由学校体育内部伦理关系与外部伦理环境构成。学校体育内部伦理关系主要体现在教育管理者伦理、师生伦理、生生伦理、共同价值体系等方面；学校体育外部伦理环境则主要体现在政府、社会、生态环境等共同构成的外部境况。

（一）学校体育内部伦理关系

1. 教育管理者伦理

教育管理者主要是指学校校长及其他相关的教育管理人员。教育管理者的学校体育伦理取向往往影响着学校体育的发展方向。教育管理者伦理主要体现在三个方面：自身伦理、决策伦理和社会伦理。教育管理者自身的伦理素养是教育管理者能否引导学校体育规范发展的基础；能否以合理的理性取向进行学校体育决策是学校体育发展的关键。社会伦理反映的是教育管理者能否以社会伦理价值导向，规范学校体育的发展，并通过社会民众形成的学校体育价值观约束着教育管理者的决策；而决策伦理是教育管理者自身伦理在学校体育伦理系统的外在显现，体现了教育管理者的伦理素养。首先，教育管理者要提升自身的伦理素养，树立大局观与全面发展观，充分认知学校体育在学生终身发展中的作用。其次，在学校体育决策中，教育管理者要公正对待学校体育，给予学校体育应有的地位；尊重学生的身体发展需求，保障学生的体育权利；尊重体育教师，并给予应该的报酬；按照相关学校体育政策，配置人力资源与物力资源。最后，教育管理者应该尊重社会发展的长远需要，努力促进学生终身锻炼习惯的形成，推动学校体育长远社会价值的实现。

2. 师生伦理

师生伦理是指在学校体育中体育教师与学生之间的人际关系及处理这些人际关系应该遵循的原则与规范。体育教师是学校体育教育中"育"的主体，承担着传授学生体育文化、促进学生身心健康的责任。为了实现学校体育的目标，体育教师应该尊重学生，把学生当人看，而不是工具；应该公正对待学生，尊重学生个体差异与性别差异，平等看待人的共性与区别；应该关怀学生，理解学生的境遇，满足学生的体育幸福追求。学生是学校体育发展的主体，承担着体育学习的责任。学生应该努力学习体育文化，锻炼身体，促进自身的成长；应该尊重体育教师，维护体育教师的尊严；应该自觉维护自身的体育权利不受侵犯。因此，学校体育教育中，师生伦理关系实质上就是为了实现学校体育目标，各自履行自身责任过程中而发生的相互关系，这种关系既受到体育教师伦理素养的制约，也受到学生自身对学校体育理解的限制。

3. 生生伦理

生生伦理是指在学校体育中，学生与学生之间的人际关系及处理这些人际关系应该遵循的原则与规范。在学校体育中，大量活动发生在学生与学生之间，学生如何处理相互之间的关系必然是学校体育发展中应该关注的重点之一。对于学生而言，学生在学校体育中应该相互尊重、相互帮助、相互关怀，共同营造一个良性的体育学习氛围。具体来讲，学生之间相互尊重就是学生在学校体育中要尊重同学，尊重对手，不嘲笑弱者，正确认知人的优点与不足，尤其男生应该尊重女生，正确认知因性别差异带来的系列区别；学生之间相互帮助就是学生在学校体育中要通过保护与帮助共同提升体育技能，任何一个学生都应该从帮助他者与接受他者帮中提升自身的体育素养，任何一个学生都不能脱离群体互助而存在；

学生之间相互关怀就是学生在学校体育中通过关怀同学而得到自身性情的完善，同时让同学感受到集体的温暖，让学校体育成为学生体育幸福获得的共同归处。

4. 共同价值体系

共同价值体系是学校体育中教育管理者、体育教师、学生共同秉持的伦理价值信念。学生身心归合发展是这个共同价值体系的核心，道德责任是这个共同价值体系的基石与保障，缔造幸福是这个共同价值体系的恒定追求，和谐与平衡是这个共同价值体系的理想。在学校体育中，相关主体要以学生身心归合发展为目标，教育管理者、体育教师、学生通过履行各自责任，从中获得各自的幸福追求，推动学校体育走向和谐与平衡，在这个过程中，通过教育管理者、体育教师、学生的共同努力，逐渐形成一种公平、公正、诚信、和谐的学校体育共同价值体系。学校体育共同价值体系反映着人们积极的学校体育发展追求，蕴含着人们内心深层次的体育诉求。因此，学校体育共同价值体系是学校体育伦理规范学校体育发展的核心文化要素，是凝聚人们共同致力于学校体育事业的"凝合剂"，能给人们带来希望和憧憬。

（二）学校体育外部伦理环境

学校体育外部伦理环境主要包括政府、社会及生态环境。

1. 政府是学校体育外部伦理环境的关键影响因素

政府代表社会大众治理学校体育，其通过制定法律、政策及行政推动，为学校体育伦理提供制度环境及实践保障。改革开放以来，在制度上我国一直重视学校体育的发展。如1990年国务院批准发布的《学校体育工作条例》、1995年颁布的《体育法》，为学校体育发展提供了有力的法律保障。又如，2007年中共中央、国务院颁发的7号文《关于加强青少年体育增强青少年体质的意见》[1]，对新时期中小学、高等学校的体育开展提出了明确的要求。而针对中小学生体质现状依然堪忧、大学生体质健康下滑趋势依然未能得到遏制的现状，2014年教育部颁布了《学生体质健康监测评价办法》《中小学校体育工作评估办法》《学校体育工作年度报告办法》《高等学校体育工作基本标准》，提出了具体的落实与监管办法。2016年国务院办公厅颁发的《关于强化学校体育促进学生身心健康全

---

[1] 中华人民共和国　中央人民政府. 中共中央、国务院关于加强青少年体育增强青少年体质的意见［EB/OL］.（2007-05-07）［2007-05-24］. http://news.xinhuanet.com/politics/2007-05/24/content_ 6148322.htm.

面发展的意见》,党中央、国务院进一步作出了强化体育课和课外锻炼的重要部署,对加强学校体育提出了明确要求①。尽管我国政府组织为学校体育发展出台了大量政策与律法,但由于教育功利化、工具理性一定程度仍存在,导致许多相关政策与律法未能得到有效的践行,进而致使我国学校体育发展依然处于伦理困境。在我国当前背景下,政府代表社会大众治理学校体育的现实国情,决定了今后相当长的时期内政府依然是学校体育发展的关键因素,这就要求政府除了提供强有力的相关制度保障之外,更要在监管上促进相关政策与律法的落地生根,为学校体育发展提供良好的外部伦理环境。

2. 社会是学校体育外部伦理环境的根本影响因素

学校体育承担着增强学生体质、传承体育文化、形成学生终身体育锻炼的社会责任,反映了学校体育的社会价值。学校体育的存在在其根本上是要符合人在社会中长远的发展需要,社会对学校体育的需求决定了学校体育的发展方向。而学校体育与社会之间的伦理关系事实是互惠互利的关系,学校体育的良性发展将为社会提供具有体力基础、健身习惯、合作精神、团结意识的人力资源,这些人力资源融入社会成为社会的一部分,反过来促进学校体育的发展。尽管学校体育已经成为有益人类社会发展的学科,但由于社会中功利思想的存在,学校体育常不能发挥其应当的价值与功能。社会大众,尤其学生家长,在面对子女升学时,常关注短期核心利益,让子女优先学习与升学相关的文化科目,这种短期功利的取向往往导致学校体育被挤向学校教育的边缘,学校教育管理者、体育教师往往也迫于学生家长的期望及社会的压力,以应景的心态参与其中,不能体现学校体育的应有价值,也对学生的长远发展造成损害。因此,当前亟须扭转社会对学校体育的态度,为学校体育发展创造良好的外部伦理环境。

3. 生态环境是学校体育外部伦理环境的核心影响因素

学校体育的外部伦理环境受其所处的经济、文化及自然等组成的生态环境制约与影响。学校体育发展既受经济发展的阶段特性影响,又受特定地域、民族、文化的传统和背景影响。经济是决定学校体育发展的基础,只有学校体育发展所需的物质基础得到保障,学校体育发展才具有事实上的可能,我国当前尽管国内

---

① 中华人民共和国 中央人民政府. 国务院办公厅关于强化学校体育促进学生身心健康全面发展的意见 [EB/OL]. (2016-04-21) [2016-05-07]. http://www.moe.gov.cn/jyb_ xxgk/moe_ 1777/moe_ 1778/201605/t20160507_ 242349. html.

生产总值体量巨大，但由于人口基数大，学生数量庞大，人均教育资源仍然有限，大量学校在体育资源上常得不到满足，在广大农村地区更是如此。文化背景是制约学校体育发展的重要因素，我国重智轻体的文化传统，使体育科目常得不到应有的重视，加之重男轻女的性别文化传统，在男女两性学校体育中常存在事实上的不平等。自然环境也是制约学校体育发展的重要因素。我国地域宽广，东西南北跨度大，不同地区往往存在气候差异与自然生态差异。如在北方由于冰雪天气较多，往往限制了学校体育的良性开展；在南方炎热地带，气候往往也影响着学校体育的开展；高原地区、荒原地区、多雨地区开展学校体育往往也受到实际限制……这些自然环境的客观存在，往往形成了一种消极的学校体育外部伦理环境。因此，我国经济、文化及自然等组成的生态环境是影响学校体育外部伦理环境的基础因素，制约着学校体育的发展。

四、学校体育伦理的层次维度

系统内部的层次是客观存在的，而同一系统内部各层次之间的界限又是相对的，高一级的层次对于次一级的层次又具有依赖性，并在一定意义上具有包含关系[1]。层次作为对结构整体的"解剖"，表现着结构的有序性及结构整体所包含的差别性和多样性；而这种差别性和多样性又处在统一的有规律的联系之中[2]。学校体育伦理在其规范功能实现界限上存在着由低级到高级的层次性，依据其特征及学校体育发展的阶段性，主要包含底线伦理、均衡伦理、圣德伦理三个由低到高的层次，每个层次既相对立，又相互依赖。

（一）底线伦理

底线伦理即道德底线或基本规范，不管人们追求什么样的生活方式或价值目标，都有一些基本的规则不能违反，有一些基本的界限不能逾越。在"底线伦理"这个概念中，"底线"是一个比喻的说法，这个词有其比较鲜明乃至强烈的色彩，表示一种"很基本的"或"最重要的"的含义，因此，对底线伦理的认知，要抓住底线伦理的基本属性和两个特征：第一，它是一种普遍主义的义务

---

[1] 瞿麦生.论层次分析法的经济逻辑基础——兼论经济思维层次性原则[J].天津商业大学学报，2008，28（4）：30-34，40.
[2] 邢贲思.中国大百科全书·哲学卷1[M].北京：中国大百科全书出版社，1987：84.

论。第二，它是一种强调基本义务的义务论[①]。在学校体育发展中，这个"底线"主要表现在三个方面：体育学科地位不受侵犯、师生权益不受侵害、师生应诺本分。"体育学科地位不受侵犯""师生权益不受侵害"是政府、学校应尽的基本义务，而"师生应诺本分"则是体育教师与学生应尽的义务。

1. 体育学科地位不受侵犯

体育是已经被确证的有益人类发展的活动，《教育法》《体育法》《学校体育工作条例》等已经明确了其应有的地位。学校体育实践中，"体育学科地位不受侵犯"显然就是"最根本的"底线。"体育学科地位不受侵犯"似乎并不是很高的伦理要求，但在现实中却是不容易达到的伦理底线，不仅需要相关利益主体的协同努力，还需要政府、社会、学校创造良好的氛围并进行监督。因此，保障体育学科地位不受侵犯是政府、社会、学校应尽的本分，当体育学科地位受到侵犯时，政府、社会、学校应该及时纠正，以保证学校体育发挥应有的教育存在价值。

2. 师生权益不受侵害

体育教师与学生是学校体育开展中最重要的主体，其中体育教师是育的主体，而学生是发展的主体。体育教师的教育教学权、报酬权、学术研究权等基本权益不能受到侵害，一旦受到侵害，就会影响体育教师的能动性，进而影响学校体育的良性开展。学生的体育学习权、体育参与权等不能受到侵害，一旦受到侵害，学校体育就会失去其存在的应有价值。因此，在学校体育实践中，"师生权益不受侵害"是不能逾越的底线。学校应该坚守这个底线，保障师生的基本权益不受侵害，而政府、社会则应该监管逾越这个底线的行为，保证学校体育主体获得应当的权益。

3. 师生应诺本分

在学校体育中，师生应诺本分是指体育教师与学生应该履行各自的义务。体育教师具有传授体育文化、促进学生健康成长的义务；学生具有努力学习体育文化、提升体育素养的义务。只有这两个最重要的主体各自应诺本分，切实履行应尽的义务，学校体育才能发挥其应有的价值。因此，"师生应诺本分"是学校体育发展不可逾越的底线之一，如果师生不能坚守这个底线，学校体育发展则只是

[①] 何怀宏. 底线伦理的概念、含义与方法 [J]. 道德与文明, 2010 (1)：17-21.

"空中楼阁"。而师生能否应诺本分，则与他们的素养休戚相关。所以，学校应该多渠道培训体育教师，提高他们的职业素养，促进他们职业能力的提升；学校应该注重学生综合素养的提升，认知体育习得的意义，进而促进师生在学校体育中自觉应诺本分、履行各自的义务。

（二）均衡伦理

学校体育在满足基本的底线伦理要求之后，要进入高一层次的均衡伦理阶段，这里的均衡伦理是指义务与功利相统一的一种均衡原则与规范。往往人们在履行义务时相关利益会随之而来，现实中往往很少存在完全的纯粹义务付出而无任何利益的事物。在学校体育中，均衡伦理表现在各相关主体在履行各自义务时的一种利益均衡追求，具体来讲，就是义利共生、师生共赢、生生互利。

1. 义利共生

学校体育底线伦理是学校体育实践中应遵循的最基本的原则与规范，这些最基本的原则与规范不可逾越。底线伦理是基于义务论的一种道德诉求，要求学校体育中的各相关主体履行各自的义务，而不强调学校体育各相关主体的利益。当学校体育发展到更高一个阶段时，必然要在相关主体应诺本分基础上追求应得利益。这种利益是在相关主体履行义务基础上通过共同努力追求的合理的均衡利益，即义利共生的益处。政府代表社会大众履行义务，制定学校体育政策，投入资源，规范学校体育的发展，要实现培养具有健康身心的公民，这就是政府应得的伴生利益。体育教师履行义务，其生存利益及实现自身价值的利益随之而来；学生履行义务，其获得身心发展的利益随之而来。

2. 师生共赢

师生之间的关系是学校体育中最重要的人际关系，师生是否互利，将直接决定学校体育的成败。体育教师通过教育学生实现自身的职业价值，从中获得报酬而得到生存，从中获得成就感而获得幸福体验。学生通过体育教师的指引、讲授及自身参与，获得体育文化和健康促进。体育教师的利益建立在学生体育习得、健康得到促进的基础之上，而学生的利益建立在因体育教师的职业价值追求得到满足之上。因此，师生之间是共赢的人际关系，师生之间应该遵循均衡的伦理精神，各得其所，进而走向伦理平衡。只有师生彼此付出应有本分，师生才能通向正义的彼岸，实现各自应得的学校体育参与福祉。如果体育教师在不损害学生体育权益的前提下，更多考虑自身利益，减少对学生的付出，就会影响学生的发展；如果学生更多考虑自身利益，而忽视体育教师的感受，就会造成体育教师的不幸福。因此，师生要在学校体育中实现共赢，必然要求师生遵循均衡的伦理精神。

3. 生生互利

学校体育中学生与学生之间的关系是最重要的人际关系之一，但在学校体育政策及体育教育实践中，生生之间的关系往往被忽略，或者重视不足。在学校体育实践中，在底线伦理的基础之上，加强生生之间的相互合作、相互帮助、相互关怀，毫无疑问，这更能促进学生获得体育文化与健康，实现生生互利，从而促使学生获得更多幸福体验。因此，在学校体育实践中，应当引导学生从竞争走向合作、从冲突走向沟通、从自利走向互利，进而实现双赢或多赢，最终促进学生身心发展趋向最大化。在学校体育伦理层次上，生生互利是高于底线伦理的追求之一，在现阶段，要进一步实现学生主体的健康促进，必须加强引导，拉近生生之间的距离，强化生生之间的互利关系，让生生在互帮互助中获得更多的身体益处与心理益处。

（三）圣德伦理

圣德伦理是最高的伦理追求，作为社会的一员，即便我思慕和追求一种道德崇高和圣洁，我也须从基本的义务走向崇高，从履行自己的应分走向圣洁[①]。圣德伦理对于学校体育来讲，同属于最高层次的伦理追求。学校体育的终极目标是学生的身体解放与全面发展，在伦理上，这个终极目标就是终极善。底线伦理、均衡伦理的界限限定及伦理诉求实质上也是围绕这个终极目标而进行的伦理限制，只是伦理的追求层次不同。在现实学校体育发展中，圣德伦理并不常见，但在某些情形之下，当学校体育相关主体在履行义务之时却变得十分艰难，而不履行也会受到人们的谅解，若相关主体依然坚持履行相关义务，那此时的行为就变得崇高，其展现的就是一种圣德。圣德伦理在学校体育中，主要体现于三个方面：奉献精神、大公无私、无私利他。

1. 奉献精神

对于体育教师而言，其工作环境与其他学科相比，是恶劣的，也是复杂的。

[①] 何怀宏. 底线伦理 [M]. 沈阳：辽宁人民出版社，1998：5.

体育教师常常要经受风吹日晒，甚至淋雨挨冻，但其待遇并不比其他学科高，相反的，现实中体育教师常受到不公的对待，在福利待遇、工作量计算、职称评定等方面与主科教师往往存在差距。但是一些体育教师依然能坚持岗位，教育学生，服务学生，不因现实境遇而敷衍体育教学，这就是爱岗敬业的奉献精神。对于学生而言，在学校体育教育中也常存在奉献精神的实例，如一些生病、受伤等原因见习的学生，本身不能参加体育活动，但仍做一些力所能及的保护与帮助活动；在学校运动会上不参加项目比赛的学生，积极参与后勤保障工作，关怀赛后体力不支的学生。事无巨细，学生的这些表现体现的就是奉献精神。奉献精神是神圣的，是人之所以为人的圣洁表现，正是因为学校体育发展中有着这些具有奉献精神的群体存在，才使学校体育事业更具有发展的活力与动力。

2. 大公无私

体育教师与学生的关系及体育教师与学校体育事业的关系，是体育教师道德生活的重要领域。学校体育教育工作是脑力劳动与体力劳动的结合，体力耗费大、耗时长，导致体育教师往往要花费更多的社会必要劳动量来完成日常工作，而其劳动付出常常与所得回报不成正比。在此情景下，体育教师如何处理诸多关系，发挥学校体育开展的最大整体效应，这就需要体育教师具有大公无私的情怀，为了学校体育事业的发展，甘于付出，无私为公。尤其一些贫困地区的优秀体育教师，在场地、设施奇缺的条件下自制教具，因地制宜地开发本土课程，为了学生的发展，不图回报，不怕辛苦，一心扑在学校体育事业上，他们的这种精神就是大公无私的精神，他们的行为体现的就是圣洁的道德典范。作为体育教师，既要锻造学生的体魄，又要育人，还要为国家的竞技体育培养后备力量，其责任艰巨。只有体育教师具有强烈的责任感与事业心、拥有大公无私的高尚品德、拥有克服各种困难的信心，才能把自己毕生的力量放在学校体育事业之上。

3. 无私利他

无私利他是伦理道德的最高境界，是人一切德行中最美好最高尚的品格。在学校体育中，无私利他主要体现在体育教师对学生的爱，也就是"师爱"。教师对学生的爱在性质上是一种只讲付出不记回报的、无私的、广泛的且没有血缘关系的爱，在原则上是一种严慈相济的爱[①]。师爱是一种圣洁的爱。在一定意义

[①] 颜春晖. 师德——教师素质的核心 [J]. 教育教学论坛, 2010 (23): 110-111, 62.

上，在学校体育教育中，爱学生就是爱学校体育事业，这种爱往往是无私利他的爱。但在学校体育中真正做到爱学生并非易事，做到完全无私利他更是困难。无私利他要求体育教师的一切都是为了他人，以舍身授业为己任，起心动念都不是为自己，念念都是他人利益，尤其是学生身心发展的利益，助学生觉解体育的真谛，最大限度地促进学生获得体育文化及实现学生参与体育的应有幸福追求。"无私利他"这种伦理道德在现实学校体育中很少存在，但并不能完全否认它存在的意义。事实上，只有体育教师普遍拥有"无私利他"精神及对学生无限的爱，学校体育才有可能发展到终极善的理想境界，进而实现学生在学校体育参与中的圆满。

小结

学校体育伦理蕴含着相关主体的伦理意识、伦理关系及伦理活动。人们要深入认知学校体育的伦理意蕴，厘清学校体育各要素之间的关系，了解学校体育伦理的特性与功能，促进学校体育从内在消散走向内在凝聚，整合学校体育内外部要素，发挥"1+1>2"的整体效应，这就是要探讨学校体育的伦理结构系统。本研究遵循整体性、层次性、全面性、动态性、可操作性等原则，勾勒出学校体育伦理的结构系统。基于历史与发展的角度考量，学校体育伦理的结构系统包含时间维度、空间维度、层次维度三个维度构成的三个子系统。在时间维度上，学校体育伦理的形成、演化、重构是反映学校体育伦理在时间序列上的结构要素演进；在空间维度上，学校体育的内部伦理关系与外部伦理环境反映着学校体育伦理各结构要素之间的伦理联系；在层次维度上，底线伦理、均衡伦理、圣德伦理反映着学校体育伦理结构的层次。从这三个维度构建的时间结构系统、空间结构系统及层次结构系统三个子系统，它们之间是相互关联、相互耦合的有机统一关系。随着时代的发展，学校体育伦理的结构要素不断被赋予新的内容，因此学校体育伦理的结构系统是一个动态的结构系统。学校体育伦理在结构上不是简单的几种伦理规范的组合或堆积，而是学校体育相关的各种结构要素的有机整合，是一个多维度、多层次的复杂结构系统。学校体育伦理结构系统的构建与澄明将为我们提供更清晰的伦理关系认知，为后续研究提供一定理论逻辑依据。

第五章 当代中国学校体育的现实伦理问题观照及其根源探寻

纵观改革开放以来的学校体育发展历程，不难发现，尽管我国学校体育的理念、政策、制度日益成熟与完善，但在实践中，学生身心归合发展的应然伦理追求常受到各种干扰，学生体育权利被侵蚀、诚信缺失、幸福获得不足、体育教师待遇不公等现实伦理问题也时常出现。我们有必要在前述基本伦理理论的基础上，从伦理的视角观照这些现实问题，并寻找这些问题产生的根源。

一、当代中国学校体育的现实伦理问题观照

本研究依据笔者近 30 年的学校体育亲身经历，以及在网络、报刊、文献中呈现的学校体育伦理偏失现象，结合笔者通过访谈与观察所收集到的资料，比照学校体育的应然伦理追求及应遵循的伦理原则，对当代中国学校体育发展中的既存问题及其背后的伦理意蕴进行观照与分析，认为当代中国学校体育的现实伦理问题主要归结为以下几个方面。

（一）基本问题：事实偏离应然伦理追求，学生身心割裂发展

学生身心是否归合发展既是学校体育基本伦理理论问题研究的着眼点，也是学校体育伦理实践中基本问题探讨的关键点。尽管学校体育是已被确证的、符合人的需要的教育形式，学生身心归合发展是学校体育的应然伦理追求，但观照当代中国学校体育中的事实，我们会发现，偏离这一应然伦理追求的现象在学校体育实践中时常显现，学生身心割裂发展的现象也并未断绝。

改革开放以后，我国学校体育逐步步入正轨，但在"应试教育"高扬的背景下，由于社会群体对教育的需要异化为过度追求升学导向的需要，在群体利益的胁迫之下，分数的功能被无穷放大，教育本身为了迎合这一群体需要，学校体

育常被边缘化或成为其他主要学科（语、数、外等）发展的隐性工具，学生身心归合发展的应然需要被群体的功利需求代替，学生主体的正当体育需要则常被限制甚至"置换"。为了群体的功利需求，一些体育教师常迁就学生，放羊式教学一度成为常态，学校体育的本体价值丧失，致使学生身心发展受到损害。功利化的教育倾向，导致人们在实践中注重智育而忽视体育，大量体弱、被规训的个体在学校中产生，学生身体发展的削弱乃至缺失，生生割裂了学生成为完整人所应具备的身心归合发展基础，引致学生身心健康和谐发展的困难。

遵循学生身心归合发展这一伦理追求是学校体育中不可逾越的道德阈限，任何违反这一伦理追求的行为都将导致学校体育的发展偏失。1917年，毛泽东同志在《体育之研究》中已经明晰提出："欲文明其精神，先自野蛮其体魄；苟野蛮其体魄矣，则文明之精神随之。"体魄是根基，精神与体魄应是相伴而生，而不是相互剥离。斯托尔兹（Stolz）也曾指出："体育教育是通过各种身体活动手段来发展一个全面意义的人……体育教育的意义在于整体意义上的完整的人可以通过经验获益，体育教育中身体活动能力与心理、认知、情感能力共生，而不是身体与心智的二元对立。"① 无疑，学校体育的真义也应是尊重人的体魄（身体）与精神（心智）共生、共在的发展规律，促进学生的身心归合发展。改革开放以来，我国学校体育整体上已有积极改变，尤其2001年以来的第八次基础教育改革对我国学校体育的影响巨大。这场课程改革使我国的体育课程发生了历史性的重要变化，具体体现在体育教师的教育观念和教学行为发生了积极性转变，"健康第一"的指导思想深入人心，体现素质教育思想的知识与技能、过程与方法、情感态度与价值观整体课程目标普遍受到重视，学生的体育与健康态度和行为发生了积极变化②。无论是2001年我国颁布的《全日制义务教育体育与健康课程标准（实验稿）》，还是2011年颁布的修订后的《义务教育体育与健康课程标准（2011年版）》为标志的体育与健康新课程，均在以人为本思想的指引下，提出的课程目标也都涉及学生的身心健康方面，倡导"以学生发展为中心"的课程理念，把学生的健康发展作为本课程设计和实施的出发点、落脚点及价值追求，这种基于学生观的课程使得学生从本课程中不断受益③。

---

①Steven A Stolz. Phenomenology and Physical Education [J]. Educational Philosophy and Theory, 2013, 45（9）：949-964.
②季浏. 深化我国基础教育体育与健康课程改革的关键 [J]. 成都体育学院学报, 2013, 39（10）：1-6.
③季浏. 论面向学生的中国体育与健康新课程 [J]. 体育科学, 2013, 33（11）：28-36, 74.

然而，在实践中，由于受到传统思维、区域不平衡发展及重视程度不一等因素的影响，体育课程改革也遇到诸多困难，割裂学生身心发展的生物体育观、技术中心思想等，还有不小的市场。

笔者在访谈河南省商水县某中学体育教师时了解到，该校体育教师在体育课教学上主要针对体育加试项目进行训练，强调学生肌体上的改变带来的成绩增长，而很少考虑学生心理上对体育学习的感受。同时，据该中学体育教师的了解，这种现象在该县比较普遍，在河南省其他地区也比较普遍。在对焦作市某高中、临沂市某中学、新乡市某高中、信阳市某高中等的访谈中发现，这些学校的体育教师较多关注学生的身体机能的改变及技术的提升，而较少关注学生的心理发展。在对新乡市某小学、登封市某小学、鄂州市某中学、武汉市某高中等学校体育教师的访谈中发现，一些体育教师常常关注学生的体育活动量，即使通过游戏活跃课堂气氛，但也较少从学生身心归合发展的角度去考虑体育教学。此外，根据访谈发现，一些体育教师在课程改革的过程中为了迎合改革，过于突出体育课的德育、智育功能，而降低体育课的活动强度，导致身体锻炼上的不足。

总地来说，就我国当前的学校体育实践而言，一些相关主体并未真正认识到学生身心归合发展的真义。一方面，时常片面地把学校体育作为单一维度发展身体的教育形式，过于强调学生耐力、速度、柔韧、力量等素质的提升，以及体格体能的改善，把学生身体生物学上的改变作为学校体育教育评价的主要标准，而往往忽视学生主体的精神发展；另一方面，过于强调体育的德育、智育功能，把发展心智作为学校体育的核心，弱化体育强健身体的功用。这两种单一的价值追求都是对身心归合发展的对立，其结果都是对学生身心发展的割裂。

(二) 人道问题：人道本位放逐，权利侵蚀凸现

人道是把人本身视为最高价值，是爱人、善待人、把人当人看的行为[1]。人道主义肯定人的自由、维护人的尊严、相信人及能力不断完善的可能性，同时认为人有享受幸福的权利，满足人的需要与利益是社会的最终目的[2]。学校体育本是促进学生身心归合发展的"教育道德善"的人道活动，学生作为接受教育的

---

[1] 王海明. 新伦理学：中册 [M]. 修订版. 北京：商务印书馆，2008：973.
[2] 雅斯贝尔斯. 新人道主义的条件与可能（1949）[M]. 沈恒炎，燕宏远，等译. 北京：社会科学文献出版社，1991：47.

主体其人格、尊严、权利不容侵犯，但在学校体育实践中人道本位放逐现象时有发生。改革开放以来，我国相继发布的教育法规为学生应当享有的人格、尊严、权利等提供了法律凭借。如《中华人民共和国义务教育法》（以下简称《义务教育法》）中规定，"教师应当尊重学生的人格，不得歧视学生，不得对学生实施体罚、变相体罚或者其他侮辱人格尊严的行为，不得侵犯学生合法权益"。20世纪90年代初已有学者指出："学校体育事业已获长足进步的今天，那种体育教师赤裸裸地如掌嘴、打手掌、打屁股、罚站等体罚学生的现象，已被大家公认为非道德的事情。"[1] 但随着时间的推移，在21世纪的今天，这些侵蚀学生人格与尊严的体罚现象并未完全消失，冠以某些理由的变相体罚（如跑圈、俯卧撑）更是在一些体育教师的课堂中时常出现。

> 因体育课没穿运动鞋，澄迈县大拉学园的一名教师便用树枝打了10来个学生。2013年9月26日上午第三节课是大拉学园四年级二班的体育课，班里10来名学生没有穿运动鞋，遭到体育老师周某某的体罚。当事教师周某某介绍说："因为穿凉鞋跑起步来不安全，我当时就从地上捡起一只树枝，向没穿运动鞋的学生手掌和屁股上敲打。"该校徐校长接受记者采访时称，校方及当事教师已向学生家长进行了检讨和道歉，并与学生家长进行了协调。徐校长随后说，她认为这也不是什么大事，现在都已经解决了。
>
> ——中国新闻网2013年10月17日[2]
>
> 2014年1月8日15时，夏县新星学校小学部的一堂体育课。操场上，11岁的马粟一和几个学生打闹，体育教师过来对几个孩子进行了"教训"。"打别人时，是用手抽的。我的个子小，老师用脚踢了我一下，我就摔倒了。老师接着用脚在我身上踢了两脚，当时，我觉得肘部就一阵疼痛。"马粟一忍不住疼得叫出声来。但该教师并没有采取什么措施，就把孩子送到了班里面。
>
> ——腾讯网2014年2月26日[3]

---

[1] 孙建华. 再谈体罚的危害性——解答江西孙静同志的问题 [J]. 中国学校体育，1993（6）：33.
[2] 中国新闻网. 10余学生体育课被老师体罚 校长：不是什么大事 [EB/OL]. (2013-10-17) [2018-10-18]. http://www.chinanews.com/edu/2013/10-17/5392360.shtml.
[3] 山西新闻网. 一小学生体育课遭体罚骨折 肇事老师不见踪影 [EB/OL]. (2014-02-26) [2018-10-18]. http://sports.qq.com/a/20140226/007227.htm.

昨日，福田外国语学校侨香分校初二（7）班多名学生向本报反映，体育教师上课经常踢学生屁股和掐男生乳头。上周，一名学生因拒绝教师搜口袋已经被停课，至今仍未恢复上课。昨晚，涉事教师称，搜学生口袋是担心里面装有硬物，容易引起受伤出事。踢屁股，在他看来是帮助学生纠正动作，可能力度和幅度大了点，令学生产生抵触情绪。而掐乳头，在他眼里是拉近师生之间距离的亲近动作，不认为是体罚。

采访中，多名学生反映体育教师李某上课时经常处罚学生。"前日上体育课，在做压腿动作时，老师认为我做得不认真，走过来就踢我屁股。"一名不愿意透露姓名的男生说。"不光如此，有男生跑步不认真，还会被掐乳头，上学期我就被掐过。"

对于被举报经常踢学生屁股，该教师解释，不是踢而是帮助学生纠正动作，可能力度和幅度大了点，令学生产生抵触情绪。他承认有掐过男生乳头，但他在眼里，这是拉近师生之间距离的亲近动作，就像拍小孩头哄着玩一样，不是体罚。

——闽南网 2014 年 2 月 27 日①

网友通过"阳光理政"平台反映的问题：沧州市迎宾路小学四年级体育教师师体罚学生。据多名孩子和家长反映有一体育老师，上课动不动让男学生罚站，而且经常是全班罚站，基本上不让男学生进行活动，体育课变成了站立课，据反映有踢打孩子的现象，请核实。

沧州市运河区教育局通过"阳光理政"平台做出回复表示，学校领导对该教师进行了严肃的批评，其已认识到自己的错误，表示今后一定改进自己的教学方式，尊重学生成长的规律，坚决不再体罚学生。今后学校也加强对教师的培训与监督，杜绝此类事件的发生。

——河北新闻网 2017 年 2 月 22 日②

由上可见，尽管体罚已经被公认为非道德的现象，相关法律也明令禁止，但近年来各种体罚学生的行为与现象仍然层出不穷，对学生造成身心的伤害。笔者

---

① 体育老师体罚学生踢屁股掐乳头称是亲近学生 [EB/OL].(2014-02-27)[2018-10-18]. http://www.mnw.cn/edu/xiaoyuan/728160.html.
② 河北新闻网. 沧州迎宾路小学一体育老师体罚学生　已批评 [EB/OL].(2017-02-22)[2018-10-18]. http://tousu.hebnews.cn/2017-02/22/content_6327479.htm.

对部分学校的体育教师与学生进行访谈时了解到，目前在一些体育教师的体育课堂中罚站、罚跑圈的现象比较普遍，踢学生腿、踢学生屁股、打学生手的现象依然存在，扇耳光、揪头发等比较极端的体罚行为已经比较少见。从收集的文献及访谈获取的信息来看，各种体罚现象依然存在于我国的学校体育之中，在农村中小尤其普遍。而一些职业素养欠佳的体育教师，经常出现语言暴力，讽刺、挖苦学生，在学生"伤口"上撒盐。令人遗憾的是我们一些体育教师，伤害了学生自己还全然不知。有的甚至把讽刺、挖苦学生当成幽默①。如一些体育教师在体育教学中常使用以下类似语言"教育"学生：

"你怎么这么差，这么简单都学不会。"
"我看你运动智商太低。"
"你怎么这么笨，这种球是人都投得进。"
"你真是蠢啊，这么容易的动作都学不会。"
"你怎么动作做得那么难看？像个猴子！"
"谁要跟他一样，就不要来上课了。"
"你天生就缺少运动细胞。"
"你这么厉害，你上来当老师。"
"给我记好了，下次还这样就别怪我了。"
"这么长的时间都跑不到，你饭白吃了。"
"上你的课太倒霉了，让我省点心好不好？"
"滚回去，这不是你呆的地方。"
"学了这么久，一点效果都没有。"
——摘自唐凯的硕士论文《中小学体育教师语言暴力现象研究》②

这些类似的语言常常被一些体育教师有意识或无意识地使用在体育教学中。这些体育教师的语言暴力不仅损害了学生作为人的尊严，也影响了学生进一步参与学校体育的积极性，导致本该爱人、尊重人的学校体育教育在道德性上荡然无存。

对学生而言，无论是体罚还是语言暴力，都是不尊重人、侮辱人格、伤害心灵的非人道行为，都应该杜绝于我们的学校体育之中。

---

① 赖天德. 学校体育改革热点探究 [M]. 北京：北京体育大学出版社，2003：125.
② 唐凯. 中小学体育教师语言暴力现象研究 [D]. 长沙：湖南师范大学，2012.

此外，由于人们常把过度的教育爱投射到学生身上，父母期望子女成龙成凤，教师希望学生不断超越，学生被赋予太多的功利期望，升学、就业成为主要目的，为了实现他们的期望，常常不顾学生身心归合发展的应然伦理追求，把学校体育排斥在外，学生的自由人性受到实然限制。这种情况下，学校体育成为人们追逐功利的牺牲品，对学生身心健康而言，是沉重的无奈与悲哀。同时因一些家长溺爱孩子，而不愿让孩子从事强度大一些的体育活动，这让体育教师开展体育活动畏手畏脚，结果是体育教师为了迎合家长的"需要"，一味地降低体育强度与难度，甚至在体育课堂上让学生"自由玩耍"，进而导致学校体育育体、育人宗旨的严重弱化。正如在访谈中河南省信阳市某高中的一名体育教师所言："现在的学生家长溺爱孩子的很，强度稍大一点，家长知道了，就来反映，要求降低强度，既怕累坏了孩子，又怕影响孩子的学习，我们体育教师很无奈，现在长跑不搞了，日常体育活动也不敢上量。"初心本是爱孩子的教育爱，因为爱的过度投射或爱的不当而形成了畸形的"功利爱"与"溺爱"，映射到学校体育当中，却是对孩子体育自由的剥夺以及体育权利的侵蚀，成为人道放逐的行为表现。功利之爱与溺爱对我国学校体育带来的负面影响不可小觑，尤其在农村地区有着更广泛的负面影响。

而在体育权利方面，学校体育领域尽管有《国际体育教育、体育活动与体育运动宪章》《教育法》《体育法》《学校体育工作条例》等法律规约的存在，但由于种种原因，体育权利作为学生的一项重要的基本权利，或者说一项基本人权，在目前来讲还处在一个被漠视和忽视的地位[1]。当今的我国教育实践中往往注重抓智育，而忽视体育课程，导致体育课程设置上的名存实亡[2]。

> 一学生家长致电称自己的孩子在西宁市城北区祁连路小学上一年级，去年下学期至今，学校经常占用学生的体育课或音乐课。"3月4日，孩子的体育课被语文课占了，这不是第一次了，上学期也是，动不动体育课和音乐课就改上语文课。"这名家长说，孩子才上小学一年级，为什么主课要挤占副课。
>
> ——青海新闻网2014年3月5日讯[3]

---

[1] 刘毅. 学生体育权利及其救济 [D]. 开封：河南大学，2006.
[2] 张有智. 当前学校体育"伦理缺失"现象探析 [J]. 教学与管理，2012（12）：128-129.
[3] 家长：经常占用体育课 校长：这种现象不允许 [EB/OL]. （2014-03-07）[2018-10-18]. http://www.qhnews.com/newscenter/system/2014/03/07/011325048.shtml.

孟同学是长春市一所高中高二的学生，学习成绩不错，但体质却一般，他说："我真的希望学校的体育课不被其他老师占用，给我们一个自由的娱乐和运动的空间。"孟同学说，上学时，他每天5时30分起床，19时30分放学回家，大多数时间都是在学校里度过的，他所在学校规定每周两节体育课，但基本都会被其他教师占用，"这学期开学有一个月了，我没上过一节体育课。"不光时间保证不了，空间也保证不了，学校的操场空间有限，连每天的课间操都不能保证，全校学生得分开上，一周只能上两次课间操，"课间休息时，老师也不提倡我们出去运动，害怕我们耽误学习。"

——新浪网2012年09月21日①

上述两个报道说明体育课被挤占是一些中小学常有的现象。在中小学，语文、数学、外语等课程是人们长期以来认为的主要考试科目，体育课程往往被要求为这些主要科目让路，形成对体育课程的挤压，导致体育课程时常缺失，造成学生体育锻炼与参与权利的侵蚀。学生受到体育权利侵蚀之时往往也无法得到有效申诉，在压抑的环境中甚至不敢于申诉……学生的体育话语权在当代教育体制下受到实然限制。体育教师作为教师群体的一部分，其理应具有与其他科目教师同等的权利，如教育教学权、学术研究权、获取报酬权等，体育教师的这些权利既是其生存的基础，也是学生体育教育权实现的重要前提。然而，在现实的学校体育实践中，体育教师的教育教学权时常因课程挤压而缺失，学术研究权因"主要学科"的"主体地位"而时常受到排斥，应当的报酬权也时常难以保障，在学校管理中的话语权也时常处于"失语"状态，进修及培训权往往因让位于语文、数学等主要学科教师而受到限制。以上现象表明，师生在学校体育中的应有权利受到事实上的侵蚀。

(三) 公正问题：发展公正缺失，资源获取不公

公正是人类最古老的一种道德范畴，也是伦理学的核心范畴之一。正如英国哲学家托马斯·霍布斯（Thomas Hobbes）认为，"公正就是给予每个人所应得的

---

① 专家：要让孩子全面发展别占用体育课 [DB/OL]. (2012-09-21) [2018-10-18]. http://edu.sina.com.cn/zxx/2012-09-21/1132356479.shtml.

不变的意志"①。公正在本质上就是给每个相关的社会成员"应得"。公正是社会主义核心价值观之一,也是学校体育趋向公平、正义发展的应然伦理诉求。然而,纵览改革开放以来的学校体育,公正问题一直是困扰我国学校体育发展的焦点议题。20世纪80年代以来,受教育功利及应试教育的影响,家长重视文化科目学习而轻视、甚至歧视体育学习。学校在升学导向的评价机制下,时常忽视、挤占甚至蔑视学校体育活动,学生也往往陷落为满足"他者"期许的"工具"或获取分数的"机器"。在这种形势下,体育课程成为学校教育中的弱势课程,课时打折、课程侵占成为常态,并造成体育学科的发展公正缺失,进而导致学生体育权益受到不公正的侵蚀;体育教师也因受到相关观念的影响长期处于从属地位,他们的劳动付出常常得不到认可,同工不同酬、编制配置不公、职级晋升困难等不公正的境遇已成为当代学校体育的一种常态,此况在中小学中的表现尤为突出。

> 体育教师与文化课教师同工不同酬的问题由来已久,借着中央重视学生体质锻炼的"春风",一些资深体育教师觉得这件事儿有必要再提一次。"自打有体育课以来,就一直是同工不同酬的。"徐阿根在上海一所市重点中学当了几十年体育教师,提到薪水问题,他总忍不住要为青年体育教师吼一嗓子,"我们学校体育教师上14节到16节课,拿到的绩点才相当于文化课教师上10节课的绩点。"与"绩点"直接相关的,是教师工资。据记者了解,徐阿根所在学校给体育教师的绩点还算是比较"合理"的,因为后来体育教师出身的徐阿根当上了这所学校的校长。但在更多的学校,毕业班语文教师上一节课算1.5个绩点,而同样40分钟时长的体育课,却只有1个甚至0.8个绩点。
>
> ——中国青年报2014年6月8日 ②

体育教师薪酬收入既关系着体育教师的物质生活,也关系着体育教师的精神生活,在如上待遇常常存在公正缺失的情况下,很难保证体育教师能以一种长期"奉献"的姿态从事学校体育工作,长此以往,他们要么怠工,要么对体育教师职业产生"失落"情绪,学生也难免受到旁及的负面影响,进而形成一种恶性

---

①Thomas Hobbes. Leviathan [M]. New York: Simon & Schuster Inc, 1997: 113.
②王烨捷. 每年都有评优,他们的机会却很少,而且同样课时打折算分已是客气——青年体育教师之问:同工同酬去哪儿了 [N]. 中国青年报,2014-06-08 (4).

循环。在笔者的访谈中，河南省新乡市某高中一位工作13年的体育教师吐露了部分体育教师的心声："体育老师在学校发展比较难，现在高考导向压倒一切，体育又不是高考科目，体育老师很难受到重视，上级奖励也主要看升学率，老师绩效、职称晋升也主要看对学生升学的贡献大小，领导们常忽略我们所付出的劳动，即使体育老师很尽责也得不到好的回报，慢慢地一些体育老师也就无所谓了，反正也发展不了。"尽管在一些省市，中招体育分数已经涨到满分70分，但对体育教师与学校体育的重视程度依然不足。正如河南省信阳市某中学的一位体育教师所言："虽然现在分数涨上去了，但是现在学校仍然把精力放在文化课上，体育成绩主要靠最后几个月突击，加上体育中招考试监管没有文化课考试那么严，学校与学生平时也不怎么把体育当回事，好多年都这样，一时半会也改变不了，体育老师在学校地位也没有多大提高。"在对湖北省、河南省、广西壮族自治区等地区的部分中小学体育教师进行访谈后发现，整体来看学校体育发展公正缺失是普遍的现象，而体育教师也常难以享受到相应的发展公正，学生的体育权益也受到不公正的影响。

此外，尽管教育资源公正分配问题是党和国家一直关注的议题，但直至今天，教育资源配置不公问题仍然是困扰我国教育发展的"老问题"，在学校体育领域尤其突出。正如金生鈜所述：我国公共教育资源的投入不平等一直是不争的事实，国家的教育投入原则或机制总体上是城市多于农村，重点学校多于非重点学校，优势群体多于弱势群体[①]。而在学校内部资源分配中又存在着主要学科占有更多资源的实况，由于体育课程的"非主流"地位，体育学科资源长期成为被侵占的对象。伴随着我国经济与社会的快速发展，这种不平等的现象并未得到根本改观。一些学校不顾有关政策对体育资源配置上的硬性规定，无视体育学科建设规律，对学校体育场地设施建设、师资配置、经费预算等方面进行挤占、挤压，导致体育学科资源获取的不公。在对国内体育教师的访谈中，当问及"您认为我国当代学校体育中哪些问题比较突出"时，多数体育教师第一反应的回答常常是"器材缺少""场地不足""体育资源缺乏"等。如湖北省某中学某教师回答说："我认为比较突出的是场地器材问题，没有场地器材什么都干不了，在我们学校场地小，几个班同时上课学生站都站满了，器材也常常不能保障，打报告上去，学校不重视，批准的慢，没器材，课也不好上"；河南省某高级中学某教

---

① 金生鈜. 教育与正义——教育正义的哲学想象［M］. 福建：福建教育出版社，2012：229.

师回答说:"场地问题比较突出啊,我们学校就一个400米田径场,篮球场又少,场地根本不够用,学校比较重视文化课教学方面的投入,学校也不考虑建体育馆,下雨天只能让学生上自习。"这些回答一方面反映了我国学校在体育资源配置上普遍存在不足,另一方面也侧面反映了学校体育资源配置方面有失公正。资源获取不公的情况在广大农村地区尤其突出,即使今天,仍有大量农村学校的体育场地设施、器材、师资在配置上存在严重不足,甚至尚未配备专职体育教师、不开设体育课的学校在广大农村仍不在少数,成为我国学校体育发展公正偏失的突出表现。

(四)理性问题:工具理性越位,价值理性失位

希腊哲学家普罗泰戈拉(Protagoras)把人的理性作为"存在物存在的尺度",理性实际上称为"合理性",成为人们崇尚的一种价值评判标准。而随着哲学发展,韦伯提出工具理性与价值理性的划分,人们对理性的认知开始分化。随着功利主义抬头,工具理性逐渐成为人们所尊崇的唯一对象,而价值理性逐渐受到忽视,人的完整理性随之受到分割,也促使人的放逐[①],事物发展中人们应遵循的工具理性和价值理性相统一的合理理性走向偏离。在教育领域,当今的教育从根本上偏离了它本真的意义,成了一种在工具理性操作下的功利主义教育[②]。从当前的教育体制下我们不难看出,学校体育由于其在社会经济发展中的价值和在以科学主义教育为中心的学校教育中所起到的独特作用,其工具价值被片面的扩大化了[③]。一些体育教师为了达到《国家学生体质健康标准》,在课堂教学上主要针对相关测试项目进行训练,把体育课程作为达标的工具,导致体育课程教学缺乏连续性与规律性,造成学生体育习得的缺失。一些教育管理决策者与体育教师把学生作为创收的工具,以"体育实践需要"为借口,进行敛财。一些学校的决策者为了政绩,不顾学校体育场地设施的实际需求,大肆建设不适用的大型体育场馆设施。一些家长及学生把体育参与看作为文化课服务的调节手段和工具,而一些学校管理者为了提高升学率,则只鼓励、强调少数体育特长生的培养而忽视多数学生的体育教学及课外体育活动。一些学校把课余训练视为课

---

① 孙彩平.教育的伦理精神 [M].太原:山西教育出版社,2007:159-160.
② 鲁洁.教育的返本归真——德育之根基所在 [J].华东师范大学学报(教育科学版),2001,19(4):1-6,65.
③ 黄晓丽,金育强,卢亮球,等.学校体育价值的理性审视 [J].广州体育学院学报,2014,34(6):11-15.

外体育的唯一，将运动队的奖牌当作功绩获取的一种工具，把有限的体育资源集中于运动队，而多数学生应该享受的资源被变相剥夺。课外体育已经成为一些体育教师追逐名利与荣誉的工具，甚至成为一些学校官员政绩工程的垫脚石，已显现陷于工具化巢臼、失去其存在本真意义的危险。现实表明，我国当代学校体育中存在工具理性的越位倾向，一些教育管理者、体育教师、学生、家长对学校体育的认识已陷入"理性偏离"的误区。

"价值理性"是主体中心导向的理性，它是具有目的、批判与信仰精神的人本理性，工具理性为用，价值理性为体，价值理性为工具理性的存在提供精神动力，指引着工具理性活动的方向。我国长期以来在政策上重视学校体育发展，理论研究也反复确证体育作为学校教育组成部分的重要作用，然而在实践中却因升学至上、就业至上等原因成为事实上的牺牲品，造成学生体育技能习得、体育文化良性濡化的不足，导致进入追求短期功利而忽视长远利益的价值理性失位巢臼。学校体育本是非功利性、公益性、见效慢的教育事业，社会、学校及相关利益主体过分追求短期功利和"成绩"，放弃对人的价值理性关怀，终将导致学校体育目的的扭曲。有学者指出："现在的学校体育管理者早就把学校体育看成了一种'盈利'的工具，对其所蕴含的文化价值视而不见，工具性的思维使得学校体育过度关注一些知识、技术、成绩，对参与者的主观感受视而不见。"[①] 正如理查德·贝利（Richard Bailey），托尼·麦克法迪恩（Tony Macfadyen）等认为，体育教育不应仅仅关注它的内容——"成绩"善，而且要关注被忽略的（被忘记的或也许被忽视的）、包含在体育教育环境中的学习特征，即有机会获得或者形塑人际交往能力[②]。也就是体育教育不仅应该关注"成绩"，也应该促进学生关系善与人文善的形成，即也要关注体育教育的"价值"善。体育教育担负着发展人的身体的首要任务，但如果看不到体育教育包涵的人文教育价值内涵，片面追求体育教育对人的生物性改造将导致学生的畸形发展[③]。当前的许多学校体育管理者、体育教师正是常把"成绩"放在第一位，强调学校体育的实用价值，追求体育教育对学生主体的生物性改造，而忽视体育教育所蕴含的人文价值，进而导致学校体育发展的价值理性失位。

---

① 张世威. 我国学校体育异化现象的审视与思考 [J]. 天津体育学院学报, 2008（6）: 523-524.
② Richard Bailey, Tony Macfadyen. Teaching Physical Education 5-11 [M]. New York: Continuum, 2000: 6.
③ 覃刚. 近代以来中国学校体育教育人文向度的失落与重构 [D]. 武汉: 华中师范大学, 2013.

（五）诚信问题：诚信道德遗失，信用规制阙如

诚信是一个古老的道德命题，也是道德的根本与基础所在，更是人最重要的品德规范之一。诚信的本义就是要诚实、诚恳、守信、有信，要守诺、践约、无欺……反对隐瞒欺诈、反对伪劣假冒、反对弄虚作假①。诚信是教育的基石与灵魂，教育离不开诚信。审视我国的当代学校体育，不难发现，替考、替赛、成绩造假、说谎逃课、体质数据造假等诚信道德遗失的现象仍然存在。在学校体育竞赛中，一些学校为了获得优异体育成绩，"租用"专业运动员或用"跨校、跨级"学生代替本校、本级学生参赛，"以强打弱""以大打小"，通过替赛获取优势。一些学生、家长、教师为了获得更多的升学"益处"，更是不惜协同造假舞弊。如厦门国际马拉松比赛作弊事件，山东某中学参与其中，替跑者有在校大学生。分析认为，参赛者作弊的动机是为了获得一张"有用"的"成绩证明"，因为达到国家一级运动员的成绩可以免试上大学，达到国家二级运动员的成绩在高考中可以加分②。而替赛者则可以从中得到可观的经济利益。成绩证明需求者、中介、替赛者已经形成了一个利益链条，他们的行为不仅失去尊重他人、公平竞争的正义品格，也严重违反了诚信为本的道德规范。这些替赛造假行为不仅伤害了其他参赛者，也严重损害了学校体育在诚信道德上的纯洁性，进而又损害了社会机制的良性运行。

在笔者访谈中发现，体育中考中"人情分""造假分"现象严重，如在对河南省某中学某体育教师的访谈中，其说"体育中考时，学习成绩好的，学校出面协调一部分，家长协调一部分，体育成绩基本满分，因此学生平时也不上心练体育"，该老师进一步说"我们这里其他学校也都这样做，我们也很无奈"。笔者在对其他一些省市的初中体育教师的访谈中也发现了这种中考体育"人情分""造假分"的现象。此外，笔者在访谈中还发现了一些迎检造假的现象，如在对广西柳州市某中学的调研中，一位接受访谈的学生反映，"我们的学校领导很虚伪、很假，上级来检查，他们从别的学校借器材应付检查，我们平时都没有什么器材"；一些学校在检查验收中为了验收合格常常采取各种作弊手段应付，如有学者的研究发现，"这些学校为了应付检查验收，往往采取用两套课程表的手段，

---

①张世威. 我国学校体育异化现象的审视与思考［J］. 天津体育学院学报，2008（6）：523-524.
②陈强. "厦马"惊人内幕：山东有专人组织替跑［N］. 中国青年报，2010-01-29（7）.

张贴公布的课程表只是摆设，是为了应付检查，实际执行的又是另外一套课程表"①。此外，一些学校为了评估获优，对学生体质数据造假；一些学生为了在比赛中取得更好成绩喝兴奋剂或吃违禁药物；一些学生在学期常规的体育课程考试中为了获得奖学金或者好成绩找人替考，甚至贿赂教师……学校体育的诚信道德在这里已经完全遗失。

尽管教育部、国家民委等部门联合发布的《关于进一步减少和规范高考加分项目和分值的意见》中已经取消了体育特长生加分项目，体质测试数据造假现象也由于教育部门抽查制度的实施而得到遏制，但这些问题的一度出现，至今值得我们深思。其他背离诚信的中考成绩造假、学生说谎逃课、替考等现象至今仍在延续。正如莫林（Maureen）等认为："归根到底，体育教育的目的是教授、阐明荣誉的本义和尊重在体育领域的他人的追求意蕴，即体育道德、公平竞争、尊重规则是真正胜利所应固有的。"②替赛、替考、中考体育考试造假等行为已经严重背离了学校体育的目的，损害了教育的诚信灵魂，成为学校教育的当代之殇。

社会信用体系建设已经成为政府的重要工作。2014年6月，国务院印发的《社会信用体系建设规划纲要（2014—2020年）》提出了未来若干年推进社会信用体系建设的指导思想、总体思路和目标任务。学校体育信用体系建设既是国家信用体系建设的重要组成部分，也是学校体育制度文化建设的重要内容。尽管学校体育中存在大量违背诚信原则的行为，如上述学生体育考试作弊、年龄造假、替赛以及比赛使用违禁药物等，这些不良行为破坏了学校体育健康发展的秩序，损害了学校体育的形象，也给教育事业发展造成了负面影响，理应得到政府、学校等信用规制主体的遏制和消除。但政府与学校作为信用规制的主体，由于信用规制阙如，对学校体育中发生的背信行为缺乏实际约束，而未能充分发挥应当的主体作用，形成事实上的信用规制缺失。如若体质数据造假、替赛、考试作弊等失信行为不能得到及时遏制，任由这些失信行为在学校体育中继续蔓延，不断蚕食学校体育应有的诚信，我国学校体育中的诚信道德必将走向没落。显然，通过以上对学校体育中诚信行为事实的表述，充分说明了我国学校体育在一定范围内存在着诚信道德遗失问题，相关信用规制主体也未在信用规制上筑起篱笆，有效

---

①刘红，苗青. 学校体育中诚信教育缺失的现状与对策[J]. 体育教学，2008（7）：46-47.
②Maureen K LeBoeuf, Lawrence F Bulter. Fit & active: the West Point physical development program [M]. Champaign: Human Kinetics, 2008: 12.

防范学校体育中的失信行为。

(六) 幸福问题:生命价值失落,幸福获得缺失

生命价值是人们追求的最基本价值,也是人们实现幸福的价值前提。学校体育是学校课程中与人的生命价值最直接相关的学科,应然是学生追求幸福的场域。从关爱生命的视角促进学生技能、知识、身体健康、良性习惯的获得,是学校体育根本意义所在。然而在我国学校体育实践中,人们却很少从学生的生命价值意义与人的可持续发展角度去进行思考,为了更"现实"的升学与就业,学生及学生家长往往困囿于"现实",不能以超越的眼光看待学校体育的本质——健身育人。要么把学校体育作为服务主要科目学习的工具,要么把提升体育成绩作为升学的手段,使学校体育走向本质上的沦落,进而导致学生主体生命价值走向人文精神的失落。学校教育管理者往往以"应景"的思维去管理学校体育,为了迎合学生及学生家长对升学的期望,淡化了学校体育在教育体系中的作用,挤压体育课程开设时间,或者直接占用体育课,形成学生事实上的体育参与缺场,学生由此失去从学校体育中获得幸福的最根本的参与基础。体育教师则因学生在体育课程中的时常缺场而被迫缺场,从而丧失了自身存在的价值,也无法实现自身生命价值,进而导致体育教师时常失去应有的职业幸福。当前,学生家长对升学的态度、教育管理者的"应景"管理立场已经成为学生体育参与的障碍,此境况若无改观,学生的生命价值追求将会在学校体育中失落,学生的幸福追求也将失去依托。

人的所有需求,追其根源都是为了追求幸福的生活。体育教师(尤其是中小学教师)在工作中往往同工不同酬,甚至在早操、课间操、课余组织比赛上得不到应得的经济报酬,物质层面获得不足。由于体育一直未能成为高考科目,在升学至上的教育体制中,体育学科边缘化曾一度成为"现实",在一些地区,其边缘化的处境目前尚未彻底改变,边缘化处境之中的体育教师自然难以获得与其他教师平等的社会地位,进而会导致其社会幸福感获得的不足。同时,在职称评定、进修机会上主要学科教师"优先",加之体育教育职业社会认可度偏低,也会致使体育教师精神幸福获得感不强,导致他们对体育教学缺乏热情,难以从利己幸福与利他幸福中获得成就感,从而进入一种恶性循环。正如柏拉图(Plato)认为,"最大的幸福莫过于:第一为健康;第二为美;第三为体格强壮和活泼;

第四为财富"①。健康与体格强壮应然是学生主体的幸福追求。对于广大学生而言，学校体育本是学生追寻幸福与快乐的源泉，然而文化课学习的重担、家长的过度呵护、体育教师的责任放逐，让学生难以享受到学校体育的应然福祉。片面追求升学与就业的教育体制之下，由于家长、教师、教育管理者往往过于重视文化科目学习成绩，而让学生远离体育，致使体育往往只能成为学生心中的画面。如若学校成为分数的"生产车间"，学生成为分数的奴隶，被奴役的身体将会走向孱弱，那么，毋容置疑，学生就急需从足量的体育参与中获得愉悦体验。

（七）性别问题：性别平等欠缺，女性处身弱势

随着女性主义理论的发展，性别伦理作为一种审慎实践的伦理学问题，受到越来越多的关注与争论。性别问题已经成为当代社会令人困惑的一个维度，它关涉着社会中的方方面面。随着人们对性别伦理理论的人性向善诉求及伦理正义的追寻，"思考性别"逐渐发展成为女性主义追求平等的主要批判工具。中华人民共和国成立之后，基于男女两性不平等的传统及解放妇女的考量，男女平等成为我国的基本国策，但直至今天"重男轻女""男强女弱""男尊女卑"的落后文化传统依然存在，并影响着社会的各个领域。我国教育领域长期处于追求男女平等的过程，因此我国在教育上长期采用性别中立的教育模式。随着教育的发展，基于在采用性别中立教育模式时容易忽视性别差异的考虑，我国在20世纪80年代开始探索性别化教育模式，但直至今天，性别中立教育模式仍是占主导的教育模式。目前，我国学校体育也主要采用性别中立教育模式，男女混班上课仍是主要的分班教学模式，采用统一的教学计划、教学内容、教学大纲的学校不在少数，从表面上看，男女生在接受体育教育的过程中处于平等的地位，而事实上，由于"男强女弱"的体育文化观感的普遍存在，男生往往具有更多的体育参与机会，加之体育教育中易于忽视男女性别差异，进而形成实际上的两性参与不平等，女性实际处身弱势。

即使女孩拥有了平等的受教育机会，也并不保证她们在具体的教育过程中被平等对待②。在体育教育实践中，男生往往是体育课堂上的"霸权者"，他们拥

---

① 邓文才. 幸福观念下对体育价值的认知 [J]. 体育学刊，2005，12（3）：34-37.
② 胡晓红，左孟华. 教育公平视野下对"男孩危机"的性别解读 [J]. 东北师大学报（哲学社会科学版），2010（6）：231-236.

有更多的体育参与机会；女生往往成为"旁观者"，他们在学校体育教育过程中常常也不能被平等对待。

> 如在吕晓娟对甘肃省临夏回族自治州东乡族2所九年制学校的调研中，几位男生这样说："篮球、排球、乒乓球男生独占，女生没有什么可玩的。""女生几乎没有玩的东西，男生乒乓球、篮球都可以玩，这些东西男生抢占，不让女生玩。"对此，女生感触颇深："篮球、排球只能男生玩，女生只能有看的份。"而且，"男生有篮球场，但女生只有跳绳和羽毛球。排球女生也可以玩，但老师经常（把排球）给男生，排球被男生霸占着，女生根本玩不上。跳绳有时也被男生抢去，男教师看见了管，女教师看见了不管。所以女生什么玩的东西也没有，就算直接从老师那里借来，也会被男生抢过去，女生根本没有玩的机会……"①
> ——摘自吕晓娟的著作《潜在课程的性别审视——在东乡族中小学的教育人类学考察》

上述事例说明在一些学校中男生明显在体育场上处于话语霸权地位，女生并未在学校体育活动中拥有平等的事实参与机会。笔者在对河南省信阳市某小学、广西柳州市某中学、湖北省武汉市某高校等学校的访谈与观察中也发现了这种男生抢占体育资源的"话语霸权"现象。

> 如在观察广西柳州市某高中的体育课堂教学时发现，"教师进行集中讲解与操练之后，体育教师安排学生自由活动，男生多数参与课堂体育活动，打篮球或气排球，而女生多数选择围观、倚靠田径场围栏聊天或者躲到远离体育场地的阴凉处"。在对躲在阴凉处的女生访谈时，一位女生说，"我们经常都是男生打球，我们（女生）不喜欢运动，太脏太累，老师对我们（女生）要求也不严"，另一女生说，"男生有时排挤我们（女生），我们（女生）也不想活动"。在观察河南省信阳市某高中、广西柳州市某高校体育课堂教学时也发现存在"女生游离于课堂之外，男生更多参与，教师区别对待男女生体育参与"的现象。同时在

---

① 吕晓娟. 潜在课程的性别审视——在东乡族中小学的教育人类学考察 [M]. 兰州：兰州教育出版社，2011：280-281.

对河南省周口市某初中、河南省信阳市某高中、湖北省武汉市某小学、甘肃省庆阳市某高校某老师等的访谈中发现，他们所在学校也存在着类似的情况。

根据以上的观察与访谈，表面上看是女生自愿离开体育课堂，但实质上是当下学校体育对女性这一性别的排斥，并且这种排斥在女生的潜意识里理所当然，女生持续弱势也就在所难免。学校体育教育中采用性别中立教育的混合班级的教育模式，往往易于以男子标准为体育教育规范，排斥女性气质，时常将应属于女性的体育教育及女性这一社会性别排斥于学校体育教育之外。而我国部分学校采用性别化的体育教育模式之时，单一性别班级的性别化体育教育模式把女性与男性分离开来，由于男性在当代教育体系中的中心地位仍未动摇，这种教育模式易于促使女性离开学校体育教育的中心，时常排斥女性对学校体育的平等获取。所以，性别问题既是学校体育伦理考察不可回避的一个社会现实，也是学校体育教育追寻伦理正义时必然要面对的问题。

此外，通过文献资料法对曹士云（2000）[①]、李慧林（2002）[②]、卢其宝（2007）[③]、李博杰（2013）[④] 等人的研究梳理发现"在我国学校中男女体育教师比例失衡严重，在体育教师职业上性别排斥现象严重"。"在知识界中，搞体育工作被人看不起，女同志搞这一行仿佛更是低人一等"[⑤]。在农村地区更是如此。此外，受传统体育职业性别定势的影响，女性在职前和职后的发展中也常遇到不公正的待遇。研究者对我国体育师资队伍的调查与观察也发现了同样的问题，女性在体育教师职业上受到事实上的排斥。根据对河南省新乡市某小学某老师、河南省南阳市某中学某老师、山东省临沂市某中学某老师、湖北省武汉市某高校某老师等女性体育教师的访谈发现，她们存在传统的性别思维定势，在职称认定、干部选拔上，她们的期许都不高，而在工作过程中遇到不公正待遇之时往往选择"失声"，也有两位女子体育教师表示在职业发展中明确表示放低对自己的要求。事实上，女子体育教师的弱势已经成为我国学校体育领域的突出表现，困扰着学

---

① 曹士云. 我国高等体育师资队伍的现状与发展战略研究 [J]. 黑龙江高教研究, 2000 (2): 39-41.
② 李慧林. 河南省城乡中小学体育师资力量的比较研究 [J]. 浙江体育科学, 2002, 24 (1): 33-37, 45.
③ 卢其宝, 汤凯军, 李少群. 普通高中男女体育教师比例失调应引起关注 [J]. 中国学校体育, 2007 (2): 59-61.
④ 李博杰. 常德市鼎城区农村中小学体育师资现状调查与对策研究 [D]. 武汉: 武汉体育学院, 2013.
⑤ 陈利花. 对消除当前我国学校体育教育中性别歧视问题的若干思考 [D]. 长沙: 湖南师范大学, 2006.

校体育事业的良性发展，也困扰着诸多利益相关者。在我国学校体育中，体育学科、女性的发展公正偏失问题由来已久，直至今天这些问题仍然困扰着我国学校体育的发展。

(八) 道德责任问题：教育道德失范，责任应诺消隐

英国教育哲学家彼得斯（Peters）在 1966 年发表的《伦理与教育》中提出教育的两大标准：一是要传授有价值的东西；二是以合乎道德的方式进行①。学校体育作为已经被确证的有益于青少年发展的实然存在，其存在有其充分的合道德性价值依据，这也决定了学校体育是"人为"的善的存在，而不是"自在"的善的存在，其根本上是人们选择的一项合乎道德的教育形式。然而就这一问题拷问今天的学校体育教育，其很难交出满意的答卷。从已有的研究及研究者亲身观察的学校体育教育发现，教育道德失范现象普遍存在。一些体育教师缺乏敬畏心，在岗不敬业，工作纪律松懈，既不认真备课，也不提高业务水平，敷衍教学；不能切实承担作为体育教师的应尽的责任，传授给学生体育学科有价值的东西，得过且过；同时，总是抱怨自身的社会地位，不能正确评价自我，自怨自艾，而不从自身寻找原因，并把不良情绪带到日常教学之中，丧失职业精神。而有些体育教师在体育教学中经常性迟到、早退甚至旷课，这无疑会对学生产生不良的示范效应。也有一些体育教师从教失廉，"利用教师职业之便，以从中获取私利为目的，向学生强行推销质量低劣的各种资料及体育器材；直接或间接从事商业经营活动，千方百计向学生推销各种饮料食品、服装、保健品等，有的甚至把学生是否购买自己的商品、学生能否帮助自己推销商品作为评价学生好坏的标准"②。一些体育教师的教育道德失范行为已经形成"破窗效应"，其教育道德失范行为，已经导致人们对体育教师这一群体，形成"粗俗、素养低"的思维定势。因此，对于体育教师的教育道德失范现象，亟须发挥伦理的规范功能，进行伦理关照与纠正。

道德责任是学校体育伦理的基石与保障，责任应诺则是学校体育发展的关键。学校承担着学校体育健康发展的责任；体育教师肩负着传承体育文化、提升学生体育学科品格、促进学生终身健身习惯养成的责任。然而"持续多年的学生

---

① 周建平. 追寻教学道德：当代中国教学道德价值问题研究 [M]. 北京：教育科学出版社，2006：6.
② 王清生. 体育教师行为失范及调控 [J]. 北京体育大学学报，2008，31 (6)：823-825.

体质调查显示,大学生体质堪忧,多项指标低于中学生,而目前青少年体质健康形势依然严峻,中小学生体质健康积极变化仍很小"[1]。学生体质健康的现状已经证明了学校在学校体育发展上未能承担应有的责任。尽管如此,许多学校仍然存在安全"崇拜",对一些项目缩手缩脚,甚至取消长跑、体操等有一定风险的项目,这显然是学校责任应诺消隐的反映,也是逃避社会责任的表现。在一些学校体育课堂教学中存在着"一个班几个球,老师学生都自由"的现象,在这种简单粗暴的"放羊式"教学形式下,体育教师放弃了自身应尽的教学责任,学生系统学习体育文化的权利被无形剥夺。在笔者观察湖北省某高校、广西某高校、广西柳州市某中学、河南省信阳市某中学、广西柳州市某小学等学校的体育教学之时,发现常有体育教师在上课期间怠工,甚至脱离教学现场的现象。尽管这些敷衍教学的现象普遍存在,但这些责任应诺缺失的体育教师却常常没有受到质询或惩罚,若长此以往,则往往会使体育教师认为其敷衍行为理所当然,并进而形成事实上的责任应诺消隐。学生本应该从体育教学中获取体育文化上的传承、体质上的健康、情感上的满足、性情上的完善,获得自身的全面发展,但却因学校、体育教师的责任应诺消隐,而导致"应得缺失"。

二、当代中国学校体育现实伦理问题产生的根源探寻

前述分析表明,当代中国学校体育中确切存在着诸多现实伦理问题,并一直制约着我国学校体育的健康发展。这些问题都是学校体育中不应当的伦理存在,需要我们去探寻根源。而问题产生的根源,要么存在于事物的本体之中,要么存在于事物的外在关联现象之中。探寻问题产生的根源就是要寻找一种或多种实际存在的根因。学校体育作为一种教育存在,其发展必然既受教育本体发展的影响,也受其外在关联现象的直接或间接的影响。显然,要探寻当代中国学校体育现实伦理问题产生的根源,不仅要从教育本身、教育主体等教育本体中去探寻,还要从经济、社会、文化等外在关联的现象中来寻找。归纳起来,本研究认为,引致当代中国学校体育现实伦理问题产生的根源,主要体现在以下几个方面。

---

[1] 申宁,周舟.教育部:多项指标低于中学生 大学生体质堪忧[EB/OL].(2014-07-28)[2018-10-18]. http://edu.people.com.cn/n/2014/0728/c1053-25356056.html.

(一) 经济之因：经济功利主义主导，资源配置失衡

经济基础是事物发展的决定力量，不同时期经济发展的取向影响着社会的各个领域。自改革开放以来，我国长期以经济建设为中心，已经取得卓越成就。2010年中国国内生产总值已超过日本成为世界第二大经济体。据IMF统计，以购买力平价计算，2014年之后中国已经成为世界第一大经济体，但人均GDP仅有美国的1/4左右。我国教育开始注重结果与实效，中小学追求升学率，大学追求就业率，而往往忽视学生毕业后的长远发展以及教育的长远效益。学校体育长期被作为教育中的非主要科目，难免被功利主义主导的现代教育挤向边缘，进而导致学校体育发展的公正缺失。

在我国当前经济快速增长的背景下，教育资源配置却常常失衡。这种失衡综合表现在三个方面：一是国家财政支出中教育经费的比例失衡；二是教育资源配置的城乡失衡；三是学科资源分配的失衡。教育财政性教育经费支出是我国教育经费的主要来源。一般认为，教育财政性教育经费达到GDP的4%是世界判定一个国家教育水准达标的基本线。1993年国务院颁布的《中国教育改革与发展纲要》中提出，"逐步提高国家财政性教育经费占国民生产总值比例，20世纪末要达到4%"[①]。而事实上，1993年至2009年，国家财政性教育经费所占GDP比例最高的是2009年的3.59%，仍然低于4%的目标。2010年通过的《国家中长期教育改革和发展规划纲要（2010—2020年）》把这一目标推迟至2012年。教育部、国家统计局、财政部发布的全国教育经费统计公告显示，"2012年国家财政性教育经费支出2.2万亿元，占国内生产总值的比例达到4.28%"[②]，首次达到基本线。2013年与2014年国家财政性教育经费占国内生产总值的比例分别为4.3%与4.15%。尽管近年来国家财政性教育经费支出达到了基本线，但是对于人口基数大的中国来讲，人均教育经费依然偏低，和发达国家相比存在着显著差距，而在有限的教育支出中我国又存在"城市中心"资源分配倾向。在资源配置上出现了先城市后农村，先重点再普通，先市民子弟后农村子弟，以城市和市民为中心，以农村和农民为外围的教育资源配置不公的局面[③]。由于体育并非社

---

① 刘豪兴. 农村社会学 [M]. 第二版. 北京：中国人民大学出版社，2008：209.
② 我国超额完成教育经费支出占GDP比例4%目标 [EB/OL].（2014-02-20）[2018-10-18]. http://edu.people.com.cn/n/2014/0220/c1053-24419181.html.
③ 王华, 魏凤. 公平视角下农村教育资源配置的路径选择 [J]. 湖北社会科学，2011（1）：176-179.

会所真正认可的主要学科，因而在人力资源、物质资源分配上常处于劣势，尤其是在广大农村表现尤甚，例如，学校场地器材严重不足、体育教师缺编严重，而语数外等主要科目教师则充足甚至超编。教育资源配置失衡一方面影响了学校体育资源的公平获取，另一方面也成为学生体质健康水平提升及体育教师幸福获得的阻碍。

（二）社会之源：社会对体育存在偏见，国民对体育认知不足

尽管我国竞技体育领域已经取得了举世瞩目的成绩，体育的价值与功能已经得到反复确证，但这并不意味着人们对体育必然秉持肯定的态度，事实是社会对体育普遍存在着偏见。相关研究发现，体育从业者或运动参与者常常被人们贴上"头脑简单，四肢发达"[1][2][3][4]的"标签"。在学校体育开展中，家长关注更多的是与升学、就业直接相关的主要科目，孩子参加体育活动往往被认为是"不务正业"，在广大农村此种情况更甚。社会对体育的偏见必然引起对学校体育教育的偏见，也必将导致学校体育发展的困难。社会体育偏见的一个重要方面，表现在对女性群体体育参与的偏见。长期以来，在我国，尽管不懈努力地追求男女平等，但至今在男女角色定位及男女社会地位上仍然存在着事实上的不平等。对妇女的不正确看待导致人们对参加体育活动的妇女的不认可，限制了女性参加更多的体育活动[5]。社会对体育存在偏见的现实，导致了体育学科公正缺失、体育教师待遇不公、女生处身弱势等学校体育伦理问题的产生，并深深影响着学校体育的良性发展。

经常参与身体活动对身心健康的益处是令人信服且已经被充分证实的，然而大部分人口没有参加足够的身体活动来获取这些健康益处（Rhodes etc.，2010）[6]。在我国，由于国民对体育认知的局限，以及"静"的传统偏好，能从体育活动

---

[1] 李鸿江.建设健康中国，学校体育不是"旁观者"[N].中国教育报，2016-09-30（8）.
[2] 尹志华，汪晓赞，季浏.体育教师教育标准体系框架的构建及其内涵[J].上海体育学院学报，2016，40（1）：79-84.
[3] 曾庆涛.我国体育教师评价体系研究[D].开封：河南大学，2011.
[4] 米靖.中国青少年训练存在问题与未来出路[J].成都体育学院学报，2016，42（5）：77-82.
[5] 杨亚琴，邱菀华.女性参加体育活动的风险及对策[J].武汉体育学院学报，2006，40（3）：15-18.
[6] Ryan E Rhodes, Deborah Hunt Matheson, Rachel Mark. Evaluation of Social Cognitive Scaling Response Options in the Physical Activity Domain [J]. Measurement in Physical Education and Exercise Science, 2010, 14 (3): 137-150.

中获得健康益处的人数仍十分有限。通过对《重庆市城市居民生活方式及体质的现状与对策研究》（符明秋，2006）①、《吉林省城市居民体育态度研究》（郭家骏，2007）②、《安徽"省会经济圈"城市居民群众体育现状与发展对策研究》（汪彬，2010）③、《吉林市城市居民参与体育活动现状及对策研究》（吴静，2014）④等研究的梳理发现，我国城市居民对体育的认知不足，在体育参与意识上往往跟不上当时提倡的体育认知。而通过对《新农村建设背景下豫东农村体育活动的现状调查》（孟凡亮，2011）⑤、《"珠三角"地区农村居民体育意识与体育行为研究》（朱华，2011）⑥、《川渝地区新农村建设过程中乡村居民参与体育活动的现状研究》（吉丽娜，2013）⑦、《粤西农村居民体育活动现状与影响因素研究》（吴剑明等，2016）⑧等研究的梳理发现，我国农村居民对体育的认知更是存在局限，甚至误解，经常参与体育活动的农村民众仍然占少数，很难形成全民健身的氛围。由于我国国民对体育的认知不足，往往不能对学校体育的开展给予充分的支持，学校体育不受重视也就在所难免。对学生而言，即使其在学校体育中能应诺自身的体育学习义务，学校体育也常常会受到家长的忽视，学生家长也少有督促学校加强学校体育的行为与建议，在这样的情境下，学生出现体育学习责任消隐现象也常常会被忽略。此外，由于学校体育缺乏国民的应当关注，即使一些体育教师放低对自己的要求，在体育教学中敷衍了事，也常常不会受到国民舆论的监督与约束，体育教学道德也由此走向失落。

（三）文化之失：文化导向偏失，价值取向偏斜

我国历史悠久，文化底蕴深厚，但是官本位、功用本位的思想深远地影响着我国各个领域的发展。自高考恢复以来，上大学是人们改变命运的重要途径，尤其在农村更是如此，"万般皆下品，唯有读书高"的观念仍然深入人心，这一方

---

①符明秋. 重庆市城市居民生活方式及体质的现状与对策研究 [D]. 重庆：西南大学，2006.
②郭家骏. 吉林省城市居民体育态度研究 [D]. 延边朝鲜族自治州：延边大学，2007.
③汪彬. 安徽"省会经济圈"城市居民群众体育现状与发展对策研究 [D]. 上海：上海体育学院，2010.
④吴静. 吉林市城市居民参与体育活动现状及对策研究 [D]. 延边朝鲜族自治州：延边大学，2014.
⑤孟凡亮. 新农村建设背景下豫东农村体育活动的现状调查 [D]. 开封：河南大学，2011.
⑥朱华. "珠三角"地区农村居民体育意识与体育行为研究 [J]. 河北体育学院学报，2011，25（5）：31-35.
⑦吉丽娜. 川渝地区新农村建设过程中乡村居民参与体育活动的现状研究 [D]. 重庆：西南大学，2013.
⑧吴剑明，王薇，石真玉，等. 粤西农村居民体育活动现状与影响因素研究 [J]. 广东石油化工学院学报，2016，26（1）：81-86.

面体现了知识的重要性；另一方面也说明了传统文化根深蒂固，人们的发展思维囿于定势的困境。在此情境之下，教育在社会文化导向上，考试升学是人们的核心关注点，主要学科如语文、数学、英语等受到格外的重视，而体育学科往往在选择时被抛弃。尽管多年来我国青少年体质堪忧，政府也在政策上关注，学者也经常呼吁，学校也在改变，但是改观并不明显。在传统文化与现代化、人文与科学的对立与冲突过程中，教育要以人的培养为根本，在发展人的基础上促进社会走向人、社会与自然的和谐共生①。也就是教育要为培养全面发展的人服务，要为人、社会与自然的和谐发展服务。然而当下的教育主要侧重所谓的主要学科，文化教育具有功利导向，并没有给予体育、音乐、美术等学科足够的重视，或者因为功利性需求给予过度重视。在当前背景之下，整个社会的文化氛围指向功利并有继续孕育的趋势，非一日能够扭转。学校体育在校长的感到有压力、体育教师的无奈、学生家长的关切与犹豫中徘徊发展，学生的身心发展受到事实上的损害，甚至被割裂，急需政府、社会、利益相关者协同努力，营造育体、育人的文化氛围，促进学生的身体解放与全面发展。

正如章启群所言，"当前中国教育的常态，可以归纳为'三座大山'：'官本位'的教育体制、'应试教育'模式、狭隘的望子成龙的社会观念"②。也正是这"三座大山"造成教育取向的偏斜，学校体育的实际地位与价值实现也深受影响。"官本位"的教育体制致使教育价值观倾向于官僚与功利主义，采用"应试教育"教育模式成为理所当然，家长希望子女成龙成凤恰为"官本位"的教育体制、"应试教育"模式提供了长期滋生的土壤，三者相互关联，教育系统内恶性循环，学校体育课程作为非主考科目多年来难受实际重视的境况难以改观也就在所难免。因此，近年来学校体育教育中的伦理偏失问题不能完全归结于学校体育教育本身，重要的根源之一在于我国整体教育取向的偏斜。只要当前的教育传统以及社会民众的文化价值取向没有改变，学校体育发展中的伦理异化问题就不能从根本上改观。在此背景之下，尽管政府、教育专家、体育教师、体育学者、家长等也在力求改变，但由于文化导向的偏失及教育取向的偏斜，人们仍时常以"成绩"为中心、以名利来衡量教育的发展，于是，学校体育成为课程挤占、体

---

① 冯灿兰. "善恶" 视域下的文化教育导向 [J]. 内蒙古师范大学学报（教育科学版），2010，23（12）：4-6.
② 章启群. 中国教育的 "三座大山" [J]. 民主与科学，2010（6）：8-9.

质测试造假、替考、成绩造假等表演行为的舞台。

(四) 教育之殇：教育物化倾向过度，主体走向失落

随着社会的发展，物化问题逐渐渗入人类生活的各个领域。在教育领域，总的来说，教育物化问题主要体现在两方面：一是教育自身的物化，凸显在教育的唯经济倾向及教育的过度功利化；二是教育对人的物化，把人变为机器、工具[1]。教育本是培养人的活动，注重人的自我价值观的形成与培育，目的在于人的解放与发展，但是今天我们的教育逐渐远离本真，教育中的人不断被工具化。正如汤因比（Arnold Joseph Toynbee）与池田大作对话录中提到，"在现代技术文明的社会之中，不能不令人感到教育已经成为失利的下贱侍女，成为追逐欲望的工具"[2]。为了"物"的追求，教育走向经济功利，学生自入学起，各种教育习得就要为经济目的做准备。尽管物质财富是人类续存的基础，但是当对物的追求与占有成为唯一目的之时，问题也就随之而来，现代教育正是日益陷入以"物"的获取为主要目的的经济功利主义窠臼。为了经济目的追求，学校教育往往失去了它应该的面貌，学生也逐渐成为片面发展的人。也正是教育物化问题在我国各个地区的普遍存在，强化了对所谓主要学科的偏重，学校体育则成为"物化"的工具，导致出现大量诸如体育课程挤占、课余体育工具化、课余训练功利化等衍生问题。

随着教育物化的进程的推进，物化逐渐渗透到接受教育的人的意识与心灵，人与人的关系转向物与物的关系，人在教育中逐渐走向彻底物化。学校成为为实现经济目的而存在的"工厂"，规训与惩罚在现代学校盛行。学校教育尽管给人类发展培养了大量的具有一定知识与技能的劳动力，但是随着"惩罚从一种制造无法忍受的感觉的技术转变为一种暂时剥夺权力的经济机制"[3]，这种机制隐性地迁移到教育之中，强制与控制逐渐成为学校的梦魇。潜在的经济目的使规训与惩罚没有得到合理的利用与演化，学校成为生产各种专业"合格人"的"工厂"，而对象却是活生生的人。尽管规训与控制对学生行为的改变短期内有效，但是长远来讲往往以学生人格的扭曲为代价，实质上是对人的精神奴役与摧残。在教育领域中，

---

[1] 王坤庆，岳伟. 教育哲学简明教程 [M]. 武汉：华中师范大学出版社，2011：138.
[2] 汤因比，池田大作. 展望二十一世纪——汤因比与迟田大作对话录 [M]. 荀春生，等译. 北京：国际文化出版公司，1985：61.
[3] 米歇尔·福柯. 规训与惩罚 [M]. 刘北成，杨远缨，等译. 北京：生活·读书·新知三联书店，2003：201-202.

人是当然主体，人在其中应该获得自由与解放，而现代教育的规训与控制，使人走向被物化，丧失主体价值，主体在接受教育过程中由于功利惯性使然，逐渐失落在工具价值实现之上。学校体育是促进学生主体身心归合发展的学科，学生主体却被占有与限制，体育教师也由于社会偏见与学科歧视的沉疴而导致幸福感偏低。显然，学校体育"物化"是现代教育物化顽疾的一部分，同样亟待找回学生主体的当代失落，遵循人的发展的主体性，促进学生的身体走向自由与解放。

（五）实践之弊：政策执行与监管脱节，学校落实流于形式

我国长期重视学校体育，先后出台了系列政策推进学校体育发展，尤其1990年国务院批准发布的《学校体育工作条例》，对学校体育的发展提供了强力的政策支持。2007年5月7日，中共中央、国务院颁发的《关于加强青少年体育增强青少年体质的意见》中，明确指出中小学要认真执行国家课程标准，保质保量上好体育课……高等学校要加强体育课程管理，把课外体育活动纳入学校日常教学计划中，使每个学生每周至少参加三次课外体育锻炼；要切实加强体育教师队伍建设，配齐配强体育教师①。针对中小学生体质状况依然堪忧、大学生体质健康下滑趋势未能得到根本遏制的现状，2014年4月，教育部印发了《学生体质健康监测评价办法》《中小学校体育工作评估办法》《学校体育工作年度报告办法》三个文件，同年7月，教育部下发了《高等学校体育工作基本标准》。2016年4月21日国务院办公厅印发的《关于强化学校体育促进学生身心健康全面发展的意见》中，再次提出要强化体育课和课外锻炼的要求②。近年来，系列学校体育政策的出台为学校体育改革发展提供了政策保障，但遗憾的是官方的政策文件与实践之间的"沟壑"依然难以填平。"政策归政策，实践归实践"，现实学校体育政策执行往往是以流于形式居多，政策学习与讨论往往开展得异常热烈，而在践行中则缺乏实质性的推动，对政策执行的监管也缺乏相关部门与责任人的实际介入，导致学校体育政策执行与监管上的脱节。政策执行监管的缺位或不力，致使学校体育政策保障效用的低下，体育学科应有公正的缺失、体育资源配置不公、师生权利义务丧失、教育道德失范等伦理偏失问题的出现在所难免。

---

①中共中央、国务院关于加强青少年体育增强青少年体质的意见［EB/OL］．(2007-05-24)［2018-10-20］http://news.xinhuanet.com/politics/2007-05/24/content_ 6148322.htm.

②国务院办公厅关于强化学校体育促进学生身心健康全面发展的意见［EB/OL］．(2016-05-07)［2018-10-20］．http://www.moe.gov.cn/jyb_ xxgk/moe_ 1777/moe_ 1778/201605/t20160507_ 242349.html.

"在全球21%的国家中，体育教育没有真正按照法律义务或期望实施。真正按照法律义务或期望实施的比例，在中美洲和拉丁美洲达到33%，亚洲和北美洲是67%，而在欧洲仅仅11%的国家宣布存在实施缺口。"[1] 这一全球性的学校体育律法与政策的落实问题，在我国格外严重。尽管我国政府对学校体育地位及师生权益已经有了明确的制度规定与法律保障，但是学校在落实实施之时，为了实现更现实的升学及就业利益，政策执行常常流于形式。国家层面出台学校体育律法与政策着眼于全局与整体，具体怎样执行还是要依靠学校，但学校作为学校体育律法与政策的具体执行方往往着眼于特定群体意识的利益表达，为了升学、就业目标，不顾学生全面发展的教育诉求，不惜牺牲学校体育的应有效用。在检查与评估学校体育成效之时，地方教育部门与学校之间关系似乎很微妙，尽管许多学校只做表面文章，常常象征性执行，但地方教育部门却时常"默许"这一状况的存在，学校体育相关律法与政策的权威性与严肃性荡然无存。显然，由于学校在落实学校体育相关律法与政策之时流于形式或象征性执行，以及教育部门监管的失位，学生体育权利受到事实损害，学校体育不但难以为学生体质健康促进与学生性情完善发挥应有作用，而且也无法实现健康第一思想的落地生根，更在事实上形成学科公正的缺失。

（六）主体之困：体育教师主体处身窘境，学生主体理解局限

对于体育教师而言，他们处身窘境源于对体育理论认知与体育教育实践之间选择的矛盾。"体育教育不能被简单理解为体育运动，其不仅传授运动技能，也教会参与者如何认识自我、理解他人、融入社会。"（Kay，2003）[2] 这既是对体育教育的本质认知（尤其是学术上），也是体育教师应该秉持的认知。然而在现实的体育教育实践中，即使体育教师对体育教育持有正确的认知，并深知体育课程的重要作用，但在分数至上、考试至上氛围中，面对学生及学生家长的升学期望，以及教育管理者的"应景"管理态度，他们往往处身窘境，并且在与主要学科冲突时常常是选择退让，毫无疑问，这种退让会导致学校体育的实际缺场。体育教师面临的这种窘境往往难以保持其以"安全"的心理去从事体育教育工

---

[1] Ken Hardman, Ken Green, et al. Contemporary Issues in Physical Education: International Perspectives [M]. London: Meyer & Meyer Sport [UK] Ltd, 2011: 12.
[2] Kay. Physical Education, R.I.P [J]. British Journal of Teaching Physical Education, 2003, 34 (4): 6-10.

作。正如肯·格林（Ken Green）认为，"和其他竞争性群体相比，因为体育教师的专业身份和地位的不安全感，体育教师在工作中难以通过体育教育兴趣发挥显著优势。反过来，体育教师不太可能倾向于采取一种超然的视角对待'可能明晰'他们的身份和地位的学科"[1]。尽管体育教师认同学校体育的重要性，但由于体育教师对自身的专业身份及地位存在不安全感，他们很难在工作中持有公正的态度与勇气去对待学生与体育教学，因而教学道德失范也就在所难免。

作为青少年学生，由于受自身视野与经历的限制，他们不可能拥有和成年人、体育教师、体育专家一样的视野理解体育教育。如英格兰的中学生（Laws and Fisher，1999）[2]和美国的同龄人（Dyson，2006）[3]认为体育教育主要是"娱乐"；许多中学生，尤其是年长的中学生把体育教育等同于体育运动和竞争性的团队游戏（Lake，2001）[4]。一些研究表明大多数青少年学生将体育教育理解为围绕娱乐、健康、体验、社交等开展的身体活动（O'sullivan，2002；Fisher，2003；Macdonald et al.，2005；Smith and Parr，2007）[5][6][7][8]，也有学者对"美国学生体育教育中期望达到什么目的"进行研究时发现：试图保持体形和乐趣是学生最大的体育教育参与预期（Xihe，2013）[9]。显然，国外青少年学生不能完全认知学校体育教育的本质，往往认知体育教育就是"娱乐""社交""体验"等。而在我国，青少年学生对体育教育的理解往往是"玩""放松""为更好的考试锻炼身体"等，同样也不能完全认知学校体育教育的本质，更多的是把体育作为获得考试通过、获取就业资格与技能的工具，而一些准备从事体育教育或体育相

---

[1] Ken Green. Understanding Physical Education [M]. London：SAGE Publications Ltd，2008：19.
[2] Laws C，Fisher D. Learning and Teaching in Physical Education [M]. London：Falmer Press，1999：23-37.
[3] Dyson B. The Handbook of Physical Education [M]. London：Sage，2006：326-346.
[4] Lake J. Young People's Conceptions of Sport，Physical Education and Exercise：Implications for Physical Education and the Promotion of Health-related Exercise [J]. European Physical Education Review，2001，7（1）：80-91.
[5] O'Sullivan S. The Physical Activity of Children：a Study of 1602 Irish Schoolchildren Aged 11-12 Years [J]. Irish Medical Journal，2002，95（3）：78-81.
[6] Fisher R. Physical Education：Deconstruction and Reconstruction——Issues and Directions [M]. Schorndorf：Verlag Karl Hofmann，2003：137.
[7] Macdonald D，Rodger S，Abbott R，Ziviani，et al. I could do with a pair of wings：Perspectives on physical activity，bodies and health from young Australian children [J]. Sport，Education and Society，2005，10（2）：195-209.
[8] Smith A，Parr M. Young people's views on the nature and purposes of physical education：A sociological analysis [J]. Sport，Education and Society，2007，12（1）：37-58.
[9] Xihe Zhu. Exploring Students' Conception and Expectations of Achievement in Physical Education [J]. Measurement in Physical Education & Exercise Science，2013，7（1）：62-73.

关职业的学生会选择更深入的专业学习，但这事实上也是一种就业取向。因此，我国青少年学生对体育教育的理解存在局限，一方面容易造成学生体育学习义务应诺的不足，另一方面不可避免地造成现实学校体育开展的困窘。一些体育教师为了迎合学生的"玩""放松"的需求，在学校体育教育中常常迁就学生，放羊式教学成为常态，学校体育的本真价值走向沦丧，学生身心归合发展的应然伦理追求无形中被"架空"，体育教师也由此失去了从学校体育中获取应有工作幸福的源泉。

小结

尽管改革开放以来，我国学校体育工作取得了长足的进步，但依然存在着诸多问题。在这些问题中体育学科边缘化问题、学生体质健康问题、中小学体育教师待遇问题等是共识性问题，这些共识性问题的存在为笔者从伦理视角研究学校体育提供了基本的预设基础。本研究依据笔者近三十年的亲身学校体育经历，以及在网络、报刊、文献中呈现的学校体育伦理偏失现象，结合笔者通过访谈与观察所搜集到的资料，比照学校体育的应然伦理追求及应遵循的伦理原则，对当代中国学校体育发展中的现存问题及其背后的伦理蕴意进行观照与分析，认为当代中国学校体育中的现实伦理问题主要表现为以下七个方面。第一，基本问题：事实偏离应然伦理追求，学生身心割裂发展；第二，人道问题：人道本位放逐，权利侵蚀凸现；第三，公正问题：发展公正缺失，资源获取不公；第四，理性问题：工具理性越位，价值理性失位；第五，诚信问题：诚信道德遗失，信用规制缺失；第六，幸福问题：生命价值失落，幸福获得阙如；第七，性别问题：性别平等欠缺，女性处身弱势；第八，道德责任问题：教学道德失范，责任应诺消隐。这些问题可以归纳为人道、公正、理性、诚信、幸福等范畴，但在本研究中并未严格按照这些范畴进行分类，这是因为每个范畴的问题事实存在着交叉。如学生体育权利受侵害问题，它既关涉人道范畴的人权侵犯问题，也关涉学生是否被公正地对待的问题；再如学校体育中的性别平等问题既属于公正范畴的问题，也属于人道范畴的问题，又关涉幸福范畴的问题。这些问题都是学校体育中不应当的伦理存在，需要我们去寻找根源，并予以解决。问题产生的根源，要么存在于事物的本体之中，要么存在于事物的外在关联现象之中。寻找问题产生的根源就是要寻找一种或多种实际存在的根因。学校体育作为一种教育存在，其发展必然既受教育本体发展的影响,也受其外在关联的经济、社会、文化导向的直接或潜在的影响。显然,要探寻当代中国学校体育现实伦理问题产生的根源,不仅要从教育本身、教育主体等教育本体中去探寻,也要从经济、社会、文化等外在关联的现象中去寻找。归纳起来,本研究认为,引致当代中国学校体育现实伦理问题产生的根源,主要体现在以下六个方面。第一,经济之因:经济功利主义主导,教育资源配置失衡;第二,社会之源:社会对体育存在偏见,国民对体育认知不足;第三,文化之失:文化导向偏失,价值取向偏斜;第四,教育之殇:教育物化过度,主体走向失落;第五,实践之弊:政策执行与监管脱节,学校落实流于形式;第六,主体之因:体育教师处身窘境,学生主体理解局限。

第六章 当代中国学校体育现实伦理问题消解的应然路向

诚然,前述中已经明晰了当代中国学校体育中的现实伦理问题,若不立足于解决问题的考量,这些现实伦理问题的探讨就失去了应有的价值与意义。因此,以下遵循问题解决的逻辑,围绕人的行为不能僭越学生身心归合发展这一伦理追求,遵循秉持人道、崇尚公正、依循理性、恪守诚信、缔造幸福的学校体育伦理原则,着眼于人性与爱的思考,提出当代中国学校体育现实伦理问题消解的应然路向。

一、基本问题之消解:皈归应然伦理追求,弥合学生身心发展的割裂

我国学校体育中的事实表现,无论是体育教育被窄化为对学生身体的生物改造,还是体育教育被异化为依附工具性的存在,根本上都是人的行为对学生身心归合发展这一应然伦理追求的偏离。学生接受体育教育的过程,既是学生借助"身"这一客体获得生物肌体改变的过程,也是"心"这一精神主体通过体验、感悟获得补释与解放的过程。身体是身心性的,身心之间是相通互动的,"体",即一种感性,一种现实性,一种实践,是真实的感受,这是基础,是前提,是触发;而身心的感验能够补释、生成更深层次的文化要素,并将人从有形有象的具体运动形式引领到无穷无尽的意义世界之中①。只有以体育文化习得为基础,以学生的身体解放与全面发展为终极目标,以学生体育参与的心灵体验与感悟为最高体悟追求,超越工具性的功利目的,弥合学生身心发展的割裂,才能使学生领悟到体育教育的真谛。因此,学生应在其体育参与中实现"身""心"归合发

---

① 王健,潘凌云. 人学视域下我国学校体育教育的现实探问与发展路向 [J]. 体育科学,2013,33 (11): 17-27.

展,而不是割裂发展。这既是学校体育教育本体价值实现的必然选择,也是学校体育教育利于学生身心归合发展的最根本的追求。

正如卢梭在《爱弥尔》中的探讨,"若要养成儿童的智力,必将先养成智力的体力,要养成儿童的正直与聪慧,必常常使他运动、锻炼身体,使他强硕,任他做事、跑步、运动、叫喊……使他成为有体力的人,不久他就会成为一个有理性的人"①。具有体力是人养成智力的基础,理应得到强化,但体育引入学校教育的目的绝不仅仅是为了人获得体力这一单一维度的发展。用发展体力的单一维度去对待学校体育,必然会导致学生身心发展的割裂。体育突出的发展身体的功能,常让其发展心智的功能消隐,如一些体育工作者常常过于强调学生身体生物学上的改变,而忽视学生的心智发展;也有一些体育工作者过于强调学校体育的德育、智育功能,注重学生的心理发展,一味地降低体育强度,导致学生身体发展的不足。因此,要弥合学生身心发展的割裂,就是要超越身或心单一维度发展的思维,用身心二维归合发展的思维来对待学校体育,这不仅是规范学校体育中人之行为的需要,而且在根本上也是遵循学生身心归合发展这一应然伦理追求的需要。总之,从身或心单一维度发展的思维转向身心二维归合发展的思维,既是对弥合学生身心割裂发展的回答,也是对学校体育中人的行为应该遵循学生身心归合发展这一伦理追求的理性回应。

二、人道问题之消解:回归教育的人道本真,摆脱教育爱的过度投射

当代中国学校体育中,不尊重学生的系列行为,以及因家长、教师的过度期望所形成的畸形教育爱而引起的学生体育参与偏失,归结起来都是对学生身心归合发展的"戕害",都是残缺的人道。因此,面对我国学校体育发展中的伦理问题,当务之急就是要回归教育的人道本真,摆脱教育爱的过度投射,摒除不人道的行为。

正如《体育运动国际宪章》中规定,"从事体育运动是一项基本人权"。体育运动是人与生俱来的自发需求,人人都应该享有从事体育运动的基本权利。在学校体育教育中,学生本身及其体育教育权受到应有尊重是学校体育发展的道德

---

①程平源.中国教育问题调查[M].北京:清华大学出版社,2013:251.

底线，体罚、语言暴力以及学生体育权利侵犯等现象，归根结底都是对人的不尊重，都应对其及时进行批判、反思、纠正。"人"是活生生的、现实的人，人性只能从经济人性、道德人性及制度人性等和谐统一的完整人性方向把握，而不能仅仅以某一片面的、具体的、单一的思维方式去考量人性。体育学科边缘化、体育课程围绕达标、课余体育精英倾向等现象的出现，正是过于突出单一经济人性，而忽视道德人性与制度人性的结果。为了功利的升学与就业，学生的尊严与价值被践踏与剥夺，其身体被压抑、规训与奴役，其结果是对学生完整人性的肢解与撕裂。当前我国学校体育要为"弱体""病体"学生带来新的生机，必须打破学生身体被囚的困境，根本上讲就是要尊重学生的体育权利，保证学生的尊严不被践踏。诚如雅斯贝尔斯所言，"如果我看到人的自由，我就会看到人的尊严"①，若要在学校体育教育中看到学生的尊严，就是要实现学生的自由，学生身体的解放需要依靠学生的自由。我国学校体育改革发展的关键，就是实现体育学科的自由及学生体育参与的自由，为学生身体解放解开束缚。人生的意义，不仅在于对自身福祉的追求，还在于对他人的关心、同情、爱护。具体到学校体育之中，关爱学生、关照弱势学生以及及时洞悉与回应学生的需求，是体育教师对学生进行人道关怀的应然导向；而公正对待体育学科、关爱师生、尊重体育教师的劳动价值，则是教育管理者对师生进行人文关怀的应然取向。

教育爱是利人的人道与爱人的一种行为，指向的主体是学生，落脚于学生的自由发展与长远发展，它在教育中表现为尊重人、爱人、关心人、为人负责及把人当人看，它是合道德的教育善。然而，当下现实的教育中，为了升学、就业等目标，人们时常把过度的教育爱投射到学生身上，甚至不惜通过不人道的方式促使"教育爱"的实现，形成畸形的教育爱，如溺爱、功利之爱等。由于"溺爱"，家长时常怕孩子"吃苦"而要求体育教师降低体育难度；由于"功利之爱"，为了升学，学校时常通过牺牲学生参与体育锻炼的时间来获得"更充足"的文化科目教学时间。对学校体育发展而言，溺爱、功利之爱事实上却是剥夺了学生应当的体育权利，严重限制了学生的自由。对学生的关爱与责任不能过度，其应该有一定的道德阈限。无度的关爱与无限的责任，都可能会对学生造成损害。当关爱不足与责任放逐之时，会损害学生的健康发展；当"关爱"泛滥成

---

① 雅斯贝尔斯. 新人道主义的条件与可能（1949）[M]//国外学者论人和人道主义：第1辑. 沈恒炎, 燕宏远, 等译. 北京：社会科学文献出版社, 1991：47.

"溺爱""责任"异化为"过度功利"之时,同样也会损害学生的健康发展。当前我国学校体育中诸多有悖人道的行为就是源于人们教育爱的过分投射,溺爱、功利之爱等畸形的教育爱,无形中导致学生体育参与的实际缺失,造成学生体质的下降与体育精神的失落。因此,面对当前我国学校体育中的人道困境,亟须呼唤民众的正义精神回归,摆脱教育爱的过分投射;同时,也要遏制学校体育相关主体的行为僭越伦理底线,让正当的教育爱落地生根,进而促进学校体育应然效益的实现。

三、公正问题之消解:强化发展公正与教育正义,促进资源分配公平与均衡

伦理正义通常是指人们按照一定的道德规范与标准做应该做的事,也常常是指公正、公平的道德评判取向。伦理正义作为人们渴望向善及减少社会不公的基本价值取向,虽然历史上没有完全实现伦理正义的写照,但它依然是人类亘古不变的理想与追求。对于不平等、不公正与社会压制,以及过度功利化与理性异化问题,人们恒定地渴望正义女神的降临,为实现人的幸福追求与价值诉求清除障碍。

当今发展主义占主体地位的情况之下,功利主义与效率主义主宰教育实践,各种教育制度与政策的制定与实施,往往采用效率优先原则[①]。教育是对人的教育,教育不能为了功利与效率追求而遮蔽公正,损害人的正当教育诉求,否则就会走向异化。过度追求功利和效率的当代教育已经牺牲了教育的应然正义与社会公正,学校体育也成为当代功利教育的显性与隐性牺牲品。要改变这种状况,就是要强化发展公正,把正义价值作为学校体育实践的伦理尺度,把教育正义作为学校体育发展的基本价值取向。学校体育中的发展公正是以制度公正作为依据和标准的,而制度实施效果与表现是学校体育公正实现的镜像。在学校体育场域,政府与学校是学校体育趋向制度公正与教育正义的关键,强化发展公正与教育正义的最终目的是保障师生权益,尤其是学生的体育权益。对于学生而言,既要保障其基本体育权益,又要"保障平等对待、爱无差等、长善救失"[②],尤其要关注女生的发展公正;对于体育教师而言,既要保障其收入公正、地位公平及性别

---

① 金生鈜. 教育不平等:社会不能承受之殇[J]. 探索与争鸣,2012(6):63-68.
② 檀传宝. 教师伦理学专题——教育伦理范畴研究[M]. 北京:北京师范大学,2000:72.

公正，又要保障其应有的幸福追求。这就要求政府必须保证学校体育相关法规、制度的供给及约束力，保障城乡物质资源分配公平，维护体育学科地位不受侵犯；学校则必须保证体育经费分配、使用公平，保障体育场地设施满足需求，确保体育学科发展公正，配足、配齐体育师资，并公正对待男女体育教师。只有不断强化发展公正及教育正义，杜绝侵犯体育学科发展公正的行为，并"在体育教学中保持教育应有的公平与正义，在课外体育中通过制度正义保障学生平等参与体育活动的权利、在学校体育方面的自由，在课外训练与竞赛中确保体育的人文性、非功利性、游戏性与教育性"①，才能从根本上逐渐消解体育学科的发展公正缺失、体育教师待遇的不公平、男女两性的发展不平等等问题。

前述中，已经表明学校体育资源分配公平是学校体育发展公正与趋向教育正义的重要保证。我国教育资源投入上重视城市、重点学校、优势群体，忽视农村、非重点学校、弱势群体，常常注重"锦上添花"，而忽视"雪中送炭"，学校体育在被边缘化的现实中更是凸显出严重的资源分配不公。在这样的背景下，城乡资源配置失衡，城市学校比农村学校占有更多的体育资源；学校体育应有的人力、物力资源常被挤占，形成学校内部资源获取上的不公；而在学生之间，男生、精英学生、优势学生也常常占有更多的体育资源，形成事实上的获取不公。我国学校体育资源获取上的不公与失衡已经严重影响了学校体育的健康发展，导致对学生身心归合发展的损害。政府作为代表社会大众实现人的体育需要的推行方，承担着公平分配体育资源的责任。在推进体育资源公平、均衡配置的进程中，政府要遵循平等、补差的原则，以公正的态度关怀每一所学校，尤其是基础薄弱的农村学校，而不只是关注重点学校，同时要及时调整教育经费支出结构，在根本上从"锦上添花"向"雪中送炭"转变。学校还承担着具体的学校体育资源公平分配责任，既要保障学生在体育资源上的应得，又要满足体育教师合理的物质追求与精神追求，他们的资源公平分配责任应诺与否直接关系学生、体育教师的"应得"是否得到合理满足。体育教师作为学校体育的具体实施者，他们的行为直接关系课内外每个学生是否能够获取平等的体育资源及公平的体育参与机会，在体育学科受歧视、校内资源分配失衡的背景下，体育教师更要负重前行，以公正的态度、专业的素养，为自身与学生谋取应得的体育资源。显然，只有政府、学校、体育教师等树立公平、均衡的资源分配观，不断优化学校体育发

---

① 李传奇，周兵. 学校体育的伦理审视 [J]. 体育学刊，2009：16（12）：49-52.

展中的资源配置，每一个学生才能真正享有资源获取的公正。

四、理性问题之消解：以价值理性引领工具理性，以合理理性指引决策理性

我国学校体育困囿于今天的状况，一个重要原因就是社会整体在学校体育发展观上存在着一定的理性偏失。时代造就了功利主义，同时功利主义又推动了时代的发展，尤其20世纪以来，科学技术的迅猛发展所造就的辉煌的物质成就给人类带来了前所未有的身体快感，人们愈加相信功利主义的合理性，从而引致它在社会各个领域中更加肆无忌惮[①]。功利主义在教育领域的肆意渗透，导致当代教育发展为狭隘的功利主义教育，这种教育形态过度宣扬工具理性，常常颠倒目的与手段的关系，不把人作为目的，而是作为手段或工具，人被工具化或手段化了，这事实上就扭曲了教育作为发展人性、培养人的社会活动的根本存在意义。学校体育作为我国教育的重要组成部分，同样被人们赋予了过多的工具性与手段性，不由自主走向狭隘的功利主义，学校体育受到排挤或成为满足某种功利的手段，令人揪心的学生体质健康问题成为难以消弭的沉疴，也成为人们心中持久的痛。学校体育的根本目的是促进人的发展，并不能把学校体育当成是一种"投机"，或是"盈利"的工具[②]。学校体育要超越狭隘的功利主义，必然要以价值理性引领工具理性，遏制工具理性过度发展的趋势。那么，到底学校体育应该走向何方？可以从以下三方面认知。第一，在学校体育实践中，要坚持以"人"为中心的目的观，把把人作为目的来发展，而不是手段或工具。学校体育教育不仅要关心学生的身体性（物质）的提升，更要关心学生精神世界的成长，在根本上引导学生实现其在体育参与中的身体性与精神性的双重超越。第二，以校长为代表的教育管理人员要摒弃功利的教育管理思想，树立培养人、发展人性的体育观，思虑学生体育参与的长远应得，在教育管理中体现对人的"终极关怀"，为体育教师与学生营造充满人性关怀的教育环境，构建一个教育管理人员、体育教师、学生和谐共生的完整体育教育世界。第三，体育教师要树立发展人性的教育思想，尊重学生的主体性。在学校体育教育实践中，体育教师要促进师生之间

---

① 李长伟，徐莹晖. 功利主义教育目的与人的工具化 [J]. 内蒙古师范大学学报（教育科学版），2004，17（9）：5-7，10.
② 李世宏. 学校体育伦理的内涵、缺失与建构 [J]. 体育学刊，2010，17（8）：51-54.

的平等对话与交流，弱化体育教师自身的话语中心地位，追求主体间的平等对话语境，平等对待以不同"身体"状态介入体育教育的每一个学生。总体来说，我国学校体育发展面对诸多异化问题，要以价值理性为基础，引领工具理性，对学生进行目的性关怀，促进学生身心归合发展，最终实现学生身体的解放与精神世界的充盈。

教育中的理性是"存在物存在的尺度"在教育活动中的投射，而"当下的世界正在向物质倾斜，向工具理性倾斜"[①]。随着教育世界向工具理性倾斜，分数至上、功绩至上成为普遍的现实决策考量，教育决策者们在制定学校体育决策之时往往掺杂进过多的工具理性思维，学校体育受到实然排斥。因此，在学校体育决策执行中就难以从价值理性上思考学校体育的本体价值，进而也难以充分考虑学生的身心归合发展及整体生命质量的提升。教育领域的理性作为"存在物存在的尺度"主要由教育组织内的自组织主体来决定与把握，这种决定与把握具体反映在各种决策上。学校体育决策由学校体育自组织系统内的相关主体制定与执行，并显示出层次性，下层服从上层是当前的主要模式。上层是政府教育管理者，中层是学校校长及学校教育管理人员，下层是体育教师及学生，他们共同构成学校体育自组织主体，在学校体育开展中采取什么样的决策，往往由中上层决定，这常常限制现实理性的选择。下层尽管是学校体育的事实主体，却难以得到自我理性的真实表达，这也是体育教师幸福感缺乏的原因，更是学生体育参与异化的主要根源之一。学校体育所应遵从的决策理性应然是价值理性与工具理性相统一的合理理性。在我国学校体育发展中也正是需要以合理理性指引决策理性。这就要求各级决策者在进行决策之时，要遵依学校体育的本体价值与发展规律，尊重师生的主体性及正当人性需求，关心体育教师的职业诉求。具体到体育教学决策理性，就是在进行教学决策之时，要从学生的身心归合发展出发，充分认知学生个体性别差异、能力差异、遗传差异，公平对待每一个学生，促进每一个学生朝向身心归合发展，让每一个学生从体育教育中获得应有的益处。对我国当下的学校体育而言，由于工具理性的越位，我们在进行学校体育决策之时，既要以价值理性引领决策制定理性，也要以价值理性引领决策执行理性。学校体育决策制定应在道德约束下，体现体育教师与学生的主体意志与情感。学校体育决策执行者应该坚持决策执行理性，不把学生作为获取功绩与创收的工具，不把夺标与

[①]刘再复. 从工具理性到价值理性的省思［N］. 中国教育报，2013-05-06（11）.

成绩作为决策执行的主要目的，而应回归到正义的职业伦理精神，对于违反学校体育决策制定理性与执行理性的行为必须及时制止、约束、纠正。

五、诚信问题之消解：促进诚信自觉与道德觉醒，规约道德选择的自由与尺度

诚信成于内而形于外。个人具有诚实、守信品性是其在社会行为中能够遵守承诺与契约的心理根基。诚信作为一种价值观念，具有不偏的、公正的特性，它要求社会群体建立合理、公正的制度，要求每个社会成员树立起公平、公正的处世态度和大公无私的道德观念①。诚信不仅是做事的准则，也是做人的基本原则。而替考、替赛、体育成绩造假、伪造体质数据等诚信缺失行为却长期存在于我国学校体育实践之中。这些行为以损害他人的利益为代价，为自身获取"利益"，造成对他者的"不公"，同时相关主体也丧失了作为人的操守，应当受到社会的惩罚与制度的制裁。这些诚信缺失是不正当的、不应该的道德行为，属于学校体育伦理上"不应该如何"的道德规范范畴。为了维系学校体育诚信道德，我们有必要筑起防范藩篱。一是建立与学校体育相关的诚信制度，对替赛、替考、借口缺课等学生失信行为进行约束。二是建立诚信监管机制，建立诚信档案，把诚信记录作为体育教师、学生业绩的重要参考。三是要促进家长、教育管理者、体育教师、学生等相关主体诚信意识的形成，培养相关主体内在精神上的诚信信仰。政府、学校、社会、媒体、体育教师要协同努力营造诚信氛围，通过行政推动、舆论宣传、教育引导，促进学校体育相关主体认知背约、失信的道德危害，推动学校体育相关主体把诚信作为根本的人格尊严来追求，不断促进他们的诚信自觉与道德觉醒，进而形塑信用意识与应诺意识。

在社会实践中处理诚信问题时必然面临着道德上的多重选择，而道德选择的前提是道德自由，即社会自由与意志自由。随着我国社会主义制度的不断发展与完善，人们在物质与精神上也不断得到解放与超越，人们道德自由的空间也逐渐扩大。社会自由给人们的选择提供了更多的外在可能性，但是自由的实现最终还是要依赖人的内在的意志自由的选择②。正如法国哲学家让-保罗·萨特所言：

---

① 周中之. 伦理学 [M]. 北京：人民出版社，2004：217.
② 罗国杰. 伦理学 [M]. 北京：人民出版社，2010：354.

"除了自己之外,无所谓其他的立法者,由于他处于孤寂之中,他必须凭自己决定。"① 因此,人的道德自由选择更多在于人本身。消解我国学校体育的当代伦理困境与问题,最终也是要依靠人本身,当前阶段更多是要依靠教育机构主管人员、以校长为代表的教育管理者、学校体育研究者、体育教师、学生等相关主体。学校体育相关主体的意志自由选择将直接决定学校体育发展的最终走向。诚如霍布斯所言"世界上没有绝对的自由"②,任何自由都是有限度、有约束的,同样意志自由也应是有限度的自由,任何意志自由的选择也都应限制在一定的道德选择尺度之内。学校体育相关主体的意志自由选择也必然要遵循一定的道德选择尺度,道德选择尺度的最低要求就是伦理底线,即体育学科地位不受侵害、师生权益不受损害、师生应诺本分。当学校体育相关主体的道德选择尺度超越底线,损害学校体育的发展,相关责任群体或个人就应受到道德批判或制度约束。在我国学校体育发展中,诚信道德选择的尺度依赖于相关主体的认知及具体的选择环境,具有较强的不确定性。那么只有通过增强主体认知、坚持伦理底线、健全信用规制,强化道德自律及规范约束机制,规约学校体育发展中道德选择的自由与尺度,才能确保学校体育合道德性发展。进一步来讲,就是要在学校体育发展中的道德冲突与困境中,遵循体育学科发展规律,提高人们的诚信认知与道德选择能力,促进人们自觉地选择对学校体育发展有益的道德行为,批判与抵制各种有损学校体育诚信道德的不正当现象。

六、幸福问题之消解:尊重人的生命价值,追求幸福的实现

人的生命价值实现是人的幸福获得的基础与源泉。在一定意义上,教育是直面人的生命、为了人生命质量的提高而进行的社会活动,是以人为本的社会中最体现生命关怀的一种事业③。学校体育教育更是直接关注生命本体——身体的教育形式。正如生命无法完全以物理或化学方式来解释它一样,作为教育活动的学校体育的生命力不能单纯以"一系列'生物系统'教学来展示所有高效机能特点"④。

---

① 让-保罗·萨特. 存在主义哲学 [M]. 北京:商务印书馆,1963:54.
② 赵建森. 知识产权滥用的规制研究 [D]. 新乡:河南师范大学,2015.
③ 叶澜,郑金洲,卜玉华. 教育理论与学校实践 [M]. 北京:高等教育出版社,2000:136.
④ Anthony Laker. The Future of Physical Education——Building a new pedagogy [M]. London:Routledge,2003:27.

它更多在于通过学校体育这种能够提升生命质量的实然形式来实现人的生命价值并奠定人的体力基础,为人的自由与全面发展提供更多的可能。人是能动性的、不断生成和发展着的生命个体①。也就是在教育中要承认生命个体是不断完善与发展的,学校体育之于人的身体解放恰也在于此。但是在我国学校体育实践中,时常不能从尊重学生生命价值的视角去思考,为了升学与就业,要么把身体健康作为"分数"提升的辅助手段,要么把体育比赛成绩作为高考加分的工具……学校体育之于学生,已经在生命价值获得上走向沦丧。但学校体育毕竟是以生命价值提升促进主体幸福获得的教育事业,在伦理性上,它应该实现自身的使命。因此,学校管理者、学生家长应以尊重人的生命价值为出发点,摒弃短期功利对学生生命价值实现的持续侵害,不断促进学生在体育参与过程中生命价值的实现;体育教师应该从自身做起,通过应诺自身教学义务,实现自身的生命价值,同时成为学生实现生命价值追求与幸福获得的奠基者;学生应该在学校体育教育中努力学习体育文化,应诺自身的体育学习责任,争取从学校体育中获得生命价值提升的益处,从中获得应然幸福。

追求幸福是人类发展的动力,也是教育目的的终极指向。从荷马时期的幸福与幸运等同到启蒙时期的幸福与及时享乐等同,再到现代每个个体对幸福都有自己的定义②。对幸福的理解随着时代的变迁而变迁,但是不变的是,每个时代每个人的幸福感及其评判都基于人的价值与尊严、人性的本质、人的目的与追求等这些最基本问题的自我追问。面对当下,我国学校体育中师生的幸福之殇,如体育教师物质幸福与精神幸福获得的实然缺失、学生的应然体育福祉受到侵蚀等,毋容置疑,亟须采取相应伦理关照促进学校体育成为师生获得"应得"幸福的归处。具体来讲,对体育教师而言,要保障其教育教学权、合理报酬权、学术研究权等基本权利,同时赋予其应该的话语权,通过同工同酬、地位认可、话语权回归等来促进体育教师获得应得的幸福。对学生而言,就是要通过促进体育参与公平、尊重两性体育需求、畅通体育诉讼渠道等推动学生幸福的实现,更为重要的是要通过学生体育文化的习得与内化,促进学生终身锻炼习惯的形成,为学生未来生活获得长远体育幸福打下基础。

诚如戈森(Gossen)认为,只有当他人也一起享有快乐之时,大多数人的快

---

① 王海明. 新伦理学:中册(修订版)[M]. 北京:商务印书馆,2008:973.
② Darrin M McMahon. Happiness:A History[M]. New York:Grove Press,2006:11-16.

乐才会成为真正的快乐①。显然，学校体育开展中的快乐应是个体与群体快乐的共现，幸福实现也应是个体与群体幸福实现的共在，而不是部分人的幸福以牺牲另一部分人的应得为代价。学校体育应然是师生一起提升生命质量、朝向学生身心归合发展并追求幸福的一种生命教育。因此，学校体育开展中，体育教师应该关注每个学生个体，重视个别差异与性别差异，摒弃精英体育思维，让学生一起享受体育参与的快乐；学生应该在体育参与中重视同伴的平等参与，给予同伴及时的保护与帮助，珍惜体育中的友谊，从中获取习得体育文化的幸福，同时获得精神上的幸福体验。最终，在学校体育中，体育参与才能成为师生实现生命价值的快乐源泉，个体快乐与群体快乐的共在才能实现，师生实现利己幸福与利他幸福的统一才有可能，学校体育才能成为师生获得"应得"幸福的归处。

七、性别问题之消解：构建先进学校体育性别文化，强力推进性别平等教育

先进性别文化是一种主张男女两性的人格和尊严受到同等对待，保障男女两性参与政治、经济、教育、社会、文化和家庭生活的权利和机会平等，提倡男女两性在社会和家庭生活中平等相待、和谐相处、良性互动、共同发展的文化②。先进性别文化的对面是落后的性别文化，"男主女从""男尊女卑""男强女弱"等男女不平等的落后性别文化，深远地影响着我国性别平等教育的发展，也影响着学校体育的发展。先进学校体育性别文化应然是一种保障男女两性平等接受体育教育，尊重男女两性性别差异，主张男女两性具有同等体育权利，倡导男女平等对待、和谐发展的性别文化。但在学校体育实践中，男生常常是体育场上的"霸权者"，女生往往是"旁观者"……以及时常以男子标准为体育教育规范的定式思维，无不诉说着学校体育并不是性别平等教育的"净土"。因此，在当前性别中立教育占主流的背景下，为了贯彻男女平等国策，促进两性平等接受学校体育教育，急需从以下几个方面构建先进学校体育性别文化，强力推进性别平等教育。

第一，要明确构建先进学校体育性别文化的方向。面对我国当代学校体育中

---

①Gossen Hermann Heinrich. The Laws of Human Relation [M]. Cambridge: MIT Press, 1983: 6.
②谭琳. 贯彻男女平等基本国策 构建先进性别文化 [J]. 中国妇运, 2008 (2): 15-17.

男女两性存在不平等、女性实际身处弱势的性别文化现况，我们必须对这种文化现象进行反思与批判，更要旗帜鲜明地构建先进学校体育性别文化，明确其方向，为抵制落后的有悖伦理道德的两性不平等提供导向。在理念上，构建先进学校体育性别文化，主要是指树立以男女两性平等接受体育教育为核心的价值观念，传递体现学校体育性别平等蕴意的有声语言、体势语言与知识，缔造学校体育性别平等的物质形态与非物质形态的文化构筑过程。在本质上，构建先进学校体育性别文化，是以促进男女两性平等接受体育教育为根本目的、以贯彻男女平等国策为根本依据、以顺应教育演进规律为根本方向而进行的系列文化行动。毫无疑问，构建学校体育先进性别文化，既是男女平等接受体育教育的时代诉求，也是落实男女两性平等基本国策的需要。先进学校体育性别文化的构建，不仅要把其归入我国先进性别文化的理论体系，而且要把其纳入校园性别文化建设的范畴，更要动员社会大众、学校教育管理者、体育教师、体育专家、学生等协同参与，将其作为一项系统的文化教育工程来展开工作。

第二，要加强先进学校体育性别文化的宣传。首先，让学校教育管理者认知先进学校体育性别文化。也就是要促进学校管理者树立性别平等的观念，在学校体育决策中摒除男性至上的性别观念，确保平等又尊重差异，进而促进他们进行科学的学校体育决策。其次，要让先进学校体育性别文化观念深入体育教师内心深处，即要让他们在体育教育中保持性别敏感与性别公平的思维，促进他们自觉地成为先进学校体育性别文化的传播者，推动性别平等教育在学校体育中落地生根。最后，要让学生认知先进学校体育性别文化，自觉成为男女平等接受体育教育的受益者，尤其是女生更要主动接受先进学校体育性别文化，冲破各种不平等的落后文化规制，成为先进学校体育性别文化的推动者。最终为学校体育性别中立教育提供具有性别平等思维的人群基础。

第三，要建立健全学校体育性别平等的制度文化。过往实践证明，先进文化的构建不仅需要依靠道德约束，更要有强力的制度文化作为支撑，尤其是相关法律政策的建立。在我国，尽管《宪法》《妇女权益保障法》《教育法》《体育法》《学校体育工作条例》等对先进学校体育性别文化发展提供了法律政策支持，但男女两性在学校体育中从法律平等到事实平等仍然存在一定鸿沟，需要进一步建立健全相关法律制度，如制定更具体的性别平等教育法、学校体育性别平等条例等，同时修订现行相关学校体育法律制度，补充学校体育法律制度中的性别盲点内容，进而为先进学校体育性别文化发展提供强有力的制度保障。

第四，要把学校体育性别平等纳入决策主流，强力推进性别平等教育。性别平等是人类追求伦理正义的永恒主题，是社会文明进步的衡量尺度，也是教育发展的重要目标。在学校体育教育领域，把性别平等理念纳入学校体育决策是实现学校体育性别平等的基本前提。因此，要扭转现有学校体育中的性别偏失问题，必须把性别意识纳入学校体育决策主流。一要以先进学校体育性别文化为导向，强化相关主体的性别意识，为性别意识纳入学校体育决策主流提供认识基础；二要倾听女性的声音，让更多的女性参加学校体育决策，提升决策的性别平等性；三要建立与完善学校体育性别平等监督与评估体系，以事实为基础，对性别偏失问题进行及时反思与纠正；四要耦合政府、社会、学校力量，营造性别平等的学校体育决策环境，强力推进学校体育中的性别平等。

毫无疑问，要落实男女平等的基本国策，构建先进学校体育性别文化，推进性别平等教育，必然要付出长期且艰辛的努力。先进学校体育性别文化的构建必然需要教育公平政策的强力支持。因此，对于涉及教育公平的政策，不应该是倡导性的，而应该矫枉过正……而且是"非常有力的一竿子插到底"[1]。此外，为了推动学校体育性别平等教育，"必须把性别意识引入教师培训课程，使其有能力进行符合性别平等要求的教学"[2]。同时，要在编写体育教材过程中充分考虑性别，在教材插图设计、内容选择等方面体现男女平等的先进学校体育性别文化。在占主流的性别中立教育实践中，必须坚持先进学校体育性别文化的方向，审慎对待男女差异，敏感对待男女两性，有的放矢地从不同角度和层面强有力地推进学校体育教育趋向性别平等。

八、道德责任问题之消解：落实主体责任与制度安排，阶段性消解偏失与失衡

坚持健康第一思想、促进学生身心归合发展、缔造师生幸福生活是我国学校体育相关责任主体的使命所在。而现实中，学生体质健康堪忧、学生"身、心"发展相剥离、师生体育幸福获得不足等事实，证明学校体育相关责任主体并未负担起应当的主体责任。尽管事实如此，但"在一些校长的头脑中，体育工作仍然

---

[1] 李慧英，郑磊，王黎芳．关于社会性别与公共政策问题研讨综述 [J]．理论前沿，2001 (23)：30-32．
[2] 章梦瀚．性别平等教育初探 [D]．上海：华东师范大学，2012．

是说起来重要，忙起来次要，干起来不要"①。以这些校长为代表的学校教育管理者的体育工作态度与行为，已经严重背离了他们本应承担的学校体育发展责任与义务，亟须通过落实主体责任与相关制度安排，来改变相关责任主体不能应诺学校体育职责的现状。学校体育工作是一个系统工程，要扭转学校体育落实不力的困境，政府教育管理者、学校教育管理者、体育教师、学生家长等相关主体必须达成共识，切实负起各自责任，形成推动学校体育良性发展的合力。一是教育主管部门要做好监管、把关工作，对问题学校进行实质性问责，避免不作为；二是以校长为代表的教育管理者要切实依据相关政策与制度安排承担起应该的工作职责，推动体育工作落到实处；三是体育教师要充分理解与运用好相关制度与政策，不断提升自身素质与职业道德，上好体育课、开展好课外体育，对学校和学生产生积极的影响，提高体育学科及自身实际地位；四是学生要清晰体育锻炼的意义，切实负担起体育学习责任，为长远发展做好准备；五是社会民众要树立体育参与的榜样，尤其学生家长要负起引导责任，规避因短期功利引起的学生后力不足。落实学校体育主体责任及制度安排关键看行动、根本看担当，必须将主体责任根植于责任主体的内心深处，层层施压、压实责任，坚决杜绝不作为、空喊口号、走形式等现象，切实把学生、体育教师的权益落到实处，最终实现学校体育的健康发展。

  当然，消解我国学校体育的困境不可能是一日之功，需要阶段性消解偏失与失衡，逐渐趋向和谐与平衡。回顾新中国成立以来的学校体育发展史，我们会发现，当前我国学校体育在场地设施、师资配备、教学理念等方面与新中国成立初期相比已经有了巨大改善。为什么今天的学校体育依然缺憾颇多，这是因为现实的学校体育总是处在一定的历史情境之中，不同的历史时期，人们对学校体育有着不同的期望。这种期望蕴含着人们对学校体育趋向和谐与平衡的向往，也正是这种对完美与和谐的向往，所以才映照出现实学校体育的缺憾。我国学校体育当代的诸多伦理问题，如体育学科公正缺失、体育教师责任阙如、体育课学生缺场、体育教师幸福感偏低、体育资源分配失衡、弱势体育群体不受重视等，事实上都是在特定历史情境中，与完美的学校体育发展相对比而产生的缺憾。处在我国今天这样的历史情境之中，国内区域经济与文化的差异普遍存在，工具理性与

---

① 教育改革：体育为学生的未来做准备！[EB/OL].（2015-03-03）[2020-10-18]. http://politics.sports.cn/yw/2015/0303/91662.html.

物质倾向占优也是必然要经历的阶段，学校体育难免会因社会整体趋向功利而走向异化与失衡，并且在短时间内很难完全消除这些历史原因所造成的异化与失衡，但是我们不能因此而放弃努力，放之任之。尽管我国学校体育当前不可能达到和谐与平衡的"帕累托最优"，但我们可以追求学生整体体质的阶段性改善、体育教师幸福的逐渐提升、区域体育资源的公平分配等，达到阶段性有限度的和谐与平衡，逐渐接近"帕累托最优"。因此，我国学校体育伦理上的异化与失衡走向和谐与平衡将是一个渐进的过程，在这个过程中，政府、社会应该承担责任担当的主导作用。作为直接利益相关者的学校教育管理者、体育教师、学生等更要及时承担起各自的具体责任，为学校体育走向和谐与平衡的理想而协同努力。

小结

少年强则国家强，青少年的身心健康永远关乎每一个国家的未来。改革开放以来，我国学校体育已历经了三十多年的风雨，尽管日趋完善的学校体育相关法规为其提供了具体推行、落实的制度凭借，但至今仍未从根本上解决学生体质健康堪忧、体育学科地位偏低、师生幸福获得不足、体育教育资源分配不公等现实存在的问题。学校体育是发展人性的、合道德的教育活动，伦理是规范、引导、调节学校体育趋向良性运行的重要一维。因而，我们有必要从伦理维度去思考我国学校体育中的当代问题。在伦理视域下，尊重人、关爱人、把人当人看、尊重个体差异等应然是学校体育的人道取向；促进体育学科公正、推进体育资源分配公平、平等对待男女两性等应然是学校体育的公正导向；体育成绩造假、替赛、替考、伪造体质数据等应然是学校体育诚信范畴应该消除的现象；摆脱教育物化、以价值理性引领工具理性、理性制定决策、决策执行理性等应然是学校体育的应然理性选择；师生追求幸福并配享幸福应然是学校体育的幸福导向；人的行为不能僭越学生身心归合发展这一伦理追求必然是学校体育伦理体系的内核。由于历史背景使然，消解当代中国学校体育中的伦理问题不可能一蹴而就，需要相关责任主体切实负起责任与担当，阶段性消解偏失与失衡，逐渐趋向和谐与平衡。

第七章 结论与建议

一、结论

1. 在对伦理、道德、教育伦理、体育伦理等相关概念进行厘清的基础上，依据概念推演的思维逻辑，对学校体育伦理的概念进行界定与诠释

研究者认为，在伦理体系中，学校体育伦理隶属于教育伦理，学校体育伦理更多凸显的是教育伦理范畴的特征，但也具有体育伦理的特征。学校体育伦理主要是指学校体育中人的行为应该如何规范。道德责任是其基石与保障，伦理正义是其追寻的核心伦理精神，追寻师生幸福是其归宿，学生身体与精神合一发展是其核心关照的取向。它既反映在学校体育中人之行为遵循育体、育人的规范之中，也反映在学校体育中人们追求人道、公正、理性、诚信、幸福等过程中"人之所以为人"应该具备的品性、德性、气禀之中。依据对伦理、教育伦理、体育伦理、学校体育伦理的认知，以及对学校体育伦理相关理论与现实问题的审视，若要从伦理维度省思学校体育，应该着重从以下三个方面去诠释学校体育伦理的内涵：道德责任是学校体育伦理的基石与保障；缔造幸福是学校体育伦理的归宿；和谐与平衡是学校体育伦理的理想。

2. 对学校体育的伦理基础进行澄明

对学校体育的伦理基础进行探讨实质上是要揭示学校体育以伦理介入"何以可能"与"何以必要"的问题，只有回答了这两个问题，对学校体育伦理进一步研究才具有学理逻辑上的可能。探问学校体育以伦理介入"何以可能"，即探问学校体育是否具有伦理属性；而探问学校体育以伦理介入"何以必要"，即探问伦理之于学校体育有何价值与功能。

本研究从学理逻辑、历史事实等角度说明人性假设是学校体育理论与实践的

逻辑前提。既然人性假设是学校体育理论与实践的逻辑前提，如果要确认学校体育具有伦理属性，那么，必然要探问人性内在是否具有伦理属性。毫无疑问，回答人性内在是否具有伦理属性，将是确认学校体育是否具有伦理属性的关键点与突破口。伦理道德是不以人的意志而转移的客观性需求，它是人性自我调节的手段，源于人自身介入社会之时的现实需要。既然伦理道德源于人的需要，而人的需要即人的本性或人的本性的折射，那么伦理道德必然蕴含于人的本性之中，也就是说，人性中必然内蕴着伦理道德。由此可以断定，人性内在必然具有伦理属性。按照事物推演的学理逻辑，既然断定人性内在具有伦理属性，而人性假设已经被确证是学校体育理论与实践的逻辑前提，毋庸置疑，可以断定学校体育内在必然具有的伦理属性。学校体育内在具有伦理属性的确认，为学校体育以伦理介入的可能性提供了理论前提，但要更深入认识学校体育中的伦理蕴意，并为后续研究提供必要的理论依据与凭借，必然要对学校体育究竟有何伦理属性进行追问。通过研究认为，伦理属性在学校体育认识形态中有以下体现：学校体育相关主体之间存在实质伦理关系；学校体育终极目标具有伦理蕴意；学校体育需要伦理的规范与约束。

学校体育内在具有伦理属性的确认，使学校体育以伦理介入具有了学理逻辑上的可能。但反过来思考，学校体育以伦理介入有必要吗？要进行学校体育伦理的后续研究必然要回答这一问题，即学校体育以伦理介入"何以必要"的问题。回答这一问题，实质上就是要回答伦理之于学校体育有什么价值，伦理之于学校体育有什么功能。研究认为伦理对于学校体育具有以下价值与功能。首先，伦理之于学校体育的价值主要表现在：伦理能够引导学校体育符合规律发展；伦理能够弥补学校体育相关法律、政策的局限；伦理能够激发学校体育相关主体的主观能动性；伦理能够促进学校体育理论和实践的发展。其次，伦理之于学校体育的功能主要表现为认识、导引、调节、激励、超越五种基本功能。最后，伦理对于学校体育还存在评价、改造、凝聚、整合等派生功能，这些派生功能是伦理基本功能的引申，基本包含在这五个基本功能之中，共同发挥着规范与导引学校体育发展的功用，这些功用的充分发挥是学校体育价值实现的重要保障。

3. 对学校体育伦理的立论基础进行了辩理与阐释

要从伦理维度省思学校体育必定建立在一定的伦理立场之上，这是因为唯有当我们确立了学校体育的伦理立场，关于学校体育的伦理研究才具有了理论依据。而在确立学校体育伦理立场之后，我们要进行更具体的学校体育伦理研究，必然要回答学校体育发展中我们究竟应该以哪些伦理秉持作为参照的问题。回答这个问题就要厘清学校体育的应然伦理追求是什么，以及应该遵循哪些伦理原则。如果学校体育发展没有可依据的应然伦理追求及应遵循的伦理原则，那么，有关学校体育伦理的一切探讨都将是无本之末。要确立学校体育的伦理立场，必然要追溯历史上普遍存在的伦理理论，从中寻找合适的理论依据。本研究对道义论、功利论两大伦理流派的理论秉持进行了分析，并对其分歧与联系进行了探讨。为了超越分歧，本研究对可持续发展的马克思主义伦理观进行了分析与论述。

　　研究者认为，马克思主义伦理观批判地继承与发展了道义论、功利论，马克思主义伦理观既是道义论的又是功利论的，其在根本上追求道义与功利的和谐统一。学校体育作为人良好生存与发展需要的产物，它是合道德的、发展人性的教育活动。一般意义上，学校体育伦理主要关涉体育教师与学生两个主体，其中学生是核心主体。体育教师作为自然人，要通过学校体育工作获得报酬，解决吃、穿、住、行等问题，这必然要涉及他们的物质利益、幸福获得、健康等诸多问题，讲功利也就理所当然；而体育教师作为社会存在，他们要与教育管理者、同事、家长、学生等合作、沟通、交流，通过履行学校体育工作责任与义务实现个体的理想、价值、精神追求，这就需要道义的存在。学生作为自然人，要通过学校体育参与获得体力、幸福、健康、技能、生物性改变等，必然要讲功利；而学生作为社会人，在学校体育参与中既要履行体育学习义务，又要与同学、体育教师等合作、沟通、交流，满足个体的价值追求与精神需要，因此，必然需要道义的降临。在更广泛的意义上，学校体育与政府教育管理者、学校教育管理者、体育教师、学生、家长、社会大众等都有着不同程度的联系，不管是和"谁"发生联系，这个"谁"都是人，是人就要受功利与道义这两种道德所支配，因此，在伦理观上要处理我国学校体育中的当代伦理问题，必然要遵循功利论与道义论的和谐统一。学校体育作为人类社会发展中形成的有益于人类发展的事业，在规范学校体育相关主体之行为之时，我们应然要选择马克思主义伦理观的"道义与功利的和谐统一"作为学校体育的伦理立场。

　　马克思主义伦理观的"道义与功利的和谐统一"是我们如何规范学校体育中人之行为的价值取向。因此，学校体育伦理作为一种人的行为应该如何的规范，就要有一个着眼点，这个着眼点简言之就是学校体育的应然伦理追求，并反映着学校体育中人们的价值取向，对其探讨与确认将为学校体育发展提供价值依据。学生是学校体育关照的核心主体，促进其身心发展是学校体育的价值尺度。在学校教育中，体育教育是所有学科中与人的身心双重发展最为密切的学科，而发展身体本身的学科特性又是学校体育区别于其他学科的重要特征。本研究通过论证把"学生身心归合发展"作为学校体育的应然伦理追求，认为学生身心归合发展是学校体育伦理的核心与灵魂，任何违反这一伦理追求的行为都应得到纠正与遏止。

学校体育的伦理原则确立要有依据，此依据就是既要秉持学校体育的伦理立场——功利与道义的和谐统一，又要遵从学生身心归合发展的应然伦理追求，同时反映相关主体的人性诉求，为此，本研究认为学校体育应遵循的伦理原则包括：秉持人道、崇尚公正、依循理性、恪守诚信、追求幸福。其中，人道、公正、理性、诚信不仅是社会最基本的伦理道德要求，也是当代社会公认与普遍关注的伦理问题，而幸福则是处身学校体育中的体育教师及学生的正当人性诉求。这些原则中，人道是基础，公正、理性、诚信是保证，幸福是归宿，它们相互之间彼此促进，共同构成学校体育伦理原则体系，并对学校体育中人之行为具有基本的规范意义。第一，秉持人道。学校体育是育体、育人的合道德性的教育活动，人的身体解放与全面发展是其终极目标，其出发点与落脚点在于"人本身"。因此，学校体育存在的合理性最终依据是否促进人的身体解放与全面发展。人道原则必然是最根本的教育道德原则，也必然是学校体育活动中调节人之行为所应遵循的根本原则。"把人当人看"是人道的根本，也必然是学校体育所应遵循的根本。面对现实学校体育中存在的有悖人道的行为，必然需要通过秉持人道进行消解。如果"把人当人看、尊重人、保障人的基本权利与自由"是秉持人道的应然伦理要求，那么，在当代中国学校体育中，要遵循人道原则必然要尊重教育主体的人格与尊严、促进学生的自由发展、尊重教育主体的人权。第二，崇尚公正。公正就是一种人之行为应该如何的道德原则，具体来讲就是做应该做的事，给人应得，得其所得。在学校体育中的公正则常体现在权责对等、制度正义、决策正义、教育公平等方面。在学校体育中之所以要遵循公正原则，这是因为制度正义是学校体育制度公正的发展方向，决策正义是学校体育实践的根基，教育公平是学校体育合道德性发展的基础。第三，依循理性。人作为理性的存在物，在为人类自身的生存发展而努力的同时，需要把人类理性道德作为尺度去衡量人与自然、人与社会之间的关系。当来自本能的欲望超越来自本能的约束之时，需要非功利性、非工具性的价值理性来辖制人自身。要扭转我国学校体育发展中的理性偏失，在价值体系上首要的是要处理好理性选择问题，也就是要在理论上厘清人们的应然理性追求，以科学的理性选择促进我国学校体育的良性发展。我国学校体育发展的当代理性诉求应然是工具理性与价值理性和谐统一的合理理性。具体来讲，我国学校体育依循理性原则既要以价值理性为范导，匡正过度工具理性；又要发挥人的主体性，使人成为目的存在需要；也要整合工具理性与价值理性，以实现学生的现实体育需要。第四，恪守诚信。诚信作为一种重要的道德原则，它也是学校体育发展应当恪守的基本原则。这是因为诚信既是学校体育相关主体必须遵守的一种行为准则，又是学校体育的一种重要评判标准，也是学校体育的一种重要调节准则。第五，追求幸福。学校体育作为满足人的需要的产物，幸福必然是其追求的最高目标。这是因为学生获得幸福是学校体育的根本目的，师生幸福是学校体育的价值驱动，师生幸福是学校体育成功与否的评判依据。因此，在一定意义上，缔造师生幸福是学校体育发展的归宿。

4. 对学校体育伦理的结构进行了分析

学校体育伦理蕴含着相关主体的伦理意识、伦理关系及伦理活动。人们要深入认识学校体育的伦理意蕴，厘清学校体育各要素之间的关系，了解学校体育伦理的特性与功能，促进学校体育从内在消散走向内在凝聚，整合学校体育内外部要素，发挥"1+1>2"的整体效应，这就是要探讨学校体育的伦理结构系统。本研究遵循整体性、层次性、全面性、动态性、可操作性等原则，勾勒了学校体育伦理的结构系统模型。基于历史与发展的角度考量，学校体育伦理的结构系统包含时间维度、空间维度、层次维度构成的三个子系统。在时间维度上，学校体育伦理的形成、演化、重构反映着学校体育伦理在时间序列上的结构要素演进；在空间维度上，学校体育的内部伦理关系与外部伦理环境反映着学校体育伦理各结构要素之间的伦理联系；在层次维度上，底线伦理、均衡伦理、圣德伦理反映着学校体育伦理结构的层次。从这三个维度勾勒了三个子系统：时间结构系统、空间结构系统及层次结构系统，它们之间是相互关联、相互耦合的有机统一关系。随着时代的发展，学校体育伦理的结构要素不断被赋予新的内容，因此，学校体育伦理的结构系统是一个动态的结构系统。学校体育伦理在结构上不是简单的几种伦理维度的组合或层次堆积，而是学校体育相关的各种结构要素的有机整合。对学校体育伦理结构的分析将为我们提供更清晰的伦理关系认知，为后续研究提供必要的理论逻辑认识。

5. 对当代中国学校体育中的现实伦理问题及其根源进行了观照与探寻

纵观改革开放以来的学校体育发展历程，不难发现，尽管我国学校体育的理念、政策、制度日益成熟、完善，但在实践中，学生的身心归合发展的应然伦理追求常受到各种干扰，学生体育权利侵蚀、诚信缺失、幸福获得不足，体育教师待遇不公等伦理问题也时常出现。比照学校体育的应然伦理追求及应遵循的伦理原则，在普遍共识基础上，本研究依据笔者近三十年的亲身学校体育教育经历及在网络、报刊、文献中呈现的学校体育伦理偏失现象，再结合研究者的观察与访谈，对我国当代学校体育发展中的既存问题及其背后的伦理蕴意进行了观照与分析，认为当代中国学校体育主要存在以下几个方面的现实伦理问题。第一，基本问题：事实偏离应然伦理追求，学生身心割裂发展；第二，人道问题：人道本位放逐，权利侵蚀凸显；第三，公正问题：发展公正缺失，资源获取不公；第四，理性问题：工具理性越位，价值理性失位；第五，诚信问题：诚信道德遗失，信用规制缺失；第六，幸福问题：生命价值失落，幸福获得阙如；第七，性别问题：性别平等欠缺，女性处身弱势；第八，道德责任问题：教学道德失范，责任应诺消隐。这些问题都是学校体育中不应当的伦理存在，需要我们去探寻根源。而问题产生的根源，要么存在于事物的本体之中，要么存在于事物的外在关联现象之中。寻找问题产生的根源就是要寻找一种或多种实际存在的根因。因此，学校体育作为一种教育存在，其发展必然既受教育本体发展的影响，也受其外在关联现象的直接或潜在影响。显然，要探寻当代中国学校体育现实伦理问题产生的根源，不仅要从教育本身、教育主体等教育本体中去探寻，也要从经济、社会、文化等外在关联的现象中寻找。归纳起来，本研究认为，引致当代中国学校体育现实伦理问题产生的根源，主要体现在以下6个方面。第一，经济之因：经济功利主义主导，教育资源配置失衡；第二，社会之源：社会对体育存在偏见，国民对体育认知不足；第三，文化之失：文化导向偏失，价值取向偏斜；第四，教育之殇：教育物化过度，主体走向失落；第五，实践之弊：政策执行与监管脱节，学校落实流于形式；第六，主体之困：体育教师处身窘境，学生主体理解局限。

6. 提出了当代中国学校体育伦理问题消解的应然路向

立足于解决问题的考量，遵循问题解决的逻辑，围绕人的行为不能僭越学生身心归合发展这一伦理追求，遵循秉持人道、崇尚公正、依循理性、恪守诚信、缔造幸福的学校体育伦理原则，着眼于人性与爱的思考，提出当代中国学校体育现实伦理问题消解的应然路向：第一，回归应然伦理追求，弥合身心发展的割裂；第二，回归教育的人道本真，摆脱教育爱的过度投射；第三，强化发展公正与教育正义，促进资源分配公平与均衡；第四，以价值理性引领工具理性，以合理理性指引决策理性；第五，促进诚信自觉与道德觉醒，规约道德选择的自由与尺度；第六，尊重人的生命价值，追求幸福的实现；第七，构建先进学校体育性别文化，强力推进性别平等教育；第八，落实主体责任与制度安排，阶段性消解偏失与失衡。

二、建议

1. 学校体育伦理理论研究导向的建议

（1）加强研究范式的介入研究，进一步促进研究范式的多元化

改革开放以来，随着学校体育诸多问题的凸显，国内部分学者试图从伦理维度进行消解，并作了一定的研究，但较少涉及以何种或哪些研究范式介入的研究，这种现状说明学者们尚未充分意识到"范式""研究范式"对学校体育伦理相关研究的意义。范式理论对学校体育伦理研究具有双重意义，一方面，它能够促进同一类别研究的便捷化、精细化，也因其提倡多元化而有益于学校体育伦理研究中不同研究范式介入的融合；另一方面，如若采用单一研究范式，研究者的研究视野必然受到约束，即使采用不同研究范式，由于研究者在不同研究范式指导下产生的理解分歧，往往会加剧学校体育同一研究问题的观点分化，而不利于学校体育伦理问题的解决。因此，我们既不能困囿于一种研究范式之中，也不能被动地任由研究范式掣肘，而是要敞开胸襟加强研究范式介入研究，以更广阔的研究视野进一步促进学校体育伦理研究范式的多元化。

（2）加强各伦理学说的介入研究，丰富学校体育伦理的理论基础

除了本研究提到的道义论、功利论、马克思主义伦理观之外，德性论、美德论、良心论、正义论、底线伦理学说等都有着深厚的理论根基。我们只有不断从这些成熟的伦理学说中汲取营养，通过不同伦理学说介入学校体育伦理研究，才能以多元的伦理思维考量学校体育中的伦理问题，促进人们学校体育伦理理论意识的深化，进而扩大学校体育伦理研究的学术影响，同时丰富学校体育伦理的理

论基础。面对我国学校体育中凸显的复杂问题,尽管伦理规范作为一种可以选择的消解方向,但国内外欠缺的研究现状昭示着我们急需加强各伦理学说的介入研究,这是因为伦理学说的介入研究既是我们今后深入研究学校体育伦理的重要前提,也是学校体育伦理问题消解的理论基础。

(3) 加强学校体育政策伦理的理论研究,促进合伦理性地制定学校体育政策

学校体育政策是学校体育开展的制度规范依据,学校体育政策的内容将直接影响学校体育的制度行动导向与行政推动方向。通过对学校体育政策相关利益主体之间伦理关系的研究,有助于我们认知各相关利益主体的应然行为导向;通过人道、公正、理性等原则介入学校体育政策伦理的研究,有助于我们把尊重人、公平对待人、理性对待人的伦理理念融入学校体育政策;通过把"反思的平衡"作为学校体育政策的分析工具,有助于我们反思学校体育政策内容的合理性。因此,加强学校体育政策伦理的理论研究,将有助于促进我们合伦理性地制定学校体育政策,为学校体育政策制定提供一种伦理方向的理论支撑。

(4) 加强学校体育性别伦理的研究,扩大女性参与决策的声音

随着女性主义理论的发展以及性别问题的持续存在,性别伦理日益成为各领域的热点议题。鉴于目前我国学校体育领域内,无论对男女体育教师而言,还是对男女学生而言,依然存在不平等、不公平的事实,女性处身弱势的情况仍未完全消解。我们要清晰认识到性别问题是学校体育开展中时常被忽略的问题,一些体育教师常常把女生不参与体育活动归结为女性天性使然,且不能敏感地意识到传统文化带来的性别认知偏失形成的男女刻板体育印象,甚至一些认识到性别问题的体育教师也因大环境影响而未采取相应的正义行动。因此,我们要加强学校体育性别伦理的研究,通过伦理批判唤醒人们对这一问题的关注,同时继续为女性参与学校体育决策创造条件,扩大女性参与学校体育决策的声音。

(5) 加强学校体育伦理理论与应用相结合的研究,促进学校体育伦理理论的可实践性

学校体育伦理理论并非悬于"空中楼阁"的纯粹务虚之学,它与学校体育具体实践有着密切的联系。如体育教师在学校体育中是否遵守职业道德、是否公平对待学生、是否履行体育教学义务等;学生在学校体育中是否拥有体育权利、是否应诺体育学习义务等;教育管理人员在学校体育管理中是否公正对待体育教

师、是否剥夺师生权利等。这些既是学校体育伦理研究中理论上应该关注的重要问题，也是学校体育伦理理论与应用紧密联系的重要问题。而伦理之于学校体育的重要意义也正在于伦理理论之于学校体育发展的实践指导。因此，今后我们要在促进学校体育伦理理论的可实践性上下功夫，加强学校体育伦理理论与应用相结合的研究。

2. 学校体育伦理实践导向的建议

（1）以立德树人为引领，促进教育主体向完整人转化

新时期，立德树人既是教育的根本任务，也是教育秉持伦理正义的应然道德承诺，因此，学校体育教育要以立德树人为引领，并贯穿始终。立德树人的本质就是要求我国教育不仅要传授给学生知识、技能与能力，还要培养学生正确的世界观、价值观、人生观、荣辱观[1]。因此，我国学校体育中立德树人的蕴意所在就是体育教师首先要成为具有高尚品格与职业素养的完整人，其次才能以良好的职业道德、职业素养，引导学生习得体育文化、强身健体、锻造意志、建立社会责任感、塑造公平正义精神，形成正确的世界观、人生观、价值观、荣辱观，使学生成为完整的人，最终实现学校体育的价值，这也是学校体育伦理追求的愿景。

面对当前学校体育中的诸多伦理问题，立德树人是当然的应对。具体来讲就是要以立德树人为引领，充分发挥学校体育教育效用，促进学生全面发展，引领教育主体成为完整的人。

一是体育教师作为育的主体，首先要成为完整的人。这就需要体育教师自身具备教书育人、爱岗敬业、为人师表、关爱学生的职业道德，具备正确的价值观、人生观、世界观。同时在特殊的以身体活动为媒介的体育教育活动中，体育教师要衣着整洁、提前做好场地器材准备、平等对待男女学生、具备较高水平的技术技能、能够灵活运用教学方法、注意保护学生安全、善于处理突发事件，这些要求既是体育教师自身首先成为完整人的基本素养要求，也是学校体育开展中，体育教师言传身教、立德树人的前提。由于社会角色不同，对成为完整人的要求也不尽相同，体育教师所扮演的教育角色决定了他们成为什么样的完整人，与他们的职业要求密切相关。面对当前社会对体育认知的偏见、体育课时费用打

---

[1] 邵伟德，刘小萍. 运动技术教学与立德树人[J]. 体育教学，2014（12）：21-24.

折、体育课时挤压之时,体育教师更要注重提升自我综合素养,成为与体育教育职业相契合的完整人。学校体育实践中,要以立德树人为引领,不断优化体育教师结构,在各类学校配齐专职体育教师,实施好农村学校的体育教师特岗计划,拓宽培训渠道,践行体育制度,不断完善体育教师德、知、技、教的培训体系,促进体育教师成为合格的师资与完整的人。

二是学生作为发展的主体,要促进他们成为完整的人。在学校体育开展中,实现立德树人的根本任务,应努力追求的目标是引导每一个学生个体成为完整的人,而不是使学生成为残缺的人,也就是要促进每个学生的身体解放与全面发展。正确把握立德树人的新要求,必须"强化体育课和课外锻炼,促进青少年身心健康、体魄强健"[1],必须"以人为本,德育为先",必须"摒弃短期功利,着眼人的长远发展"。首先,要保障学校体育存在的价值,认清学生身体健康促进是学生个体良好生物性存在的基础。这就要求学校要严格规范办学,保证学生体育权利,杜绝挤占体育课和课外锻炼时间,保障体育场地设施的完善,为学生身体健康促进提供必需的践行保障。其次,要把以人为本、德育为先、公平正义作为学校体育教育实施的基本原则。也就是在体育教育中要关心、爱护每一个学生,尊重学生个体差异与性别差异;体育教师要以专业规范、榜样示范、表扬与惩罚等促进学生道德认同,提升学生德性素养。同时,要建立课内外比赛机制,通过规则遵守、输赢比对、纠纷解决,传递公平正义的存在意义。最后,要摒弃短期功利,着眼人的长远发展,发挥学校体育的实然效用。也就是在学校体育实践中,充分发挥学校体育增强体质、增进健康、育人的效用,摆脱为了升学、锦标、功绩等而牺牲学校体育的短期功利行为,实现学生对自己本质生命的全面占有,完成学生自然属性与社会属性的统一,不断完善学生德、知、技、学的培育体系,着眼学生长远发展,促进学生成为全面发展的完整人。

(2) 以核心素养形成为抓手,形塑学生体育学科品格与能力

2014年3月教育部印发的《关于全面深化课程改革 落实立德树人根本任务的意见》中,"核心素养"首次被置于教育目标的基础地位。如今,"核心素养"的概念体系正在成为新一轮教育改革深化的风向标[2]。不同于一般意义的"素

---

[1] 胡金波. 正确把握立德树人的新要求 [N]. 江苏教育报, 2014-01-15 (3).
[2] 杨文轩. 论中国当代学校体育改革价值取向的转换——从增强体质到全面发展 [J]. 体育学刊, 2016, 23 (6): 1-6.

养"概念,"核心素养"是指学生应具备的适应终身发展和社会发展需要的必备品格和关键能力,突出强调个人修养、社会关爱、家国情怀,更加注重自主发展、合作参与、创新实践①。从抽象到具体的角度来看,一旦确定了学生核心素养,每门学科都需要本学科对学生核心素养所作的贡献进行回答,即回答该学科的本质与育人价值,提炼出学科核心素养②。体育学科核心素养就是指通过学校体育教育,学生应具备公正、诚信、勇敢、意志坚韧、善于合作的品格和自主健身的能力。

学生形成体育学科核心素养是新时期我国学校体育发展的时代诉求,在根本上,其既是合道德的伦理导向,也是教育正义的体现,体育学科核心素养形成与否关乎学校体育教育的成败。学校体育的终极目标是学生的身体解放与全面发展,而新时期体育学科的具体目标则在于学生体育学科核心素养的形成。因此,面对我国当代学校体育中的诸多伦理问题,就是要以体育学科核心素养形成抓手,使学生具备体育学科品格与自主健身能力,最终促进学生走向身体解放与全面发展。

一是要形塑学生公正、诚信、勇敢、意志坚韧、善于合作的体育学科品格。在学校体育中注重体育运动公平正义精神的渗透,对学生进行体育道德教育,促进学生以公正的态度参与和观赏体育,形塑公正、诚信、谦虚、礼让的品格。同时,通过鼓励学生参与体育竞争、勇敢面对对手与自身,培养学生勇敢、拼搏的精神品质;通过创设团队合作的学习与比赛情景,促进学生合作精神的形成;通过体育的生理与心理负荷,锻造学生的精神意志,培养学生百折不挠、不畏挫折的品格,进而逐渐把公正、诚信、勇敢、善于合作等精神品格内化到学生的心灵深处,使学生成为具有体育学科必备品格的人。

二是要形塑学生自主健身能力。如果自主健身能力是体育学科核心素养区别于其他学科核心素养的根本特征,那么,形塑学生自主健身能力应然是学校体育伦理道德规范的根本标的,也只有学生拥有自主健身能力,学校体育才能实现其存在的价值与意义。在学校体育中,要形塑学生的自主健身能力,具体来讲就是要培养学生的运动认知能力、健身实践能力、社会适应能力。第一,培养学生的

---

① 人民教育编辑部. 核心素养:重构未来教育图景 [J]. 人民教育,2015 (7):1.
② 邵朝友,周文叶,崔允漷. 基于核心素养的课程标准研制:国际经验与启示 [J]. 全球教育展望,2015,44 (8):14-22,30.

运动认知能力，即培养学生对体育知识、技能、观念等的获取与内化的能力，这是自主健身能力获得的首要条件；第二，培养学生的健身实践能力，即培养学生根据自身健身需求自主选择运动项目、运动强度、运动频率的能力，以及持续健身态度的保持能力，这是学生实现自主健身能力获得的核心条件；第三，要培养学生的社会适应能力，即培养学生在多变的环境中，能够通过健身保持健康，并从中得到身心上的适应性发展，进而具备调节能力、控制能力、适应能力，这是自主健身能力的展现。

毋容置疑，以体育学科核心素养形成为抓手，形塑体育学科品格与能力，不但有利于我们认清体育学科的核心与根本，深化新时期学校体育发展的目标；也将有利于强化人的生命价值，实现对人的生存意义与价值的关怀。形塑学生的体育学科品格与自主健身能力是一个系统工程，需要依靠教育管理者、体育教师、专家学者、社会人士等相关群体，遵循体育学科规律，围绕育体、育人目标，充分发挥各自优势，形成合力。最终通过各方协同努力，形塑学生公正、诚信、勇敢、意志坚韧、善于合作的品格和自主健身的能力，逐渐走向学生体育学科核心素养形成的教育正义彼岸。

（3）推动以法律、政策规范为主的学校体育治理，转向道德、法律、政策耦合规范的学校体育治理

习近平总书记曾强调："法律是准绳，任何时候都必须遵循；道德是基石，任何时候都不可忽视。在新的历史条件下，我们要把依法治国基本方略、依法执政基本方式落实好，把法治中国建设好，必须坚持依法治国和以德治国相结合，使法治和德治在国家治理中相互补充、相互促进、相得益彰，推进国家治理体系和治理能力现代化。"在依法治国和以德治国相结合的国家治理体系中，不仅包括经济、司法、行政等领域的内容，也包括教育领域的内容以及更具体的学校体育的内容。在过往的学校体育治理体系中，我国主要以法律、政策规范为主。纵观我国学校体育的相关法律，我们会发现学校体育的法律建设尚显薄弱，其法律支持主要源于《教育法》《义务教育法》《体育法》等。面对我国学校体育发展中的系列问题，我国在不同的历史阶段颁布了大量的学校体育政策，尽管政策是立法之源，但至今仍未颁布《学校体育法》，这充分说明我国学校体育要走依法治理之路仍有很长的路要走。法律是底线的道德，在学校体育法律供给不足、政策相对完善但执行乏力的背景下，我们要全面推进学校体育治理，推动学校体育

发展，促进学生身心健康发展，必然要把道德理念融入学校体育的相关法律政策之中，以法律、政策承载道德理念，为道德提供制度支撑，最终形成道德、法律、政策规范相耦合的学校体育治理体系。在一定意义上，法律、政策是成文的道德，道德是内心的准绳。学校体育相关法律、政策的有效实施有赖于伦理道德的支持，学校体育道德实践也需要法律、政策的规范、约束。学校体育的健康长远发展，很大程度上取决于相关主体的思想道德素养。因此，要治理好学校体育，不仅要对相关主体进行法治教育，培育相关主体的法治信仰与规则意识，更要积极培育相关主体的道德价值观，巩固学校体育良性发展的思想基础。

改革开放以来，在学生基数庞大、生均资源相对薄弱的背景下，我国以法律、政策规范为主的学校体育治理已经取得了可观的成绩，但是仍未完全解决学校体育发展中的矛盾与问题。道德是人的行为的准则与规范，与法律政策规范相比，道德是柔性的规范，不仅受内心信念约束，也受外在舆论约束，以道德润人心、以道德约束人具有法律与政策不可替代的作用。不言而喻，以道德规范介入学校体育治理，有益于补充法律、政策治理规范为主的学校体育治理缺陷。在当前的境遇下，推动以法律、政策规范为主的学校体育治理，转向道德、法律、政策耦合规范的学校体育治理，是新时期学校体育治理的必然诉求。但"千道理万道理，落实才是硬道理"。要推动以法律、政策规范为主的学校体育治理，转向道德、法律、政策耦合规范的学校体育治理，从根本上促进学校体育治理主体，树立道德、法律、政策相耦合的治理理念，不仅需要党和国家的持续关怀与重视，诉诸必要的政治支持，也需要社会民众普遍性的学校体育发展认同，并具有积极配合学校体育治理的主体进行道德、法律、政策耦合治理的意愿，只有如此，道德、法律、政策相耦合的学校体育治理方能形成协同效应，进而促进学校体育的良性运行。

（4）以五大发展理念为伦理价值导向，谋篇布局中国学校体育发展

发展理念是实践行动的先导，是指导新时期我国社会各领域一切工作的指南[1]。《中华人民共和国国民经济和社会发展第十三个五年规划纲要》中提出："实现新时期发展目标，破解发展难题，厚植发展优势，必须牢固树立和贯彻落

---

[1] 程传银，董鹏. 我国学校体育发展审视：问题、机遇和路径——基于"十三五"五大发展理念视角[J]. 南京体育学院学报，2016，30（3）：1-6.

实创新、协调、绿色、开放、共享的新发展理念。"① 创新、协调、绿色、开放、共享的新发展理念（以下简称五大发展理念），既是"新的发展观"，也是"新的伦理观"，倡扬的是和谐发展的伦理精神。五大发展理念是马克思主义理论与时俱进的产物，继承与拓展了马克思主义的发展理论，同时也是在总结我国社会发展实践及应对新时期出现的新问题而提出的新理念，它既是一种综合的、新的发展观，也是一种顺应时代发展的伦理理念。因此，学校体育作为我国社会实践的一部分，尤其在当前中国学校体育面临诸多亟待破解的难题的背景下，以五大发展理念为伦理价值导向，谋篇布局中国学校体育发展，具有重要的现实意义。

一是要把创新发展理念作为新时期学校体育发展的动力与灵魂，推动中国学校体育的理论、实践与制度创新。创新是先进伦理观的根本体现，没有创新就没有发展，在学校体育领域也是如此。在学校体育发展过程中，理论上我们要立足"健康第一""以人为本""学生身心健康发展"等成熟理念，借鉴与融合党和国家的高层思想架构、国外先进经验、其他学科先进理论等创新学校体育发展理念，为学校体育发展提供新理念，如在"健康中国"基础上提出"健康学校体育"等；在实践方面，我们要在政策规范、行政推动等刚性措施施行学校体育实践的同时，对学校体育相关主体进行道德责任培育，把伦理道德融入学校体育实践，以不断地实践创新，规范、引导学校体育发展；在制度方面，我们要进一步完善与优化学校体育制度架构、构建适合学校体育发展的新机制，通过制度创新保障学校体育的持续、健康发展，如制定新的学校体育评估与激励制度等。

二是要把协调发展理念作为新时期学校体育发展过程中处理各种关系的核心价值取向。面对我国学校体育当前存在问题，坚持协调发展理念是新时期的必然选择。我们既要总揽全局，全国一盘棋，从发展公正的视角促进学校体育城乡协调发展、区域协调发展；又要处理好国家、地方、学校三级课程的关系，构建以国家体育课程为宏观指导、以地方体育课程为参考、以校本体育课程为有益补充的体育课程体系，促进国家体育课程、地方体育课程、学校体育课程的协调发展；同时还要围绕青少年身心健康发展，处理好学校体育、家庭体育、社区体育之间的关系，构建以学校体育为中心、家庭体育为基础、社区体育为辅助的青少年体育发展构架，充分发挥体育教师、家长、社会体育指导员的联动作用，促进

---

①新华网．中华人民共和国国民经济和社会发展第十三个五年规划纲要［EB/OL］．（2016-03-18）［2020-10-18］．http://www.sh.xinhuanet.com/2016-03/18/c_135200400.htm.

学校体育、家庭体育、社区体育协调发展。

三是要把绿色发展理念作为新时期学校体育发展的根本。绿色既是大自然的底色，又是生命的象征，更代表着人们对美好生活的向往。绿色理念是一种倡导勤俭节约、健康生活的价值取向，除了追求生态美之外，更内蕴着可持续发展的"绿色"思维。在学校体育发展呈现诸多困境的今天，绿色发展理念将为学校体育健康持续发展提供一盏前行的明灯。首先，我们要坚持绿色环保、可持续使用的原则，以绿色思维进行学校体育场地、设施的建设与管理，引导学校体育物质层面建设朝向生态伦理的向度发展。其次，我们要形成绿色思维方式，以绿色发展理念认识、分析和判断学校体育理论与实践中的问题；同时要以"绿色"治理思维谋划学校体育的长远发展，促进学校体育治理的公正与理性。最后，要以绿色发展理念形塑学生可持续的身心健康观，促进学生形成终身锻炼的绿色生活方式，实现学校体育应有的价值。

四是要把开放发展理念作为促进新时期学校体育发展的一个突破口，立足自身、打开思维、敞开胸怀、面向世界。首先，要奉行互利共赢的开放思维，开展国际间的学校体育交流，互通有无，提升体育学科的话语权、竞争力与影响力。其次，要加强国内同级校际学校体育交流，开放视野，共商新时期学校体育发展中存在问题的解决之策，同时要建立广泛的学校体育利益共同体，巩固学校体育地位，为师生营造开放、公正、健康的学校体育环境。再次，要架起教育管理者、家长、体育教师、学生之间交流的桥梁，定期举行学校体育开放日，促进学校体育相关主体之间的沟通与理解，进而凝聚共识，促进学校体育的健康发展。最后，要开放并畅通诉讼渠道，为体育教师、学生的权益诉讼提供便捷、可靠的保障与支持。

五是要把共享发展理念融入新时期学校体育发展之中，促进资源效益的最大化。共享发展的实质就在于发展的均衡、公平及成果共享的普惠。在学校体育领域，首先要坚持社会发展成果共享，通过政策倾斜、定点扶助等手段，逐渐缩小东西部之间、富裕地区与贫穷之间的学校体育资源配给差距，实现学校体育资源配置的公平公正。其次，既要充分利用学校体育资源，在闲余时间向社会人群开放，惠及社区群众，实现学校体育资源的社会共享；又要充分利用学校附近体育资源，为学校体育开展提供必要的补充，实现社会体育资源的学校共享，形成互赢互利的资源共享格局。共享发展是中国特色社会主义的本质要求，"发展成果由人民共享"这一理念在学校体育发展中的诉求应为：不同地区的不同学校、同一区域的不同学校，应该共享体育教育资源，从而实现学校体育全局性的教育资源均衡，这是实现我国学校体育和谐发展的前提，也是实现社会公平与正义的重要力量①。

综上所述，以五大发展理念为伦理价值导向，谋篇布局学校体育发展，既是破解新时期学校体育困境的需要，也是学校体育立足自身发展的需要。为此，我们要立足学校体育现实，将五大发展理念贯穿学校体育理论研究与实践发展之中，通过不断创新、绿色发展、开放胸襟、共享社会发展成果，促进学校体育健康协调发展。

(5) 把"健康中国"理念作为学校体育发展的伦理价值驱动，充分发挥学校体育促进健康的价值与功能

中共中央、国务院印发的《"健康中国2030"规划纲要》为中国各领域的健康长远发展指明了方向，而"健康中国"作为一种先进的理念必将成为一种价值驱动，激励着各行各业为"大健康"和"健康中国"事业努力奋斗。健康既是正当的、善的诉求，也是每个人心中希望持续拥有的美好愿景。人民的健康具有优先发展的战略地位，而学校体育是维系青少年身心健康的桥头堡，占据人民健康的上游，是人民健康构成体系中的重要一环。显然，学校体育是建设"健康中国"的重要内容，具有基础性和战略性的地位与作用。从长远看，青少年是一个国家未来最核心的竞争力，其健康状况也直接关乎亿万家庭的幸福，决定着一个国家和民族的兴衰②。为此，在当代背景下，我们有必要从建设"健康中国"的大健康、大战略、大教育的格局中去定位、思考学校体育，把"健康中国"理念作为学校体育发展的伦理价值驱动，激励相关部门及主体切实担起青少年健康促进的责任，充分发挥学校体育促进健康的价值与功能，筑起青少年健康发展的堤坝。

"健康中国"理念为学校体育指出了发展的方向，具有重要的指导意义，同时学校体育是建设"健康中国"的基础组成部分，影响着"健康中国"建设的成效。因此，我们要以辩证的、大健康的思维去审思学校体育发展。第一，要以"健康中国"理念为伦理价值驱动，把国家对"人的健康"层面的善治需求落实

---

① 程传银，董鹏. 我国学校体育发展审视：问题、机遇和路径——基于"十三五"五大发展理念视角 [J]. 南京体育学院学报，2016，30 (3)：1-6.
② 李鸿江. 建设健康中国，学校体育不是"旁观者" [N]. 中国教育报，2016-09-30 (8).

到学校体育之中,通过"强化体育课和课外锻炼,促进青少年身心健康、体魄强健",实现健康第一的学校体育目标,进而释放青少年身心健康带来的长远益处,为建设"健康中国"做出应当的贡献。第二,要明确各级学校体育部门及相关主体的责任与义务,培育责任意识与应诺意识,确保青少年身心健康发展处在道德底线之上,为学校体育发展营造健康、正义的道德环境。第三,要促进学校体育与竞技体育、社会体育协调健康发展。这是因为学校体育是竞技体育与社会体育发展的基础。一方面,学校体育将为竞技体育发展提供一定体量的后备人才;另一方面,学校体育也将为社会体育参与中的人们提供必要的体育知识、体育技能、健康意识、锻炼习惯等方面的奠基,同时竞技体育发展与社会体育发展成果反过来将影响学校体育的健康发展。第四,要将公平、正义、拼搏的体育精神融入学校体育教育之中,促进青少年形成健康向上的人生观、价值观,为建设"健康中国"添砖加瓦。

总而言之,在建设"健康中国"的背景下,我们必须把"健康中国"理念作为学校体育的伦理价值驱动,人们只有在此驱动之下以公正、理性的态度对待学校体育,充分发挥学校体育的价值与功能,学校体育才能真正服务于"健康中国"事业。但不可否认的是,"健康中国"建设刚刚起步,学校体育发展还存在许多问题,我们要在诸多矛盾与困境中冲出一条"学校体育发展健康"的康庄大道,还需要大量有良知、有责任心的群体以坚韧不拔的精神持续投入学校体育工作中,促进青少年具有健康的身心状态及健康的行为和生活方式,为建设"健康中国"提供合格的人力基础,唯有如此,"健康学校体育"与"健康中国"才能互相促进、互相耦合、互相助力,进而实现人们对健康的美好追求。

参考文献

一、中文著作

[1] 孙彩平．教育的伦理精神［M］．太原：山西教育出版社，2004．

[2] 王正平．教育伦理学［M］．上海：上海人民出版社，1988．

[3] 施修华，严缘华．教育伦理学［M］．上海：上海科学普及出版社，1989．

[4] 陈旭光．教育伦理学［M］．天津：天津教育出版社，1990．

[5] 李春秋．教育伦理学概论［M］．北京：北京师范大学出版社，1993．

[6] 钱焕琦，刘云林．中国教育伦理学［M］．北京：中国矿业大学出版社，2000．

[7] 钱焕琦，刘云林．学校教育伦理［M］．南京：南京师范大学出版社，2005．

[8] 钱焕琦．教育伦理学［M］．南京：南京师范大学出版社，2009．

[9] 卢世林，胡振坤，靖国平．教师伦理学教程［M］．武汉：华中科技大学出版社，2012．

[10] 王本陆．教育崇善论［M］．广州：广东教育出版社，2001．

[11] 周建平．追寻教学道德——当代中国教学道德价值问题研究［M］．北京：教育科学出版社，2006．

[12] 檀传宝．教师伦理学专题：教育伦理范畴研究［M］．北京：北京师范大学出版社，2010．

[13] 李廷宪．教育伦理学的体系与案例［M］．芜湖：安徽师范大学出版社，2010．

[14] 冯婉桢．教师专业伦理的边界：以权利为基础［M］．北京：教育科学出版社，2012．

[15] 吕朝奕．教育伦理探微［M］．北京：中国书籍出版社，2013．

[16] 唐代兴．生境伦理的教育道路（生境伦理学）［M］．上海：生活·读书·新知三联书店，2014．

[17] 陈娇云，汪荣有．教育伦理与教育公正——社会主义和谐社会视野下的教育热点探析［M］．合肥：安徽大学出版社，2015．

[18] 赵立军．体育伦理学［M］．北京：北京体育大学出版社，2007．

[19] 潘靖五．体育伦理学［M］．北京：北京体育学院出版社，1987．

[20] 潘靖五，茅鹤清．体育伦理学概论［M］．北京：北京体育学院出版社，1989．

[21] 潘靖五，刘菊昌．体育道德研究［M］．北京：北京体育学院出版社，1994．

[22] 潘靖五,龙天启.体育哲学与伦理问题新探[M].北京:北京体育大学出版社,1995.

[23] 潘靖五.体育伦理学研究[M].北京:北京体育大学出版社,1996.

[24] 潘靖五,刘菊昌.体育工作者行为指南[M].北京:北京体育学院出版社,1994.

[25] 华洪兴.体育伦理学[M].南京:河海大学出版社,1999.

[26] 陈伟,魏万珍.体育道德论[M].成都:四川科学技术出版社,2006.

[27] 熊文.竞技体育与伦理[M].上海:华东师范大学出版社,2008.

[28] 龚正伟,王根,刘庆伟.我们需要什么样的体育——中国体育改革伦理理路与实践[M].长沙:湖南师范大学出版社,2011.

[29] 田英莲.体育伦理学[M].长春:吉林大学出版社,2012.

[30] 刘湘溶,刘雪丰.体育伦理:理论视域与价值范导[M].长沙:湖南师范大学出版社,2008.

[31] 龚正伟.我们需要什么样的体育——当代中国体育伦理建构研究[M].北京:北京体育大学出版社,2009.

[32] 李宏斌.现代奥运困境的伦理透视[M].郑州:郑州大学出版社,2012.

[33] 章淑慧.竞技体育伦理基础理论和核心价值观研究[M].长沙:湖南师范大学出版社,2012.

[34] 休谟.人性论[M].关文运,译.北京:商务印书馆,2005.

[35] 席忻.马克思主义人的哲学初探[M].北京:中共中央党校出版社,1997.

[36] 马克思,恩格斯.马克思恩格斯选集:第1卷[M].北京:人民出版社,1995.

[37] 马克思,恩格斯.马克思恩格斯选集:第3卷[M].北京:人民出版社,1995.

[38] 马克思,恩格斯.马克思恩格斯全集:第3卷[M].北京:人民出版社,1960.

[39] 马克思,恩格斯.马克思恩格斯全集:第3卷[M].北京:人民出版社,1972.

[40] 马克思,恩格斯.马克思恩格斯全集:第19卷[M].北京:人民出版社,1972.

[41] 马克思,恩格斯.马克思恩格斯全集:第26卷[M].北京:人民出版社,1972.

[42] 马克思,恩格斯.马克思恩格斯全集:第2卷[M].北京:人民出版社,1957.

[43] 马克思,恩格斯.马克思恩格斯全集:第40卷[M].北京:人民出版社,1957.

[44] 毛泽东.毛泽东选集:第3卷[M].北京:人民出版社,1991.

[45] 邓小平.邓小平文选:第二卷[M].北京:人民出版社,1994.

[46] 刘少奇.刘少奇选集:下卷[M].北京:人民出版社,1985.

[47] G.A.柯亨.如果你是平等主义者,为何如此富有[M].霍政欣,译.北京:北京大学出版社,2009.

[48] R.G.佩弗.马克思主义、道德与社会正义[M].吕梁山,等译.北京:高等教育出版社,2010.

[49] 普列汉诺夫. 普列汉诺夫哲学著作选集：第1卷 [M]. 北京：生活·读书·新知三联书店，1959.

[50] 刘少奇. 论共产党员的修养 [M]. 北京：人民出版社，1962.

[51] 罗珉. 管理学 [M]. 北京：械工业出版社，2006.

[52] 朱贻庭，秦裕，余玉花. 当代中国道德价值导向 [M]. 上海：华东师范大学出版社，1994.

[53] 舒炜光. 层次 [C]//中国大百科全书：哲学：卷1. 北京：中国大百科全书出版社，1987.

[54] 王海明. 新伦理学：上册 [M]. 修订版. 北京：商务印书馆，2008.

[55] 王海明. 新伦理学：中册 [M]. 修订版. 北京：商务印书馆，2008.

[56] 王海明. 新伦理学：下册 [M]. 修订版. 北京：商务印书馆，2008.

[57] 何怀宏. 底线伦理 [M]. 沈阳：辽宁人民出版社，1998.

[58] 雅斯贝尔斯. 新人道主义的条件与可能（1949）[M]//国外学者论人和人道主义：第1辑. 沈恒炎，燕宏远，等译. 北京：社会科学文献出版社，1991.

[59] 赖天德. 学校体育改革热点研究 [M]. 北京：北京体育大学出版社，2003.

[60] 金生鈜. 教育与正义——教育正义的哲学想象 [M]. 福建：福建教育出版社，2012.

[61] 周建平. 追寻教学道德：当代中国教学道德价值问题研究 [M]. 北京：教育科学出版社，2006.

[62] 王坤庆，岳伟. 教育哲学简明教程 [M]. 武汉：华中师范大学出版社，2011.

[63] 汤因比，迟田大作. 展望二十一世纪——汤因比与迟田大作对话录 [M]. 荀春生，等译. 北京：国际文化出版公司，1985.

[64] 米歇尔·福柯. 规训与惩罚 [M]. 刘北成，杨远缨，等译. 北京：生活·读书·新知三联书店，2003.

[65] 刘豪兴. 农村社会学 [M]. 第二版. 北京：中国人民大学出版社，2008.

[66] 程平源. 中国教育问题调查 [M]. 北京：清华大学出版社，2013.

[67] 周中之. 伦理学 [M]. 北京：人民出版社，2004.

[68] 罗国杰. 伦理学 [M]. 北京：人民出版社，2010.

[69] 康德. 道德形而上学探本 [M]. 北京：商务印书馆，1957.

[70] 康德. 道德形而上学的奠基 [M]//康德著作全集：第4卷. 李秋零，译. 北京：中国人民大学出版社，2005.

[71] 康德. 道德形而上学 [M]//康德著作全集：第6卷. 李秋零，译. 北京：中国人民大学出版社，2007.

[72] 康德. 论俗语：这在理论上可能是正确的，但不适用于实践 [M]//康德著作全集：第8

卷．李秋零，译．北京：中国人民大学出版社，2010．

[73] 叔本华．伦理学的两个基本问题［M］．任立，孟庆时，译．北京：商务印书馆，1996．

[74] 冯友兰．中国哲学史简史［M］．北京：北京大学出版社，1985．

[75] 冯友兰．三松堂全集：第4卷［M］．郑州：河南人民出版社，1986．

[76] 穆勒．功用主义［M］．唐械，译．北京：商务印书馆，1957．

[77] 斯宾塞．斯宾塞教育论著选［M］．胡毅，等译．北京：人民教育出版社，1997．

[78] 拉法格．思想起源论［M］．王子野，译．北京：生活·读书·新知三联书店，1963．

[79] 亚里士多德．亚里士多德全集：第8卷［M］．苗力田，译．北京：中国人民大学出版社，1997．

[80] 穆勒．功利主义［M］．唐钱，译．北京：商务印书馆，1957．

[81] 卡尔·白舍客．基督宗教伦理学：第2卷［M］．常宏，译．上海：生活·读书·新知三联书店，2002．

[82] 马克斯·韦伯．经济与社会：上卷［M］．林荣远，译．北京：商务印书馆，1997．

[83] 吴增基．理性精神的呼唤［M］．上海：上海人民出版社，2001．

[84] 杨文轩，陈琦．体育原理［M］．北京：高等教育出版社，2004．

[85] 郑雪，严标宾，丘林，等．幸福心理学［M］．广州：暨南大学出版社，2004．

[86] 马克思，恩格斯．马克思恩格斯全集：第42卷［M］．北京：人民出版社，1979．

[87] 唐凯麟．西方伦理学名著提要［M］．南昌：江西人民出版社，2000．

[88] 亚里士多德．尼各马科伦理学［M］．苗力田，译．北京：中国人民大学出版社，2003．

[89] 让保尔·萨特．存在主义哲学［M］．北京：商务印书馆，1963．

[90] 叶澜，郑金洲，卜玉华．教育理论与学校实践［M］．北京：高等教育出版社，2000．

[91] 周小李．社会性别视角下的教育传统及其超越［M］．北京：教育科学出版社，2011．

[92] 龚正伟，王根，刘庆伟，等．我们需要什么样的体育——中国体育改革伦理理路与实践［M］．长沙：湖南师范大学出版社，2011．

[93] 佟新．社会性别研究导论［M］．第二版．北京：北京大学出版社，2011．

[94] 吕晓娟．潜在课程的性别审视——在东乡族中小学的教育人类学考察［M］．兰州：兰州教育出版社，2011．

[95] 克劳福德，昂格尔．妇女与性别——一本女性主义心理学著作［M］．许敏敏，宋婧，李岩，译．北京：中华书局，2009．

[96] 李连科．价值哲学引论［M］．北京：商务印书馆，2003．

[97] H.杜卡丝，D.霍夫曼．爱因斯坦谈人生［M］．高志凯，译．北京：世界知识出版社，1984．

[98] 詹栋梁．教育伦理学导论［M］．台北：五南图书出版有限公司，1997．

[99] 于希勇. 马克思恩格斯伦理思想的展开维度 [M]. 北京：中国社会科学出版社，2015.

[100] 周登嵩. 学校体育学 [M]. 北京：人民体育出版社，2004.

[101] 斯特赖克，伊根. 伦理学与教育政策 [M]. 刘世清，李云星，等译. 北京：北京大学出版社，2013.

[102] 斯特赖克. 教学伦理 [M]. 第4版. 洪成文，张娜，黄欣，译. 北京：教育科学出版社，2007.

[103] 诺丁斯. 关心：伦理和道德教育的女性路径 [M]. 第二版. 武云斐，译. 北京：北京大学出版社，2014.

[104] 麦金太尔，奥黑尔. 教师角色 [M]. 丁怡，等译. 北京：中国轻工业出版社，2002.

[105] 坎普贝尔. 伦理型教师 [M]. 王凯，杜芳芳，译. 上海：华东师范大学出版社，2011.

二、中文论文期刊

[1] 王小春. 社会转型期我国体育道德研究述评 [J]. 西安体育学院学报，2015，32（5）：586-590.

[2] 谭华. 论体育道德 [J]. 体育科学，1982（3）：1-8.

[3] 刘潞琳. 中小学体育教师体罚行为研究 [D]. 长沙：湖南师范大学，2012.

[4] 唐凯. 中小学体育教师语言暴力现象研究 [D]. 长沙：湖南师范大学，2012.

[5] 潘靖五. 关于体育伦理学学科体系的初步探讨 [J]. 福建体育科技，1985（1）：105-109.

[6] 潘靖五. 体育伦理学初探 [J]. 体育科学，1985，5（2）：91-93.

[7] 潘靖五. 体育道德与体育改革 [J]. 福建体育科技，1985（4）：1-7.

[8] 于善旭. 体育伦理学学科建设与发展探议 [J]. 天津体育学院学报，1992（1）：28-30.

[9] 荣雪涛，杨玲莉. 体育道德起源的哲学审思 [J]. 体育学刊，1997（4）：42-45.

[10] 申建勇. 21世纪体育道德面临的问题与对策 [J]. 信阳师范学院学报（哲学社会科学版），2000，20（2）：65-69.

[11] 孙威，金承哲，孙立涛. 体育伦理的哲学探究——从体育文化的差异性寻求体育科学发展的永恒信念 [J]. 北京体育大学学报，2004，27（12）：1607-1609.

[12] 熊文，张美江，包雪鸣. 竞技体育伦理的理论界定及与相关概念的关系 [J]. 西安体育学院学报，24（4）：20-24.

[13] 蒋晓丽. 体育伦理与体育道德的区别研究 [D]. 成都：西南大学，2007.

[14] 王铁新，杜治华. 中国当代体育伦理研究进展 [J]. 体育文化导刊，2008（2）：70-72.

[15] 涂伟仕，李艳翎. 传统义利观与竞技体育伦理价值的重构 [J]. 天津体育学院学报，2009，24（1）：82-84.

[16] 沈克印，周学荣，周丽萍. 体育科技与体育伦理理性整合的支点——由高科技泳衣引发的伦理思考 [J]. 北京体育大学学报，2010，33（7）：5-8.

[17] 沈克印. 当代中国体育经济伦理的理论与实践研究 [D]. 南京：南京师范大学，2011.

[18] 杨其虎. 追寻竞技正义：竞技体育伦理批判 [D]. 长沙：中南大学，2012.

[19] 张训. 体育犯罪的伦理线索考察 [J]. 中国矿业大学学报（社会科学版），2015（6）：22-28.

[20] 刘巍. 转型期我国体育诚信缺失研究 [D]. 长春：吉林大学，2015.

[21] 马飞. 生命伦理视域下的残疾人竞技体育价值辨析 [J]. 中国医学伦理学，2015，28（3）：472-474.

[22] 李守培，郭玉成. 社会转型期武术伦理研究路径阐释 [J]. 成都体育学院学报，2015，41（3）：53-59.

[23] 刘淑英. 竞技体育中提高竞赛表现技术应用的伦理学审视 [J]. 体育科学，2016，36（2）：92-96.

[24] 李传奇，周兵. 学校体育的伦理审视 [J]. 体育学刊，2009，16（12）：49-52.

[25] 李世宏. 学校体育伦理的内涵、缺失与建构 [J]. 体育学刊，2010，17（8）：51-54.

[26] 张有智. 当前学校体育"伦理缺失"现象探析 [J]. 教学与管理，2012（12）：128-129.

[27] 李英. 基于伦理学视野下的体育教学研究 [D]. 福州：福建师范大学，2012.

[28] 李超. 学校体育伦理与生命关怀研究 [J]. 中国医学伦理学，2015，28（1）：96-98.

[29] 王本陆. 关于教育伦理学研究对象的思考 [J]. 教育研究，1995（3）：43-47.

[30] 张勇. 自由教育于体育教学的可能和理想 [J]. 山西师大体育学院学报研究生论文专刊，2009（6）：73-75.

[31] 孙建华. 再谈体罚的危害性——解答江西孙静同志的问题 [J]. 中国学校体育，1993（6）：33.

[32] 刘志勇. 变相体罚学生到底错在哪里——兼答孙静同志 [J]. 中国学校体育，1994（1）：36.

[33] 徐素年. 关注体育教学中的"冷体罚"现象 [J]. 新课程学习，2009（12）：186-187.

[34] 李后普，朱襄宜. 惩戒教育在体育教学中的合理运用 [J]. 体育师友，2012（5）：51-52.

[35] 张迪. 对学校体育的物化现象和人本位教育理念实施策略的研究 [D]. 长春：东北师范大学，2009.

[36] 周竟. 我国学校体育之回望 [J]. 四川体育科学，1995（4）：27-29.

[37] 陈德敏. 学校体育人文教育使命反思 [J]. 成都体育学院学报，2004，30（3）：83-85.

[38] 罗筱. 甘肃省城乡中小学体育设施资源现状与合理配置研究 [D]. 西安：西安体育学院，2013.

[39] 辛玉娥. 教育公平视角下小学体育教师资源均衡配置研究 [D]. 济南：山东师范大学，2014.

[40] 戴维红，许红峰. 教育公平视野下城乡小学体育教育的均衡发展 [J]. 体育学刊，2008，15（8）：76-79.

[41] 何晓知. 教育公平视野下体育竞赛优胜者高考加分政策探析 [J]. 吉林体育学院学报，2010，26（4）：7-10.

[42] 李蓉蓉. 教育公平视野下义务教育阶段城乡学校体育资源差异研究 [D]. 西安：西安体育学院，2010.

[43] 葛新，曹磊，王华倬. 教育公平视域下我国农村学校体育发展的困境与对策 [J]. 北京体育大学学报，2013，36（10）：88-92.

[44] 高庆琦. 教育公平下大学男女生体育教育差异问题探析 [J]. 宿州学院学报，2012，27（11）：59-61.

[45] 覃刚. 近代以来中国学校体育教育人文向度的失落与重构 [D]. 武汉：华中师范大学，2013.

[46] 朱元利，李靖. 论教育公平视野下的残疾人高等体育教育 [J]. 西安体育学院学报，2007，24（6）：104-106.

[47] 毛淑娟. 侵害大学生体育权利的归责及其救济 [D]. 西安：陕西师范大学，2011.

[48] 梁恒. 关于侵害中学生体育权利行为的研究 [D]. 长沙：湖南师范大学，2002.

[49] 陈博. 论体育教师的基本权利及实现保障 [J]. 山西师大体育学院学报，2009，24（1）：6-11.

[50] 王芳. 体育教师法律角色研究——权利本位与义务本位 [D]. 济南：山东师范大学，2016.

[51] 张舒. 我国体育教师劳动权利与法律救济研究 [J]. 中国劳动关系学院学报，2016，30（1）：92-95.

[52] 王树宏. 体育教育专业招生考试公平问题研究 [J]. 体育文化导刊，2012（12）：102-105.

[53] 余波. 体育课堂教学过程中的公平失衡研究 [J]. 教学与管理，2011（27）：75-76.

[54] 常德胜，王华. 体育与健康课程实施中的公平研究 [J]. 长春理工大学学报，2012，7（9）：223-224.

[55] 屈宏强. 学校体育均衡发展评价指标体系的构建与实证研究 [D]. 福州：福建师范大学，2012.

[56] 张兵. 体育中考过程性测试怎样做到公正公平 [J]. 体育师友，2014（2）：56-57.

[57] 周华芳. 我国高中体育公平问题研究 [D]. 长沙：湖南师范大学，2012.

[58] 刘毅. 学生体育权利及其救济 [D]. 开封：河南大学，2006.

[59] 赵丽. 山东省城乡中小学学校体育均衡发展研究 [D]. 烟台：鲁东大学，2013.

[60] 李晓航. 学校体育伦理教育研究——"智德"培育 [D]. 石家庄：河北师范大学，2013.

[61] 孟建斌. 学校体育资源评估指标体系构建及验证研究 [D]. 开封：河南大学，2010.

[62] 郁俊，陈锡林. 体育课学生伤害事故责任认定与处理的法律探讨 [J]. 西安体育学院学报，2002，19（2）：35-37.

[63] 刘康. 晋西北农村中小学体育教育资源配置研究 [D]. 临汾：山西师范大学，2013.

[64] 陈海青. 郑州市城乡学校体育资源配置公平状况调研分析 [D]. 开封：河南大学，2013.

[65] 喻坚. 校园兴奋剂：现象与对策 [J]. 中国教育学刊，2003（6）：22-24.

[66] 周坤，周志俊. 论学校体育与诚信教育 [J]. 解放军体育学院学报，2004，23（2）：50-51.

[67] 喻坚，刘林箭，钮新荣. 中考体育加试存在的问题及对策 [J]. 山西师大体育学院学报，2004，19（2）：1-3.

[68] 刘红，苗青. 学校体育中诚信教育缺失的现状与对策 [J]. 体育教学，2008（7）：46-47.

[69] 曾庆国. 高校体育教学中的诚信品质教育 [J]. 长春：长春理工大学学报（高教版），2009，4（7）：9-10.

[70] 黄金萍，孙永喜. 高校体育教育中贯彻实施诚信教育的研究 [J]. 哈尔滨体育学院学报，2009，27（1）：72-74.

[71] 蔡计高. 对当前体育教学中"诚信"教育的审视与思考 [J]. 佳木斯教育学院学报，2011（12）：85-86.

[72] 何伟珍. 中学生体育教学中诚信缺失现状分析与对策 [J]. 湖北广播电视大学学报，2011，31（1）：149.

[73] 刘辛丹. 大中小学生体育诚信现状调查——以福建省漳州市为例 [J]. 中国德育，2012，(11)：19-21.

[74] 马龙. 当前高中体育特长生思想行为现状及对策 [D]. 武汉：华中师范大学，2014：9.

[75] 王珂. 阳光体育运动背景下对高校体育竞赛中道德缺失现象的思考 [J]. 商，2012（11）：156.

[76] 冯建超. 诚信缺失环境下高校体育教育现状研究 [J]. 现代企业教育，2014（20）：253-254.

[77] 苏国柏，高飞，王佃娥. 校园毒跑道折射的体育诚信缺失问题 [J]. 当代体育科技，2015，5（36）：166-167，169.

[78] 黎臣. 论高校体育教育缺失的部分 [J]. 运动, 2016 (1): 70-71.

[79] 张世威. 我国学校体育异化现象的审视与思考 [J]. 天津体育学院学报, 2008 (6): 523-524.

[80] 黄晓丽, 金育强, 卢亮球, 等. 学校体育价值的理性审视 [J]. 广州体育学院学报, 2014, 34 (6): 11-15.

[81] 李西鹏. 从终身幸福视角审视学校体育活动现状 [J]. 内蒙古教育, 2013 (10): 29.

[82] 杨虎民, 汪明. 特殊学校体育教师社会支持、自我认同感与主观幸福感的关系研究 [J]. 郑州师范教育, 2013, 2 (4): 22-24.

[83] 龚云. 江苏省高校体育教育专业学生课外体育锻炼对主观幸福感影响的研究 [D]. 苏州: 苏州大学, 2013.

[84] 王佧. 农村体育教师职业幸福感调查研究——以荆州市周边地区为例 [D]. 南昌: 江西科技师范大学, 2013.

[85] 陈旭东, 谈爱清. 让体育为孩子一生的幸福奠基——学校体育文化建设的思考和实践 [J]. 生活教育, 2014 (5): 87-89.

[86] 马美净. 胜任力视角下的中学体育教师职业幸福感研究——以河北省唐县为例 [D]. 武汉: 华中师范大学, 2015.

[87] 谭琳, 时朵. 学校体育改革与发展思考——基于幸福教育视角 [J]. 运动, 2016 (1): 10-11, 81.

[88] 杨向明. 高校体育教育场域中的性别透视现象思考 [J]. 成都体育学院学报, 2012, 38 (9): 40-43.

[89] 陈利花. 对消除当前我国学校体育教育中性别歧视问题的若干思考 [D]. 长沙: 湖南师范大学, 2006.

[90] 张雅俊, 郭金贵, 赵晓波, 等. 不同性别体育教师知识与能力差异性的调查与研究 [J]. 文体用品与科技, 2015 (8): 4-5, 14.

[91] 闫伟, 王慧琳, 赵明元. "80一代"不同性别中小学体育教师专业发展状况比——以天津市为例 [J]. 第九届全国体育科学大会论文摘要汇编 (4), 2011: 184-185.

[92] 贺亮锋. 小学生对体育教师能力评价中的性别偏见实验研究 [J]. 第八届全国体育科学大会论文摘要汇编 (二), 2007: 427.

[93] 荆伟伟. 社会性别视野下中北大学女大学生体育参与分析及对策研究 [D]. 太原: 中北大学, 2013.

[94] 焦强. 社会性别视角下高校女生身体意象及体育教育对策研究 [D]. 长春: 东北师范大学, 2015.

[95] 吕寿伟. 从排斥到承认——教育共同体的伦理生活研究 [D]. 南京: 南京师范大

学，2012.

[96] 赖桂辉. 浅议经济研究中的实证分析和规范分析 [J]. 南昌大学学报（社会科学版），1995，26（1）：119-120.

[97] 文雪，危中平. 人性假设与教育意谓 [J]. 高等教育研究，2004，25（5）：11-15.

[98] 冯向东. 对教育学人性假设的追问 [J]. 北京大学教育评论，2012，10（4）：78-85，186.

[99] 金保华. 论教育管理的伦理基础 [D]. 武汉：华中师范大学，2008.

[100] 宋军丽. 人性化高等教育的德育价值发掘研究 [D]. 开封：河南大学，2011.

[101] 欧阳旭曦. 人性的内在矛盾是道德的基础 [J]. 伦理学研究，2003（2）：90-93.

[102] 赵岷，许国宝，李翠霞. 由教化身体走向解放身体——体育教育的21世纪猜想 [J]. 武汉体育学院学报，2007，41（10）：53-57.

[103] 张爱中. 教育管理伦理研究的意义及其发展 [J]. 当代教育实践与教学研究，2014（12）：99.

[104] 顾继玲. 现代数学课程的价值取向研究 [D]. 南京：南京师范大学，2004.

[105] 朱道忠. 论教育伦理的基本功能 [J]. 中国高教研究，2001（4）：85-86.

[106] 诸大建，王明兰. 系统性原则下的公共政策过程 [J]. 同济大学学报（社会科学版），2006，17（1）：102-106，124.

[107] 瞿麦生. 论层次分析法的经济逻辑基础———兼论经济思维层次性原则 [J]. 天津商业大学学报，2008，28（4）：30-34，40.

[108] 何怀宏. 底线伦理的概念、含义与方法 [J]. 道德与文明，2010（1）：17-21.

[109] 颜春晖. 师德——教师素质的核心 [J]. 教育教学论坛，2010（23）：110-111，62.

[110] 王清生. 体育教师行为失范及调控 [J]. 北京体育大学学报，2008，31（6）：823-825.

[111] 胡晓红，左孟华. 教育公平视野下对"男孩危机"的性别解读 [J]. 东北师大学报（哲学社会科学版），2010（6）：231-236.

[112] 闫广芬. 中国女子学校教育的发展：认识、视野、使命 [J]. 教育研究，2006（11）：73-79.

[113] 曹士云. 我国高等体育师资队伍的现状与发展战略研究 [J]. 黑龙江高教研究，2000（2）：39-41.

[114] 李慧林. 河南省城乡中小学体育师资力量的比较研究 [J]. 浙江体育科学，2002，24（1）：33-37，45.

[115] 卢其宝，汤凯军，李少群. 普通高中男女体育教师比例失调应引起关注 [J]. 中国学校体育，2007（2）：59-61.

[116] 李博杰. 常德市鼎城区农村中小学体育师资现状调查与对策研究 [D]. 武汉：武汉体育

学院，2013.

[117] 汪改英．陕西省普通高校大学生课外体育活动现状调查研究［D］．延安：延安大学，2014.

[118] 李勇妹，黄希斌．福州市中学生课外体育活动现状调查［J］．长沙大学学报，2015，29（5）：154-156.

[119] 陈名超，陈宝玲．小学生课外体育活动现状调查与分析——以佛山市禅城区南庄镇为例［J］．体育研究与教育（研究生论文专刊），2015，30（6）：53-55.

[120] 李晓广．论传统中国性别政治关系的制度演进———项基于新制度主义的分析［J］．华中科技大学学报，2013，27（1）：91-98.

[121] 丁学玲．走向性别敏感教育——简·罗兰·马丁的教育哲学思想述评［D］．上海：华东师范大学，2014.

[122] 陈茜．从异化到回归——课堂师生话语权的反思与重构［D］．长沙：湖南师范大学，2014.

[123] 禹旭才．高校教师发展：全纳女性的概念及议题［J］．湖南科技大学学报（社会科学版），2015，18（6）：154-159.

[124] 王智慧．性别差异与女性体育参与的社会距离［J］．武汉体育学院学报，2013，47（7）：16-21，27.

[125] 张维迎．功利主义改革无法建立真正的市场经济［J］．IT时代周刊，2014（16）：11.

[126] 王华，魏凤．公平视角下农村教育资源配置的路径选择［J］．湖北社会科学，2011（1）：176-179.

[127] 冯灿兰．"善恶"视域下的文化教育导向［J］．内蒙古师范大学学报（教育科学版），2010，23（12）：4-6.

[128] 章启群．中国教育的"三座大山"［J］．民主与科学，2010（6）：8-9.

[129] 尹志华，汪晓赞，季浏．体育教师教育标准体系框架的构建及其内涵［J］．上海体育学院学报，2016，40（1）：79-84.

[130] 曾庆涛．我国体育教师评价体系研究［D］．开封：河南大学，2011.

[131] 米靖．中国青少年训练存在问题与未来出路［J］．成都体育学院学报，2016，42（5）：77-82.

[132] 杨亚琴，邱菀华．女性参加体育活动的风险及对策［J］．武汉体育学院学报，2006，40（3）：15-18.

[133] 王丽梅．城市居民休闲方式选择倾向的性别差异［J］．辽宁科技大学学报，2012，35（6）：647-651.

[134] 吴燕丹．生命关怀视野下调适性体育课程的理论与实践［D］．福州：福建师范大

学，2007.

[135] 吴燕丹. 中国大学特殊体育教育现状调查与思考 [J]. 体育科学, 2007, 27 (1): 41-50.

[136] 许琨. 学校体育公平问题的认识与思考 [D]. 长沙: 湖南师范大学, 2009.

[137] 曹烃. 适应体育教育——融合教育背景下残障学生体育教育的诉求 [D]. 武汉: 华中师范大学, 2013.

[138] 焦国成. 论伦理——伦理概念与伦理学 [J]. 江西师范大学学报 (哲学会科学版), 2011, 44 (5): 22-28.

[139] 鲁洁. 教育的返本归真——德育之根基所在 [J]. 华东师范大学学报 (教育科学版), 2001, 19 (4): 1-6, 65.

[140] 张启树, 张鸿燕. 教育道德: 伦理视界中的教育善恶 [J]. 中国青年政治学院学报, 2005 (1): 39-42.

[141] 林进平. 论马克思正义观的阐释方式 [J]. 中国人民大学学报, 2015 (1): 37-45.

[142] 宋军丽. 人性化高等教育的德育价值发掘研究 [J]. 开封: 河南大学, 2011: 9.

[143] 方毅. 功利论和道义论的对立及其超越 [J]. 学术交流, 2008 (8): 20-23.

[144] 王泽应. 20世纪中国马克思主义伦理思想发展研究 [J]. 毛泽东邓小平理论研究, 2005 (7): 25-28, 12.

[145] 许启贤. 马克思主义伦理思想发展史论纲: 四 [J]. 道德与文明, 1994 (4): 29-33.

[146] 陈勇. 邓小平对马克思主义伦理思想的继承与发展 [J]. 天津师大学报, 2000 (4): 9-13.

[147] 王海明. 功利主义与义务论辩难 [J]. 社会科学, 2003 (12): 75-83.

[148] 李芬. 论马克思主义伦理学的理论特色——道义论与功利论的统一; 目的论与工具论的统一 [J]. 铜仁学院学报, 2007, 1 (4): 12-15.

[149] 魏英敏. 功利论、道义论与马克思主义伦理学 [J]. 东南学术, 2002 (1): 140-145.

[150] 糜海波. 教育人道主义的伦理精神与价值取向 [J]. 教育探索, 2016 (7): 13-16.

[151] 龚正伟. 论体育的人道原则 [J]. 伦理学研究, 2005 (3): 65-69.

[152] 唐永进. 人道主义——永恒的伦理原则 [J]. 理论与改革, 1998 (3): 16-19.

[153] 蓝寿荣. 休息何以成为权利——劳动者体息权的属性与价值探析 [J]. 法学评论, 2014 (4): 84-96.

[154] 谢洪恩. 社会主义公正原则的具体要求 [J]. 中共四川省委省级机关党校学报, 1999 (1): 65-69.

[155] 史育华. 道义论在和谐社会建构中的实践价值 [J]. 理论观察, 2007 (4): 55-56.

[156] 高清海, 胡海波. 人类发展的正义追寻 [J]. 中国社会科学, 1998 (1): 54-64.

[157] 罗国杰. 关于社会主义公正原则的几个问题 [J]. 道德与文明, 2012 (5): 5-8.

[158] 赵建森. 知识产权滥用的规制研究 [D]. 新乡: 河南师范大学, 2015: 8.

[159] 王彩云, 郑超. 价值理性和工具理性及其方法论意义——基于马克斯·韦伯的理性二分法 [J]. 济南大学学报 (社会科学版), 2014, 24 (2): 48-53.

[160] 邹喜. 对工具理性与价值理性关系的批判性反思 [D]. 桂林: 广西师范大学, 2006.

[161] 吴林海, 刘荣增. 从"边缘城市主义"到"新城市主义": 价值理性的回归与启示 [J]. 科学技术与辩证法, 2002, 19 (3): 16-18.

[162] 姚文. 马克思诚信观及其当代启示 [D]. 衡阳: 南华大学, 2012.

[163] 郭玉宇. 中西方传统诚信观之解读 [J]. 南京医科大学学报 (社会科学版), 2005 (4): 291-295.

[164] 龙宝新. 教育: 为了幸福的事业——论诺丁斯的幸福教育观 [J]. 基础教育, 2012, 9 (1): 10-16, 20.

[165] 张珮珮. 福利经济学经济公正思想研究 [D]. 南昌: 江西师范大学, 2014.

[166] 白雪. 古代中国和希腊幸福观对比研究 [J]. 山西农业大学学报 (社会科学版), 2011, 10 (12): 1280-1283.

[167] 熊晓正, 夏思永. 中国和希腊古代幸福观念的比较 [J]. 体育科学, 2006, 26 (5): 83-87.

[168] 梁枫. 师生幸福是提升办学治校能力的终极性价值导向 [J]. 职业技术教育, 2014 (24): 43-45.

[169] 罗儒国. 幸福是教学的重要价值取向 [J]. 中国民族教育, 2009 (4): 4-6.

[170] 王健, 潘凌云. 人学视域下我国学校体育教育的现实探问与发展路向 [J]. 体育科学, 2013, 33 (11): 17-27.

[171] 李长伟, 徐莹晖. 功利主义教育目的与人的工具化 [J]. 内蒙古师范大学学报 (教育科学版), 2004, 17 (9): 5-7, 10.

[172] 金生鈜. 教育不平等: 社会不能承受之殇 [J]. 探索与争鸣, 2012 (6): 63-68.

[173] 谭琳. 贯彻男女平等基本国策 构建先进性别文化 [J]. 中国妇运, 2008 (2): 15-17.

[174] 李慧英, 郑磊, 王黎芳. 关于社会性别与公共政策问题研讨综述 [J]. 理论前沿, 2001 (23): 30-32.

[175] 章梦瀚. 性别平等教育初探 [D]. 上海: 华东师范大学, 2012.

[176] 邵伟德, 刘小萍. 运动技术教学与立德树人 [J]. 体育教学, 2014 (12): 21-24.

[177] 杨文轩. 论中国当代学校体育改革价值取向的转换——从增强体质到全面发展 [J]. 体育学刊, 2016, 23 (6): 1-6.

[178] 人民教育编辑部. 核心素养: 重构未来教育图景 [J]. 人民教育, 2015 (7): 1.

[179] 邵朝友, 周文叶, 崔允漷. 基于核心素养的课程标准研制: 国际经验与启示 [J]. 全球教育展望, 2015, 44 (8): 14-22, 30.

[180] 潘绍伟. 强外优内并举 健身育人共赢 [J]. 体育教学, 2016 (6): 9-11.

[181] 曲芳艾. 邓小平马克思主义伦理观——"中国梦"的理论基奠 [J]. 吉林省社会主义学院学报, 2014 (1): 39-41.

[182] 季浏. 深化我国基础教育体育与健康课程改革的关键 [J]. 成都体育学院学报, 2013, 39 (10): 1-6.

[183] 季浏. 论面向学生的中国体育与健康新课程 [J]. 体育科学, 2013, 33 (11): 28-36, 74.

[184] 程传银, 董鹏. 我国学校体育发展审视: 问题、机遇和路径——基于"十三五"五大发展理念视角 [J]. 南京体育学院学报, 2016, 30 (3): 1-6.

[185] 于希勇. 马克思恩格斯伦理思想的实践特性 [J]. 理论探索, 2014 (5): 33-37.

[186] 王海明. 公正概念辩难 [J]. 中国医学伦理学, 2009, 22 (2): 11-13, 16.

[187] 王黎娜. 技术创新生态化转向的哲学与现实维度探析 [J]. 科学与管理, 2011 (1): 9-12.

[188] 王本陆. 教育伦理哲学刍议 [J]. 高教探索, 2002 (4): 14-18.

[189] 孙彩平. 教育道德与道德阈限 [J]. 教育理论与实践, 2002, 22 (1): 56-59.

[190] 刘云林. 教育者美德与善行: 教育伦理价值取向的两个维度 [J]. 现代教育论丛, 2004 (5): 9-10, 15.

[191] 檀传宝, 杜时忠. 圣育与德育——小原国芳"宗教教育——道德教育"关系思想研究 [J]. 高等师范教育研究, 1997 (6): 28-35.

[192] 刘云林. 教育善的维度与实现路径 [J]. 教育理论与实践, 2004, 24 (8): 5-8.

[193] 何艳. 教育伦理视角下教师职业道德缺失及发展策略研究 [J]. 教育探索, 2015 (2): 140-143.

[194] 刘云林, 糜海波. 科学教育伦理的价值预设及其合理性依据 [J]. 江西社会科学, 2005 (2): 165-170.

[195] 周建平. 论教育伦理规范的两个向度 [J]. 当代教育论坛, 2006 (1): 13-15.

[196] 吕培. 中国教育伦理权威失序问题 [J]. 辽宁工程技术大学学报 (社会科学版), 2006, 8 (6): 658-660.

[197] 符明秋. 重庆市城市居民生活方式及体质的现状与对策研究 [D]. 重庆: 西南大学, 2006.

[198] 郭家骏. 吉林省城市居民体育态度研究 [D]. 延边朝鲜族自治州: 延边大学, 2007.

[199] 汪彬. 安徽"省会经济圈"城市居民群众体育现状与发展对策研究 [D]. 上海: 上海

体育学院，2010.

[200] 吴静. 吉林市城市居民参与体育活动现状及对策研究 [D]. 延边朝鲜族自治州：延边大学，2014.

[201] 孟凡亮. 新农村建设背景下豫东农村体育活动的现状调查 [D]. 开封：河南大学，2011.

[202] 朱华. "珠三角"地区农村居民体育意识与体育行为研究 [J]. 河北体育学院学报，2011，25（5）：31-35.

[203] 吉丽娜. 川渝地区新农村建设过程中乡村居民参与体育活动的现状研究 [D]. 重庆：西南大学，2013.

[204] 吴剑明，王薇，石真玉，等. 粤西农村居民体育活动现状与影响因素研究 [J]. 广东石油化工学院学报，2016，26（1）：81-86.

[205] 鲁雁飞. 论教师教育伦理之于专业伦理的依托和超越 [J]. 大学教育科学，2009（6）：51-55.

[206] 糜海波. 教育伦理规范建设：设定"应然"与昭明依据 [J]. 高等教育研究，2009，30（1）：61-65.

[207] 糜海波. 论教育伦理的实践机制建设 [J]. 南通大学学报（教育科学版），2009，25（1）：31-35.

[208] 赵克平. 试论教育伦理的现代转型 [J]. 齐鲁学刊，2011（4）：94-97.

[209] 徐昕欣. 入学机会的公平是教育伦理的底线 [J]. 上海教育，2011（11）：66-67.

[210] 侯彦斌. 论教师地位与教育伦理重建 [J]. 当代教育与文化，2011，3（2）：80-84.

[211] 刘云林. 教育伦理规范生成的辩证视野 [J]. 教育与实验，2012（1）：35-39.

[212] 糜海波. 教育善与教育伦理建设的两个向度 [J]. 高等教育研究，2013，31（8）：10-14.

[213] 吕伟，叶逢福，赖勇强. 驳现代教育伦理绝对化倾向 [J]. 中国教育学刊，2014（9）：31-34.

[214] 何云峰. 建立和完善教育伦理与教师道德之间的中介架构 [J]. 教育伦理研究（集刊），2014：16-21.

[215] 刘同舫. 康德道德观及其对现实道德教育困境的开解 [J]. 教育研究，2014（4）：77-84.

[216] 冯建军. 走向道德的生命教育 [J]. 教育研究，2014（6）：33-40.

[217] 王正平. 尊重教师：教育伦理的一项重要原则 [J]. 道德与文明，2015（4）：17-22.

[218] 王正平，朱丹. 教育伦理学视域中的教育分寸 [J]. 伦理学研究，2015（6）：101-105.

[219] 苏亦工. 诚信原则与中华伦理背景 [J]. 法律科学. 西北政法学院学报，1998（3）：

46-51, 58.

[220] 宋晶. 现代职业教育伦理研究 [D]. 天津：天津大学, 2013：4-5.

[221] 陶宏斌, 郭永玉. 现象学方法论与现代西方心理学 [J]. 华东师范大学学报（教育科学版）, 1997（4）：61-67.

[222] 李正风. 中国科学家学术思想的传承与创新：概念、特征与方法 [J]. 南京社会科学, 2012（4）：1-8, 17.

[223] 赵富学, 程传银. 学校体育中强制与自由关系之研究 [J]. 体育科学, 2016, 36（3）：89-95.

[224] 张朋, 阿英嘎. 教育公平语境下的学校强制体育新解 [J]. 成都体育学院学报, 2017, 43（4）：111-118.

[225] 张文鹏, 王志斌, 吴本连. 健康中国视域下学校体育治理的政策表达 [J]. 北京体育大学学报, 2018, 41（2）：94-100.

[226] 高鹏, 颜桂平, 李玉超. 身体哲学视域下学校体育的价值审视及路径选择 [J]. 体育文化导刊, 2018（6）：130-135.

[227] 陈独秀. 调和与旧道德 [J]. 新青年, 1919, 7（1）.

三、英文著作

[1] Ken Hardman, Ken Green. Contemporary Issues in Physical Education：International Perspectives [M]. London：Meyer & Meyer Sport〔UK〕Ltd., 2011.

[2] Ken Green. Understanding Physical Education [M]. London：SAGE Publications Ltd, 2008.

[3] Laws C, Fisher D. Learning and Teaching in Physical Education [M]. London：Falmer Press, 1999.

[4] Dyson B. The Handbook of Physical Education [M]. London：Sage, 2006.

[5] Fisher R. Physical Education：Deconstruction and Reconstruction——Issues and Directions [M]. Schorndorf：Verlag Karl Hofmann, 2003.

[6] Thomas Hobbes. Leviathan [M]. New York：Simon & Schuster Inc, 1997.

[7] Maureen K LeBoeuf, Lawrence F Bulter. Fit & active：the West Point physical development program [M]. Champaign：Human Kinetics, 2008.

[8] Darrin M McMahon. Happiness：A History [M]. New York：Grove Press, 2006.

[9] Gossen Hermann Heinrich. The Laws of Human Relation [M]. Cambridge：MIT Press, 1983.

[10] Pierre Hadot. Philosophy as a Way of Life：Spiritual Exercises from Socrates to Foucault [M]. MA：Publishing, 1995.

[11] Pierre Hadot. What is Ancient Philosophy [M]. MA：Harvard University Press, 2002.

[12] Peter J Arnold. Sport, Ethics and Education [M]. London：Cassell, 1997.

[13] Mike McNamee, S J Parry. Ethics and Sport [M]. London and New York: Routledge, 1998.

[14] Stephen Harvey, Richard L Light. Ethics in Youth Sport, Policy and Pedagogical Applications [M]. London and New York: Routledge, 2013.

[15] Adrian Walsh, Richard Giulianotti. Ethics, Money and Sport [M]. London and New York: Routledge, 2007.

[16] William J Morgan, Klaus V Meier, Angela J Schneider. Ethics in Sport [M]. Champaign: Human Kinetics, 2001.

[17] Peter A French. Ethics and College Sports, Ethics, Sports, and the University [M]. Washingtan D. C: Rowman and Littlefield Publishers, 2004.

[18] Mike McNamee, Steve Olivier, Paul Wainwright. Research Ethics in Exercise, Health and Sports Sciences [M]. London and New York: Routledge, 2007.

[19] William K Frankena. Ethics [M]. New Jersey: Prentice-Hall, INC, 1973.

[20] Joy T DeSensi, Danny Rosenberg. Ethics and Morality in Sport Management [M]. West Virginia: West Virginia University Press, 2010.

[21] Jose Luis Perez Trivino. The Challenges of Modern Sport to Ethics [M]. Idaho: Lexington Books, 2010.

[22] Anthony Laker. The Future of Physical Education——Building a new pedagogy [M]. London: Routledge, 2003.

[23] John H Healey, William A Healey, Charles C Thomas. Physical Education Teaching Problems for Analysis and Solution [M]. Springfield: Illinois Publisher, 1975.

[24] Frederick B Bird, JefFrey GrandZ. Good Management: Business Ethics in Ation [M]. Scarborough Ontario: Prentice-Hall Canada Inc., 1991.

[25] Richard Bailey, Tony Macfadyen. Teaching Physical Education 5-11 [M]. New York: continuum, 2000.

[26] Kretchmar R S. Practical Philosophy of Sport [M]. Chaimpaign: Human Kinetics, 1994.

[27] J S Mill. Utilitarianism [M]. London: On Liberty and Representative Government, 1914.

[28] Henry Sidgwick. The Methods of Ethics [M]. London: Macmillan and Co Limited, 1922.

[29] Max Horkheimer. Eclipse of Reason [M]. New York: The Seabury Press, 1974.

[30] F A Hayek. Law, Legislation and Liberty [M]. Volume 2. Beijing: China Social Sciences Publishing House Chengcheng Books Ltd, 1999.

[31] Emmanuel Levinas. Ethics and Infinity [M]. Pittsburgh: Duquesne University Press, 1985.

[32] Warren P Fraleigh. Right Actions in Sport: Ethics for Contestants [M]. Champaign: Human Kinetics Publishers, 1984.

[33] Peter C McIntosh. FAIR PLAY: Ethics in Sport and Education [M]. London: Heinemann, 1980.

四、英文论文

[1] Kay W. Physical Education, RIP? [J]. British Journal of Teaching Physical Education, 2003, 34 (4): 6-10.

[2] Lake J. Young People's Conceptions of Sport, Physical Education and Exercise: Implications for Physical Education and the Promotion of Health-related Exercise [J]. European Physical Education Review, 2001, 7 (1): 80-91.

[3] O'Sullivan S. The Physical Activity of Children: a Study of 1602 Irish Schoolchildren Aged 11-12 Years [J]. Irish Medical Journal, 2002, 95 (3): 78-81.

[4] Macdonald D, Rodger S, Abbott R, et al. I could do with a pair of wings: perspectives on physical activity, bodies and health from young Australian children [J]. Sport, Education and Society, 2005, 10 (2): 195-209.

[5] Smith A, Parr M. Young people's views on the nature and purposes of physical education: a sociological analysis [J]. Sport, Education and Society, 2007, 12 (1): 37-58.

[6] Xihe Zhu. Exploring Students' Conception and Expectations of Achievement in Physical Education [J]. Measurement in Physical Education & Exercise Science, 2013, 7 (1): 62-73.

[7] Wright L J M. Preserving the Value of Happiness in Primary School Physical Education [J]. Physical Education and Sport Pedagogy, 2004, 9 (2): 149-163.

[8] Maughn Gregory. Ethics Education and the Practice of Wisdom [J]. Teaching Ethics, 2009, 3: 105-130.

[9] P Welch. Moral Psychology and the Problem of Moral Criteria [J]. Journal of Moral Education, 2011, 40: 513-526.

[10] Vilia Tarvydas. Collaborating with the Disability Rights Community: Co-Writing A Code of Ethics as A Vehicle for Ethics Education [J]. Rehabilitation Education, 2012, 26 (2): 241-254.

[11] Nancy Bouchard, Ronald W Morris. Ethics Education Seen Through the Lens of Habermas's Conception of Practical Reason: The Case of Quebec Education Program [J]. Journal of Moral Education, 2012, 41 (2): 171-187.

[12] Josh Corngold. Introduction: The Ethics of Sex Education [J]. Educational Theory, 2013, 63 (5): 439.

[13] Maria Novaes. Ethics Education in Research Involving Human Beings in Undergraduate Medicine Curriculum in Brazil [J]. Developing World Bioethics, 2013, 13 (3): 163-168.

[14] McGavin P A. Conversing on Ethics, Morality and Education [J]. Journal of Moral Education, 2013, 42 (4): 494-511.

[15] Mitch Parsell. Ethics in Higher Education Research [J]. Studies in Higher Education, 2014, 39 (1): 166-179.

[16] Kevin Tavin. The Cat, the Cradle, and the Silver Spoon: Violence in Contemporary Art and the Question of Ethics for Art Education [J]. Studies in Art Education, 2014, 56 (1): 426-437.

[17] Francisco Esteban Bara. University Lecturers' Conceptions of Ethics and Citizenship Education in the European Higher Education Area: A Case Study [J]. Universities and Society Journal, 2014, 7: 21-32.

[18] Viktor Gardelli. Why Philosophical Ethics in School: Implications for Education in Technology and in General [J]. Ethics and Education, 2014, 9 (1): 16-28.

[19] Hyemin Han, Changwoo Jeong. Improving Epistemological Beliefs and Moral Judgment Through an STS Based Science Education Program [J]. Sci Eng Ethics, 2014, 20 (1): 197-220.

[20] Settimio Monteverde. Undergraduate Healthcare Ethics Education, Moral Resilience, and the Role of Ethical Theories [J]. Nursing Ethics, 2014, 21 (4): 385-401.

[21] Sue Ellis. Ethics, Education Policy and Research: the Phonics Question Reconsidered [J]. British Educational Research Journal, 2014, 40 (2): 241-260.

[22] Maughn Gregory. Ethics Education as Philosophical Practice: The Case from Socratic, Critical, and Contemplative Pedagogies [J]. Teaching Ethics, 2015, 3: 20-34.

[23] Gabriele Munnix. Against Prejudice: Justice as Virtue-An Example of Teaching in German Secondary Schools [J]. Teaching Ethics, 2015, 1: 51-70.

[24] John Fantuzzo. Towards a What if Class: Practices of Respect as the Aim of Teaching Ethics to Court-Involved Youth [J]. Teaching Ethics, 2015, 1: 83-96.

[25] Theodore Tulchinsky. Integrating Ethics in Public Health Education: The Process of Developing Case Studies [J]. Public Health Reviews, 2015, 36 (4): 2-11.

[26] Heymin Han. Virtue Ethics, Positive Psychology, and A New Model of Science and Engineering Ethics Education [J]. Sci Eng Education, 2015, 21: 441-460.

[27] Don Olcott Jr. Ethics and Education in the Digital Age: Global Perspectives and Strategies for Local Transformation in Catalonia [J]. Universities and Society Journal, 2015, 4: 58.

[28] Rachel Stein, Jill Sharkey. Your Hands Are Not Tied: School–Based Ethics When Parents Revoke Special Education Consent [J]. Psychology in the Schools, 2015, 52 (2): 168-182.

[29] Anna Gallagher. What Counts as Ethics Education [J]. Nursing Education, 2016, 23 (2): 131-132.

[30] Reid A. The Value of Education [J]. Journal of Philosophy of Education, 1997, 32 (3): 319-331.

[31] Saul Ross. Humanizing the Undergraduate Physical Education Curriculum [J]. Journal of Teaching in Physical Education, 1987, 7: 46-50.

[32] Richard Medcalf. Experiences and Perceptions of Physical Education [J]. Emotional and Behavioral Difficulties, 2011, 16 (2): 189-206.

[33] Vincent Stolk. Physical Education for Citizenship or Humanity? Freethinkers and Natural Education in the Netherlands in the Mid-Nineteenth Century [J]. History of Education, 2012, 41 (6): 733-748.

[34] Jamie O'Conner. Six-Grade Physical Education: An Acculturation of Bullying and Fear [J]. Research Quarterly for Exercise and Sport, 2014, 85: 398-408.

[35] Juan Miguel, Fernandez Balboa. Sociocultural Characteristics of the Hidden Curriculum in Physical Education [J]. Quest, 1993, 45: 230-245.

[36] Gloria Owen. Curricula Equity in Required Ninth Grade Physical Education [J]. Journal of Teaching in Physical Education, 1999, 19: 2-21.

[37] Gary D Kinchin, Mary O'sullivan. Incidences of Student Support and Resistance to a Curricular Innovation in High School Physical Education [J]. Journal of Teaching in Physical Education, 2003, 22: 245-260.

[38] Ellen Singleton. Rules? Relationships? : A Feminist Analysis of Competition and Fair Play in Physical Education [J]. Quest, 2003, 55: 193-209.

[39] Carla Vidoni, Phillip Ward. Effects of a Dependent Group-Oriented Contingency on Middle School Physical Education Students' Fair Play Behaviors [J]. Behavior Education, 2006, 15: 81-92.

[40] Vanessa Lentillon, Genevie Coge, ect. Injustice in Physical Education: Gender and the Perception of Deprivation in Grades and Teacher Support [J]. Social Psychology of Education, 2006, 9: 321-339.

[41] Tony Rossie, Richard Tinning, etc. With the Best of Intentions: A Critical Discourse Analysis of Physical Education Curriculum Materials [J]. Journal of Teaching in Physical Education, 2009, 28: 75-89.

[42] John Evans, Brian Davis. The Poverty of Theory: Class Configurations in the Discourse of Physical Education and Health (PEH) [J]. Physical education and Sport pedagogy, 2008, 13 (2): 199-213.

[43] Eric Backman. Frilufsliv: A Contribution to Equity and Democracy in Swedish Physical Education? An Analysis of Codes in Swedish Physical Education Curricular [J]. Curriculum Studies, 2011, 43 (2): 269-288.

[44] Gary Stidder. Equity and Inclusion in Physical Education and Sport [J]. Physical Activity Quarterly, 2014, 31: 297-298.

[45] Jesse F Williams. Education Through the Physical [J]. The Journal of Higher Education, 1930, 5 (1): 279-282.

[46] Daryl Siedentop. Physical Education: Introductory Analysis [M]. Wm C Brown Publishers, 1974: 48-50.

[47] McKay J, Gore J, Kirk D. Beyond the Limits of Technocratic Physical Education [J]. Quest, 1990, 42 (1): 52-76.

[48] Paechter. Power, Bodies and Identity: How Different Forms of Physical Education Construct Varying Masculinities and Femininities in Secondary Schools [J]. Sex Education, 2003, 3 (1): 47-59.

[49] Nikki Wedgwood. Just One of the Boys? A Life History Case Study of A Male Physical Education Teacher [J]. Gender and Education, 2005, 17 (2): 189-201.

[50] Steven A Stolz. Phenomenology and Physical Education [J]. Educational Philosophy and Theory, 2013, 45 (9): 949-964.

[51] Andrew Reid. Physical Education, Cognition and Agency [J]. Educational Philosophy and Theory, 2013, 45 (9): 921-936.

[52] Zahra Salehi, Akbar Khak, Shahram Alam. Correlation between the Five Factor Model of Personality-Happiness and the Academic Achievement of Physical Education Students [J]. Pelagia Research Library, 2013, 3 (6): 422-426.

[53] Patrick Watel, Valerie Guargliado, etc. Attitudes toward Doping and Recreational Drug Use among French Elite Student-Athletes [J]. Sociology of Sport Journal, 2004, 21: 1-17.

[54] Karine Corrion, ect. Effect of Implicit Theories on Judgement of Cheating Acceptability in Physical Education: The Mediating Role of Achievement Goals [J]. Journal of Sport Sciences, 2010, 28 (8): 909-919.

[55] Lok Sefa, Tasgin Erdal, Temel Veysel, et al. The Determination of the Physical Education and Sports Academy Student's Information, Opinions and Thoughts about Using Doping [J]. Science, Movement and Health, 2010, 10 (1): 113.

[56] Beth Steel. Gender Differences in Managerial Aspirations and Potential Among Physical Education and Non-Physical Education Students [J]. Journal of Sport Psychology, 1987, 9: 118-129.

[57] Patricia A Vertinsky. Reclaiming Space, Revisioning the Body: The Quest for Gender-Sensitive Physical Education [J]. Quest, 1992, 44: 373-396.

[58] Fiona Dowling. Physical Education Teacher Educators' Professional Identities, Continuing Professional Development and the Issue of Gender Equality [J]. Physical Education and Sport Pedagogy, 2006, 11 (3): 247-263.

[59] Ragnar Van Acker. Sex Equity and Physical Activity Levels in Coeducational Physical Education: Exploring the Potential of Mixed Game Forms [J]. Physical Education and Sport Pedagogy, 2010, 15 (2): 159-173.

[60] Katerina Zaravigka, Vassilis Pantazis. Equality of the Genders in Physical Education: The Students' Perceptions [J]. Journal of Physical Education and Sport, 2012, 52: 350-357.

[61] Ryan E Rhodes, Deborah Hunt Matheson, Rachel Mark. Evaluation of Social Cognitive Scaling Response Options in the Physical Activity Domain [J]. Measurement in Physical Education and Exercise Science, 2010, 14 (3): 137-150.

[62] Ceyhun Alemdag, Serdar Alemdag, Abdullah Bora Ozkara. Physical Activity as A Determinant of Subjective Happiness [J]. Baltic Journal of Sport and Health Sciences, 2016, 4 (103): 2-10.

[63] Michalos A C. Education, Happiness and Wellbeing [J]. Social Indicators Research, 2008, 87 (3): 347-366.

[64] R Bailey, K Armour, D Kirk. The Educational Benefits Claimed for Physical Education and School Sport: An Academic Review [J]. Research Papers in Education, 2009, 24 (1): 1-27.

[65] Osterhoudt, Robert G. The Kantian Ethic as a Principle of Moral Conduct in Sport [J]. Quest, 1973, 19 (1): 118-123.

[66] Pearson Kathleen M. Deception, Sportsmanship and Ethics [J]. Quest, 1973, 19 (1): 115-118.

[67] Miller, Donna Mae. Ethics In Sport: Paradoxes, Perplexities and a Proposal [J]. Quest, 1980, 32 (1): 3-7.

[68] Hughes Robert, Coakley Jay. Positive Deviance Among Athletes: The Implications of Overconformity to the Sport Ethic [J]. Sociology of Sport Journal, 1991, 8 (4): 307-325.

[69] Morgan, William J. Amateurism and professionalism as moral languages: In search of a moral image for sport [J]. Quest, 1993, 45 (4): 470-493.

[70] Kirk David. Junior Sport as a Moral Practice [J]. Journal of Teaching in Physical Education, 2002, 21 (4): 402.

[71] Foddy Bennett. The ethics of genetic testing in sport [J]. International SportMed Journal, 2006, 7 (3): 216-224.

[72] Reid, Heather L. Sport and Moral Education in Plato's Republic [J]. Journal of the Philosophy

of Sport, 2007, 34 (2): 160-175.

[73] Feezell Randolph. Vulgarians of the World Unite: Sport, Dirty Language, and Ethics [J]. Journal of the Philosophy of Sport, 2008, 35 (1): 17-42.

[74] Hardman Alun, et al. Sports coaching, virtue ethics and emulation [J]. Physical Education & Sport Pedagogy, 2010, 15 (4): 345-359.

[75] Dikic Nenad, McNamee Michael, et al. Sports physicians, ethics and antidoping governance: between assistance and negligence [J]. British Journal of Sports Medicine, 2013, 47 (11): 124-127.

[76] Agnew Deborah, Henderson Philippa, Woods Carl. Ethics, Integrity and Well-Being in Elite Sport: A Systematic Review Sports Academy [J]. Sport Journal, 2017 (2): 1.

五、其他

[1] 刘再复. 从工具理性到价值理性的省思 [N]. 中国教育报, 2013-05-06 (11).

[2] 陈志文. 高考加分乱象为何难以遏制 [N]. 中国教育报, 2014-07-11 (1).

[3] 陈强. "厦马"惊人内幕：山东有专人组织替跑 [N]. 中国青年报, 2010-01-29 (7).

[4] 王巧玲. 把提高学生的幸福能力作为教育的根本目的 [N]. 现代教育报, 2012-06-25 (7).

[5] 王馥芳. 话语"威权"主要源自制度的保障 [N]. 社会科学学报, 2013-12-12 (5).

[6] 李鸿江. 建设健康中国，学校体育不是"旁观者" [N]. 中国教育报, 2016-09-30 (8).

[7] 胡金波. 正确把握立德树人的新要求 [N]. 江苏教育报, 2014-01-15 (3).

[8] 史守林. 诚信：现代社会最基本的道德准则和行为规范 [N]. 吉林日报, 2011-12-15 (5).

[9] 王烨捷. 每年都有评优，他们的机会却很少，而且同样课时打对折算分已是客气——青年体育教师之问：同工同酬去哪儿了 [N]. 中国青年报, 2014-06-08 (4).

[10] 李鸿江. 建设健康中国，学校体育不是"旁观者" [N]. 中国教育报, 2016-09-30.

[11] 国务院办公厅关于强化学校体育促进学生身心健康全面发展的意见 [EB/OL]. (2016-05-06) [2020-10-18]. http://www.gov.cn/zhengce/content/2016-05/06/content_5070778.htm.

[12] 中共中央、国务院关于加强青少年体育增强青少年体质的意见 [EB/OL]. (2007-05-24) [2020-10-18]. http://news.xinhuanet.com/politics/2007-05/24/content_6148322.htm.

[13] 国务院办公厅关于强化学校体育促进学生身心健康全面发展的意见 [EB/OL]. (2016-05-07) [2020-10-18]. http://www.moe.gov.cn/jyb_xxgk/moe_1777/moe_1778/201605/t20160507_242349.html.

[14] 申宁，周舟. 教育部：多项指标低于中学生 大学生体质堪忧 [EB/OL]. (2014-07-28) [2020-10-18]. http://edu.people.com.cn/n/2014/0728/c1053-25356056.html.

[15] 我国超额完成教育经费支出占GDP比例4%目标 [EB/OL]. (2014-02-20) [2020-10-18]. http://edu.people.com.cn/n/2014/0220/c1053-24419181.html.

[16] 教育改革：体育为学生的未来做准备！[EB/OL]．（2015-03-03）[2020-10-18]．http://politics.sports.cn/yw/2015/0303/91662.html．

[17] 任仲平．论奉献 [EB/OL]．（2003-04-15）[2020-10-18]．http://www.people.com.cn/GB/news/8410/20030415/972418.html．

[18] 中华人民共和国国民经济和社会发展第十三个五年规划纲要 [EB/OL]．（2016-03-18）[2020-10-18]．http://www.sh.xinhuanet.com/2016-03/18/c_135200400.htm．

[19] 家长：经常占用体育课 校长：这种现象不允许 [EB/OL]．（2014-03-07）[2020-10-18]．http://www.qhnews.com/newscenter/system/2014/03/07/011325048.shtml．

[20] 专家：要让孩子全面发展别占用体育课 [EB/OL]．（2012-09-21）[2020-10-18]．http://edu.sina.com.cn/zxx/2012-09-21/1132356479.shtml．

[21] 一小学生体育课遭体罚骨折 肇事老师不见踪影 [EB/OL]．（2014-02-26）[2020-10-18]．http://sports.qq.com/a/20140226/007227.htm．

[22] 体育老师体罚学生踢屁股掐乳头 称是亲近学生 [EB/OL]．（2014-02-27）[2020-10-18]．http://www.mnw.cn/edu/xiaoyuan/728160.html．

[23] 翟晓菲．沧州迎宾路小学一体育老师体罚学生 已批评 [EB/OL]．（2017-02-22）[2020-10-18]．http://tousu.hebnews.cn/2017-02/22/content_6327479.htm．

[24] 朱贻庭．伦理学大辞典 [Z]．上海：上海辞书出版社，2002．

[25] 罗竹风．汉语大词典 [Z]．上海：上海辞书出版社，1986．

[26] 金龙．教育公正新解——重构社会转型期教育公正观 [R]．华东师范大学博士后研究工作报告，2005．

附录　访谈提纲[①]

访谈题目像问卷题目一样,可以分为选择回答型与结构开放型两种格式。为了了解我国学校体育中存在的现实伦理问题及研究逻辑架构的合理性,本研究采用结构开放型为主的格式设计访谈提纲。这是因为结构开放型访谈题目可以给访谈者与被访谈者留下相对自由的沟通空间,既便于访谈者根据具体访谈情景作出必要的调整,也便于被访谈者表达自身的想法或观点。根据本研究的访谈对象,把访谈提纲主要分为专家访谈提纲、体育教师访谈提纲、学生访谈提纲三个类型。

(一) 专家访谈提纲

尊敬的××专家:

您好!我是××高校×××,近期在做关于学校体育伦理方面的研究,现就有关问题咨询您,在研究成果中将对您作匿名处理,不会暴露您的任何信息与隐私。您的意见或看法不管价值取向如何,都将对本人的研究起到重要作用。耽误您的宝贵时间,请谅解。对您在百忙之中的大力支持表示衷心感谢!

1. 请谈谈您对我国当代学校体育现状的看法。您认为我国当代学校体育中哪些问题比较突出?

2. 我们拟把学生身心归合发展作为学校体育的应然伦理追求,把秉持人道、崇尚公正、依循理性、恪守诚信、追求幸福作为学校体育应遵循的伦理原则,您是否赞同?如果不赞同,请阐述您的观点?

3. 根据上述学校体育的应然伦理追求及应遵循的伦理原则,您认为我国当代学校体育中存在哪些伦理问题,主要表现在哪些方面?

4. 您认为在学校体育中引致上述伦理问题出现的根源有哪些?您有什么对策或建议?

[①] 因访谈记录较多,受篇幅限制,本书仅列出访谈提纲,但在正文中对部分引用的访谈内容进行了呈现与分析。

5. 本研究拟以"学校体育伦理的理论审视与现实观照"为题,从以下两个方面进行研究:一是审视学校体育伦理的基本理论问题,即通过阐明学校体育伦理的相关概念,澄明学校体育以伦理介入的可能性与必要性、确立学校体育的伦理立场、论证学校体育的应然伦理追求及应遵循的伦理原则、探究学校体育伦理的结构并厘清学校体育伦理各结构要素之间的关系等,为从伦理维度研究学校体育提供必要的理论凭借;二是观照当代中国学校体育中存在的现实伦理问题并探寻这些伦理问题产生的根源,提出当代中国学校体育现实伦理问题消解的应然路向,为中国学校体育提供有益的发展路径补充。您对该研究的内容与思路有什么看法与建议?

(二) 体育教师访谈提纲

尊敬的××老师:

您好!我是××高校×××,近期在做关于学校体育伦理方面的研究,现就有关问题咨询您,在研究成果中将对您作匿名处理,不会暴露您的任何信息与隐私。您的意见或看法不管价值取向如何,都将对本人的研究起到重要作用。耽误您的宝贵时间,请谅解。对您在百忙之中的大力支持表示衷心感谢!

1. 请谈谈您对我国当代学校体育现状的看法?您认为我国当代学校体育中,哪些问题比较突出?

2. 我们拟把学生身心归合发展作为学校体育的应然伦理追求,把秉持人道、崇尚公正、依循理性、恪守诚信、追求幸福作为学校体育应遵循的伦理原则,您是否赞同?如果不赞同,请阐述您的观点?

3. 在您的学校体育经历中,您是否能够注重学生身心协调发展?如果不能,您认为此现象普遍吗?您认为导致此现象的原因在哪里?您有什么对策与建议吗?

4. 在您的学校体育经历中,是否亲身遇到、看到或听到过有悖人道的现象,如体罚、语言暴力、冷暴力等?如果有,您认为此类现象普遍吗?您认为导致此类现象的根源在哪里?您有什么对策与建议吗?

5. 在您的学校体育经历中,是否亲身遇到、看到或听到过有失公正、公平的现象,如体育教师待遇不公平、体育教师不能公正对待学生、学校体育资源配置公平欠缺等?如果有,您认为导致此类现象普遍吗?您认为导致此类现象的根源在哪里?您有什么对策与建议吗?

6. 在您的学校体育经历中，是否亲身遇到、看到或听到过理性偏失的现象，如学校体育成为服务文化课的调节手段或工具、课余训练成为学校功绩获取的工具等？如果有，您认为此类现象普遍吗？您认为导致此类现象的根源在哪里？您有什么对策与建议吗？

7. 在您的学校体育经历中，是否亲身遇到、看到或听到过诚信缺失的现象，如替考、替赛、说谎逃课、体质数据造假等？如果有，您认为导致此类现象普遍吗？您认为导致此类现象的根源在哪里？您有什么对策与建议吗？

8. 在您的学校体育职业生涯中，是否时常能从学校体育工作中体验到快乐或幸福？如果不能，您认为快乐或幸福获得缺失的现象普遍吗？您认为导致此类现象的根源在哪里？您有什么对策与建议吗？

9. 您对学校体育伦理研究领域是否熟悉？如果熟悉，请谈谈您对我国当前学校体育伦理研究现状的看法。

（三）学生访谈提纲

尊敬的××同学：

您好！我是××高校×××，近期在做有关学校体育伦理方面的研究，现就有关问题做些了解，在研究成果中将对您作匿名处理，不会暴露您的任何信息与隐私。您的回答，将对本人的研究起到重要作用，恳请您的大力支持！耽误您的宝贵时间，请谅解。

1. 在您的学校体育经历中，您的体育教师是否注重学生的身心发展？如果不注重，您能描述一下您自身的体会吗？

2. 在您的学校体育经历中，是否亲身遇到、看到或听到过体育教师对学生进行体罚、语言暴力、冷暴力的现象？如有此类现象，您能描述一下您自身的体会吗？

3. 在您的学校体育经历中，是否亲身遇到、看到或听到过不公正、不公平的事情？如果亲身遇到，您能具体描述一下您自身的体会吗？

4. 在您的学校体育经历中，是否亲身遇到、看到或听到过替考、替赛、说谎逃课、体质数据造假等现象？如果有此类现象，您能描述一下您自身的体会吗？

5. 在您的学校体育经历中，是否时常能从体育参与中体验到快乐或幸福？您认为自身履行了体育学习义务吗？您可以描述一下您自身的体会吗？

6. 请谈谈您理解中的学校体育是什么样的。

后 记

写后记之时,我的博士论文《学校体育的伦理省思》修订为《学校体育伦理的理论审视与现实观照》即将完稿之时。这一刻,各种情感交织在一起。

选择从伦理维度对学校体育进行省思,与个人的经历与经验有着密切联系。回顾本人的学校体育经历,过往的学习、工作过程中似乎总是充斥着不同的伦理偏失与不良的道德体验。20世纪80年代末,本人进入河南省X县D小学学习,五年间没有体育教师、体育课,也没有体育场地与器材,不知篮球、排球、足球等为何物,应当的体育学习权利因区域资源配置问题而受到影响。进入L初中学习期间,全校只有一名男体育教师,体育课极少开展,生平第一次见到篮球,却从没有机会触碰过,学校有一个篮球场,只见过一次教师之间的篮球赛,借用同伴的乒乓球拍及自制木板打过几次乒乓球,初三为了应付中考体育主要在课余时间针对跳远、单杠进行自我训练,1000米项目主要靠早操跑步练习,直至初中毕业尚不清楚体育是干什么的,主观上认为篮球运动似乎只是教师的活动,与学生无关,体育在自己当时的意识里很神秘。进入E高中学习期间,第一次触碰篮球,并成为篮球场上的活跃者,学校每周有体育课,但经常是放羊式教学……后来进入高校体育教育专业学习,到毕业成为一名中学体育教师,再到读研究生并进入高校工作,本书第五章所述的学校体育的现实伦理问题,在我的学习、工作经历中都曾经在我身边或在我身上发生过。

通过20余年的学校体育体验与感悟,如今的自己已经从最初对成为体育人的无奈与排斥,转变为对成为体育人的自我认同,并对学校体育有了浓厚的个人情感。也开始思考为什么我的小学没有体育教师、没有体育课、没有场地器材,学校体育为何在资源配置上处于如此不公正的状态,学校体育为何在中小学被边缘化甚至被忽视,自己为何在成为体育人之后的初期,努力想挣脱体育教师的职业局限,在成为体育教师之后,自身教学敷衍与教学道德缺失的根源何在,为何在自己与同事大量时间处于教学道德缺失之时,却未受到惩罚与约束……这些自

后　记

身的经历、经验及反思，是我选择学校体育伦理问题进行研究的重要缘由。

选择《学校体育伦理的理论审视与现实观照》这一议题，最初的构想并非完全源于伦理道德的思考，而是对于我过去学校体育生活的反思及所接触学校体育现况的忧思。无论是在我的学生生涯中经历与体验到的：学校体育资源的匮乏、体育课程的排斥、体育参与的无奈；还是在我的体育教师生涯中经历与体验到的：体育教师职业歧视、待遇折扣、体育教师职业责任欠缺；还是在当代社会背景下民众对学校体育的期望与现实的落差中，人们对学校体育工作开展及体育工作者的质疑……这些经历、体验、察悟融入我的情感，化作对学校体育的一种悲悯情怀。对于近20年学校体育深入经历的、已经把自己视为体育人的我来讲，像许多体育人一样，爱屋及乌，对学校体育有着一种特殊的情感，总是希望学校体育变得美好，既希望学校体育能满足学生健康成长的需要，也希望能满足体育教师的正当需要；同时，也像许多体育人一样，在诸多场所向误解学校体育工作及体育教师的"他人"解释，为学校体育辩护，渴望学校体育真正能让学生受益，也能让体育教师幸福地工作与生活。自身对学校体育相关的感悟，伴随一种伤感，也伴随对学校体育事业的一种"天下情怀"。

体育代表着人们对健康、身体超越的期望，体育进入学校教育除了要承载作为课程传承体育文化的责任之外，同时亦要承载着这种对健康、身体超越的期望，而现实是学校体育难以承受的双重之重，常常显现的是学校体育发展的诸多困顿。有体育教师勇于责任担当，常常承受着风吹日晒献身于体育事业；亦有体育教师为师不敬业，偷懒耍滑，怠于工作。有学生认真履行学习义务，亦有学生惰于体育学习、逃课、造假。当前的氛围似乎缺乏普遍性的对学校体育发展的"天下情怀"，常常未能思虑学校体育及青少年的长远发展，甚至一些人常把学生体质健康问题归咎于学校体育工作者，实际上学校体育发展与政府、社会民众对待学校体育的态度及实践支持力度有着更为密切的联系，学校体育是需要政府、社会民众、教育管理者、体育教师、学生联动产生耦合效应的事业。

对学校体育事业的"天下情怀"绝非发表几篇论文、出版几本专著所能表达得了的，而是需要对学校体育教育具有敬畏之心，需要对青少年健康问题具有悲天悯人之心。对于从事学校体育研究的学人来讲，胸怀敬畏与悲悯之心对待学校体育，是对社会民众应该的责任与应诺，也是应遵循的基本学术精神。

在体育圈里几经辗转，带着对学校体育发展的忧思与困惑进入恩师王健教授门下，有了更多的时间与精力去思考。幸运的是，恩师既是一位拥有丰富运动经历的体育人,又是一位对学校体育事业发展有着深厚感情与体悟的教育者,也是一位具有悲悯之心的学人。从选题的商讨、研究内容的构架到具体问题的论证,无不蕴含着恩师的心血,甚至在英文文献翻译准确度的把握上,恩师也投入了大量精力,还记得几多深夜,恩师把我翻译的英文文献拿出来反复推敲,只是英语基础薄弱的我,时常不能使用雅致的语句表达原文意义,让恩师痛心,这至今亦是我的一块短板。自2014年秋季攻读博士学位以来,常常受到恩师的关爱与教诲。恩师在繁忙的工作之余,经常熬夜对我的"论著"进行修改与润色,讲授写作的要义与学术的应然追求。只是体育教育训练出身的我,转到偏于人文的研究,常常感到吃力,由于文字水平的欠缺,时常不能有效表达自身的一些想法,对恩师的付出深感不安。一直未对恩师当面言谢,甚是愧疚,惟有把恩师的恩情埋于心底,化为当下的动力与未来恒续的学术追求,以期对师恩有所回报,哪怕是少许的。

感谢前人的相关研究为本研究提供了助益的参考,感谢所有对本书提供帮助的人们,感谢求学期间恩师、亲人、朋友们的资助与关心。感谢华中师范大学体育学院领导、教师的辛勤付出,感谢师兄、师姐、师弟、师妹们的关心与帮助!感谢武汉体育学院各级领导与同事的关心与帮助。

一路走来,先后得到了众多师友的帮助。自从硕士毕业之后,尽管只有逢年过节之时才会问候我的硕士授业恩师——河南师范大学体育学院的许瑞勋教授,但每逢学生有求之时,恩师却不遗余力地给予我关心和帮助,让学生既温暖又惭愧,在此特别感谢。同时,还要感谢武汉体育学院的吕万刚教授、华东师范大学的董翠香教授、华东交通大学的张文鹏博士、华南师范大学的谭广鑫博士,感谢他们在我人生路上的关怀与指导。感谢华中师范大学体育学院的黄爱峰教授、董国永博士、翟寅飞博士、章永老师等领导与教师的指导、关心与帮助。感谢上海体育学院龚正伟教授、河南大学杨军教授、山东师范大学于涛教授、广州体育学院吕树庭教授、南京师范大学程传银教授、上海体育学院吴贻刚教授、成都体育学院王广虎教授、武汉体育学院唐宏贵教授、华中师范大学胡庆山教授、华中师范大学鲁长芬教授、华中师范大学陈元欣教授等对本研究的指导与建议。在华师桂子山学习期间,感谢两位同门同级博士同学雷敏、王先茂的同甘共苦,感谢同门师兄(姐)潘凌云、隋红、廖萍、刘俊洁、曾玉山、赵进、万义、张磊、张波和师弟(妹)魏建、饶林峰、刘欣然、李健、陈曙、许熠哲等在学习、生活中提供的帮助和支持。感谢华中师范大学体育学院博士研究生刘欣然、刘珍、许熠哲及教育学院博士研究生伍新德等对本研究的修改与建议。感谢郑州大学王涛博士的批评、指正与帮助。感谢华中师范大学体育学院凌晨师姐的鼓励与帮助。感谢武汉体育学院沈克印、寇现娟两位博士多年来的持续关心与帮助，感谢广西科技师范学院商汝松副教授、黄淮学院韦德良副教授多年来的无私关照。感谢武汉体育学院体育教育学院党委书记袁志勇、院长魏旭波、副院长王云涛、副书记吴迪等领导的支持与关怀。感谢张德胜教授、王相飞编审、赵富学教授的帮助与鼓励。感谢武汉体育学院体育教育学院排球教研室洪庆主任、胥磊老师、李莉老师等同教研室教师的关心与帮助。还有很多需要感谢的人们，不再一一赘述，但他们常在我的脑海闪现。

最后尤其要感谢感恩尊敬的父母、岳父岳母对我持续的关爱、关怀，特别感谢妻子与孩儿的有形无形的支持与慰藉。

本书是对学校体育伦理系统研究的阶段性起点，吾将带着母校精神、恩师精神，融入武汉体育学院，在工作中倍加努力、砥砺前行，以感恩感谢各位的提携、关怀与帮助。

本书出版受到湖北省社科基金一般项目（后期资助项目，项目编号2018145）及武汉体育学院"东湖学者计划"资助项目（2018）的经费支持，特别致以谢意。

汪全先
2020年8月于武汉体育学院